（国家自然科学基金资助项目：51478391）

悬索桥主缆检测方法及承载力评估

唐茂林　陈小雨　崔　冰　著
吴玉刚　强士中　肖　葵　叶觉明　主审

西南交通大学出版社
·成　都·

图书在版编目（CIP）数据

悬索桥主缆检测方法及承载力评估 / 唐茂林, 陈小雨, 崔冰著. —成都：西南交通大学出版社, 2022.1
ISBN 978-7-5643-7655-0

Ⅰ. ①悬… Ⅱ. ①唐… ②陈… ③崔… Ⅲ. ①悬索桥－主缆－检测②悬索桥－主缆－承载力－评估 Ⅳ. ①U448.253.38

中国版本图书馆 CIP 数据核字（2020）第 181623 号

Xuansuoqiao Zhulan Jiance Fangfa ji Chengzaili Pinggu
悬索桥主缆检测方法及承载力评估
唐茂林　陈小雨　崔冰　著

责 任 编 辑	王同晓
封 面 设 计	GT 工作室
出 版 发 行	西南交通大学出版社 （四川省成都市金牛区二环路北一段 111 号 西南交通大学创新大厦 21 楼）
发行部电话	028-87600564　028-87600533
邮 政 编 码	610031
网　　　址	http://www.xnjdcbs.com
印　　　刷	四川玖艺呈现印刷有限公司
成 品 尺 寸	170 mm × 230 mm
印　　　张	15.25
字　　　数	226 千
版　　　次	2022 年 1 月第 1 版
印　　　次	2022 年 1 月第 1 次
书　　　号	ISBN 978-7-5643-7655-0
定　　　价	98.00 元

图书如有印装质量问题　本社负责退换
版权所有　盗版必究　举报电话：028-87600562

前言

悬索桥是一种古老的桥型，有着悠久的建筑历史，中国早在汉宣帝时期就建有长百米的铁索桥，比英国 1741 年建成的跨度为 21.34 m 的铁链桥还早 1 800 多年。但随着 20 世纪初钢缆材料的发展，大跨径的悬索桥才开始逐渐发展。世界上第一座主缆采用钢丝的悬索桥为 1883 年跨度为 500 m 的美国的布鲁克林桥。20 世纪 30 年代，美国先后建成了跨度为 1 067 m 的乔治-华盛顿大桥、跨度为 1 280 m 的旧金山金门大桥；20 世纪 50—60 年代英国采用钢箱梁为加劲梁建成了跨度为 988 m 的塞文桥，20 世纪 80 年代又建成了跨度为 1 410 m 的亨伯尔桥；日本于 1998 年建成跨度为 1 991 m 的明石海峡大桥；至此拉开了现代悬索桥飞速发展的序幕。

我国在现代悬索桥的修建中也表现突出，自 1995 年底建成跨度为 452 m 的广东汕头海湾大桥后我国就开始了现代悬索桥的大量修建。中国第一座主跨千米以上的大桥为 1997 年通车的香港青马大桥，内地第一座千米以上的大桥为 1999 年修建的江苏江阴长江大桥。目前我国主跨径千米以上的大桥就有 15 座，例如重庆驸马长江大桥主跨跨度为 1 050 m，泰州长江大桥和马鞍山长江大桥均为 2×1 080 m 的三塔两跨大桥，贵州清水河大桥主跨 1 130 m，武汉阳逻长江大桥主跨 1 280 m，舟山西堠门大桥主跨

1 650 m，直至 2018 年 11 月开工建设的南京新仙路过江通道，主跨 1 760 m 成为国内最大跨径悬索桥。我国的悬索桥建设数量和修建技术已经位于世界前列。

悬索桥较强的跨越能力，使其在交通发展中占有重要的地位。一方面悬索桥的修建正在全世界如火如荼地进行着；另一方面对于有"悬索桥生命线"之称的主缆，其检测与维护在美国、欧洲和日本也已经开展起来。美国对布鲁克林桥、华盛顿桥、威廉斯堡桥、曼哈顿桥等多座服役 30 年以上的悬索桥主缆进行开缆检测，发现即使有主缆的防护体系对主缆进行保护，但是缆内的钢丝腐蚀依然无法避免，且严重影响了主缆的承载能力，对桥梁的健康服役造成了巨大的安全隐患。美国于 2004 年在总结的基础上整理了《悬索桥平行钢丝主缆检测与评估指南》（NCHRP-534）；英国依据 534 指南的经验对塞文桥、福斯桥、亨伯特桥等桥进行了主缆检测，同样的腐蚀问题均出现在这些桥梁的主缆中；日本对本州—四国联络线上在役的悬索桥缆索系统进行了检查，发现部分主缆仅仅服役几年就出现了腐蚀，在这次检测后日本改进了主缆的防护体系，采用 S 型缠丝和主缆内充入干燥空气的体系，缓解了主缆的腐蚀。

由国外的主缆检测经验可以看出,悬索桥主缆的腐蚀问题是威胁桥梁安全运营的主要隐患,虽然有主缆的防护体系,但是缆索内部在其服役 30 年后都出现了较严重的腐蚀问题。我国的悬索桥都是各条高速或城市交通干线上的重要工程,承担着巨大的交通压力,一旦主缆失效则将带来无法估量的损失。且我国第一批现代悬索桥修建于 20 世纪 90 年代,距今已纷纷达到了 30 年的服役时间,随着时间的推移,国内越来越多的大跨径悬索桥均会超过 30 年的服役时间。但是国内尚没有开展在役悬索桥的主缆腐蚀检测与承载力评估,对主缆内的腐蚀情况还没有相应的资料和经验。这将是未来制约我国交通安全的重要影响因素。另一方面,对桥梁的安全评估不应该停留在对已经腐蚀的主缆进行检测,更应该做到对未来桥梁的腐蚀发展进行预测,有的放矢地控制腐蚀的发展,保证桥梁的安全运营。由此,对于桥梁缆索体系的检测与评估是我国交通大发展面临的重要课题,也是迫在眉睫需要开展的研究工作。

　　本书的研究在自然基金"基于服役环境腐蚀的悬索桥主缆抗力退化模型和计算方法研究"(项目批转号:51478391)的支持下,从主缆内钢丝的腐蚀机理和影响腐蚀的主要因素出发,建立了腐蚀环境和钢丝腐蚀速率之间的计算关系,以及腐蚀外观与钢丝剩余承载力之间的对应关系,为主缆内钢丝腐蚀速率的计算和腐蚀发展的预测提供了理论依据。在此基础上,附录部分详细介绍了534报告中主缆开缆检测的具体步骤和缆索剩余承载力评估的方法,并以2018年初作者参与的缅甸某悬索桥的主缆开缆检测为实例,向桥梁检测工作者介绍了主缆的检测与评估实际操作。全书深入分析了悬索桥主缆的腐蚀问题,并给出了腐蚀计算、预测、评估的具体方法,依托实桥的检测例子让读者全面了解悬索桥主缆腐蚀问题。这对我国即将到来的缆索桥梁检测与评估工作意义重大,具有较高的指导和参考价值,希望由本书作为引子能够打开我国缆索桥梁检测与评估的大门,使我国的交通运输事业得到更大的发展。

著 者

2020年12月

目录

1 国内外悬索桥主缆腐蚀现状 ·· 1
   1.1 悬索桥主缆传统防护方法 ···································· 1
   1.2 悬索桥主缆干燥除湿系统 ···································· 4
   1.3 国外悬索桥主缆腐蚀案例 ···································· 7
   1.4 国内悬索桥主缆腐蚀现状 ··································· 12
   1.5 小 结 ·· 16

2 悬索桥主缆腐蚀机理及影响因素 ································· 18
   2.1 高强度钢丝电化学腐蚀原理及主要控制因素 ················ 18
   2.2 环境因素对高强度钢丝腐蚀速率的影响 ······················ 21
   2.3 腐蚀速率测量原理及方法 ··································· 32
   2.4 小 结 ·· 36

3 悬索桥主缆钢丝腐蚀速率计算 ···································· 38
   3.1 温度、相对湿度影响下高强度钢丝腐蚀速率谱 ··············· 38
   3.2 NaCl 浓度、pH 值、拉力影响下高强度钢丝腐蚀速率谱 ······ 50
   3.3 小 结 ·· 61

4 主缆腐蚀程度与剩余承载力对应关系 ····························· 63
   4.1 镀锌钢丝盐雾腐蚀实验 ····································· 63
   4.2 未镀锌高强钢丝各腐蚀阶段研究 ···························· 89
   4.3 高强度钢丝腐蚀阶段划分 ·································· 106

4.4 高强钢丝实际服役环境与加速腐蚀实验环境之间的换算 …… 110
   4.5 小　结 …………………………………………………………… 115

5 缅甸某在役悬索桥开缆检查及评估 ………………………………… 117
   5.1 桥梁概况 ………………………………………………………… 117
   5.2 开缆检测 ………………………………………………………… 117
   5.3 腐蚀钢丝分布统计 ……………………………………………… 122
   5.4 样本钢丝的实验室检测 ………………………………………… 125
   5.5 主缆强度评估 …………………………………………………… 157
   5.6 环境对主缆钢丝腐蚀影响的预测 ……………………………… 159
   5.7 小　结 …………………………………………………………… 163

附录 《悬索桥平行钢丝主缆检测与评估指南》
　　　　NCHRP-534 报告翻译 ……………………………………… 166
   附录1 悬索桥主缆系统主要构件 ………………………………… 166
   附录2 悬索桥主缆开缆现场检测 ………………………………… 178
   附录3 悬索桥主缆钢丝样本实验室检测 ………………………… 207
   附录4 悬索桥主缆钢丝统计 ……………………………………… 212
   附录5 主缆强度评估计算模型 …………………………………… 223

参考文献 ………………………………………………………………… 231

1 国内外悬索桥主缆腐蚀现状

主缆是悬索桥的主要承重构件，被称为悬索桥的"生命线"。主缆由高强度钢丝（钢绞线、钢丝绳）组成，因造价昂贵、施工困难，通常按永久构件设计，在其寿命期内不会被更换。由于悬索桥大多处在跨越江河湖海和山涧的自然环境下，长期暴露在风雨、潮湿和被污染的环境中，悬索桥主缆结构容易遭受腐蚀破坏，随着桥梁服役年限的增加，主缆的腐蚀会愈加严重，甚至威胁悬索桥运行功能和安全。早期建成的悬索桥及其缆索系统的腐蚀成了影响其剩余使用寿命的关键因素。分析主缆腐蚀的原因，检测钢丝腐蚀情况，评估其剩余承载力，预测和估算主缆未来的腐蚀速度和安全承载时限，是悬索桥安全运营必须面对的挑战。

1.1 悬索桥主缆传统防护方法

现代悬索桥采用高强度镀锌钢丝（钢绞线、钢丝绳）经过整形紧缆最后形成圆形的主缆。根据其制作方法，悬索桥主缆可以分为空中纺线法平行索股主缆（AS 法）和预制索股法平行索股主缆（PPWS 法或 PS 法）两种。

为了保护主缆内钢丝免受外界环境的腐蚀，在主缆外层都采用了相应的防护体系。传统的悬索桥主缆普遍采用内部为镀锌高强度钢丝，外部为"防护腻子+钢丝缠丝+多层涂料涂装（或缠包带）"的方式对内部钢丝进行长期防护[1-6]，如图 1-1 所示。国内外已修建的大跨度悬索桥，大多采用这种方式进行主缆防护，例如英国的福斯桥、塞文桥以及我国的虎门大桥、江阴长江大桥等。

现代悬索桥应用平行钢丝主缆以来，一直重视钢丝的腐蚀问题，应用各种方式加强钢丝的自身防护和主缆的结构防护[7-13]。

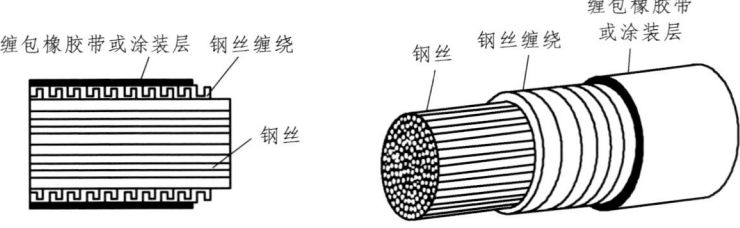

图 1-1 传统的悬索桥主缆防护体系

1. 钢丝镀锌防护

除早期极少数项目应用光面钢丝外，主缆钢丝都应用了镀锌防护。镀锌防护的寿命与镀层质量、使用环境和外层防护措施有关。一般镀锌层耗损完毕后会发生钢丝基体的腐蚀。这样的腐蚀通常由钢丝局部发展至整根钢丝全面腐蚀，导致钢丝脆化和裂缝发展。

2. 油脂防护

早期的桥梁在缠丝和紧缆时会在钢丝中涂上油脂或灌入亚麻籽油。某些涂抹油脂或灌注亚麻籽油的桥梁，虽然钢丝外部的包裹防护层已经潮湿或损坏，但是内部环绕涂脂或灌油的钢丝却毫无破损、崭新依旧，布鲁克林桥和曼哈顿大桥就是典型的例子[1]。也有一些情况下，虽然钢丝周边油脂存在，镀锌层破坏的地方也会产生腐蚀开裂和失效。在涂有油脂的钢丝中锈蚀只局限在一些非常少的镀锌层破坏的坑洞处，总体来说，涂油脂的钢丝比不涂油脂的锈蚀得慢。

3. 腻子防护

传统的"腻子+缠丝+涂料涂装"防护会在缠丝之前将多种糊状的混合物涂抹在钢丝上，作为一种特殊保护层，以防止水分的渗入。早期的腻子主要是红铅膏，但由于铅基材对健康和环境的危害，意大利公司开发了具有专利权的弹性富含锌的密封膏（Elettrometall8870）。这种密封膏由一种湿固化的液态聚氨酯弹性体与锌粉混合而成，金属锌占质量的95%，确保对主缆的最佳阴极保护。密封膏凝固成弹性壳，充满了缠丝和主缆间的间隙，防止水分进入主缆[2]。这种密封膏应用在丹麦大贝尔特大桥，美国尼兹海峡大桥、华盛顿大桥、金门大桥等桥梁的主缆中，其在主缆保护方面的性能比红铅膏优秀很多。

另一种最近发展起来的密封膏由油脂基材料组成，混合了锌粉、氧化锌及防护剂。这种专有材料名为Grikote-Z，是在美国主缆修复时开发出来的。2000—2001年，它被用于跨纽约哈德逊的熊山大桥新建主缆上。2007年夏天将该桥主缆打开，发现密封膏非常好，仍然柔软并连续，防水表现优秀。这种材料也在旧金山新奥克兰海湾大桥的主缆缠丝中采用。

4. 缠丝防护

缠丝防护通常采用涂有A级镀锌层的8~9号软钢丝环绕主缆连续缠绕，并和腻子、涂料涂装一同形成腐蚀防护系统。由于主缆在荷载作用下产生伸缩，可能会在缠丝间形成缝隙，导致水分进入主缆。在20世纪末，日本开发应用了一种新型S型钢丝，S型钢丝沿主缆连续紧密缠绕，钢丝间相互内扣，形成连续的封闭层。缠丝过程通常是由电力驱动的缠丝机器完成，这个电力驱动的缠丝机可以多个卷轴同时缠绕单根到三根钢丝。主缆的一些特殊位置需要借助专用的人工缠丝工具完成缠丝。

5. 弹性缠包带

应用弹性缠包带连续缠绕在主缆上，并热塑为整体套管，同样能防止水分的进入。弹性缠包带有时用来代替缠丝，有时用来提高缠丝的防护等级。这其中表现较好的是氯丁橡胶缠带系统，它可以防止大气中的水分进入主缆。该系统通过在缠丝或主缆表面刷涂一种常温的液体氯丁橡胶材料，然后用150 mm宽的未固化橡胶，以50%叠压的方式，螺旋缠绕在外表面，防止水从螺旋接缝进入，索夹部位采用聚氨酯密封膏填缝，然后用常温的"海帕龙"涂层涂抹在缠包带外部，并在主缆外部撒上一些防滑砂砾，为检修和养护服务。这一系统作为缠丝的补充缠包，于1992年第一次应用于美国切萨皮克海湾大桥的主缆修复上，1994年的美国威廉斯堡大桥及日本明石海峡大桥的主缆防护中都采用了该体系。

另一种替代材料被用于美国密苏里州帕希尔桥上，材料与氯丁橡胶类似，名为EPDM（三元乙丙橡胶），比氯丁橡胶更便宜，施工方式完全相同。

第三种材料正在兴起，与干空气注入系统相配合，是一个专有系统，被称为 Cableguard，由美国 D.S.Brown 公司销售。这一系统采用氯磺化聚乙烯复合材料，螺旋缠绕安装，并用特殊的加热毯进行加热固化，使材料收紧，并与自身熔接，形成非常可靠的防水罩。

6. 弹性涂层

最近，包含高弹性聚合物和固化橡胶涂层的水性丙烯酸涂料已经被用于悬索桥主缆防护。因为它们具有高达 200%的伸长率且不开裂或不剥落的能力，已经成功应用于一些采用缠丝防护的老桥的主缆涂层的修护上（熊山大桥、中哈德逊大桥、塔霍河大桥），以及新建的桥梁（卡齐尼兹海峡大桥）上。这种涂层在其他领域的应用已证明其寿命较长，尤其是在耐高盐雾和耐化学锈蚀方面。涂层中的一种成分是 Noxyde，最初只在比利时生产，现在也在其他国家授权生产。

通过研究美国悬索桥主缆锈蚀典型特征发现，传统主缆防护系统并不能完全阻止水分的入侵，水分可以通过外包裹层间断部位进入主缆，当周围气压改变时以水蒸气的形式进入主缆。含有水分的空气进入索股间的空隙部位，温度下降时凝结成液态水。这样的传统防护方式在阻止水分进入主缆的同时，也封闭了进入主缆的水分排出和蒸发，钢丝在相对潮湿的封闭空间内仍会发生腐蚀，甚至断裂。这种形式的外部防护还使得主缆内部钢丝的腐蚀、断丝情况难以检查，主缆的承载力随时间退化状况难以评估。

1.2　悬索桥主缆干燥除湿系统

在明石海峡大桥选取高强度钢丝的过程中进行了一次关于在役悬索桥主缆防护技术的综合研究[14]。从 1988 年开始，日本相继对几座本州—四国联络线上在役悬索桥主缆内部（包含索夹部位）进行了检测，检测结果表明一些主缆仅服役几年，表面就出现了锈蚀现象。这次检测促使日本本州—四国联络桥管理局开始了对主缆锈蚀原因和修补方法的探究。研究试验表明：主缆索股表面持续保持潮湿，潮湿程度从上到下依次递减；除了主缆索夹部位，无论外界温度如何，主缆内部的相对潮湿程度一直较高。研究还得出，在役悬索桥镀锌钢丝锈蚀临界相对湿度为 60%，一旦超过临界相对湿度，锌锈蚀、褐色金属锈蚀、密封膏损坏等将伴随着含盐空气的侵入而发生。在研究中还对不同密封膏材料性能进行了对比测试，包含红铅膏、磷酸铝膏、铬酸锌膏及聚合有机铅膏，但测试结果表明，没有一种密封膏可以对主缆进行足够的密封，特别是在湿热的环境中。

在日本的某些地区，夏季相对湿度会超过 80%，因此明石海峡大桥最终采用了一种新的主缆防护体系，它包含氯丁橡胶缠包带系统及干燥除湿系统。为了确保系统的气密性和水密性，氯丁橡胶被用于剔除了密封膏的传统索股的缠包（氯丁橡胶缠包不再需要密封膏）。此外，应用含有橡胶和硅树脂的密封剂来保证索夹区域的气密性。

在明石海峡大桥中，干燥空气每隔约 140 m 被注入主缆外围区域，注入气压则由密封材料的耐久性及引入口和索夹处气压损失决定，材料耐久性和气压损失大小则通过主缆模型试验和现场实际测量决定。由于每套缆索体系配置都不同，所需要注入的气压应在桥梁设计过程中确定。主缆内部气压应小于 3 kPa，在每一个进气口中，空气的进气率是 1.26 m^3/min。干空气通过直径为 0.1 ~ 0.2 μm 的细滤器后可以筛除空气中的盐分粒子，并保证出气口的空气相对湿度控制在 40%以下。

明石海峡大桥的空气注入系统在 1997 年 11 月 29 日启用，第一个月空气注入压强为 1 kPa，之后增加至 2 kPa。一个月之后，主缆内的相对湿度降低至 10%，之后在 10 年的不间断观察中，没有发现主缆锈蚀现象。在明石海峡大桥干燥除湿系统应用了 10 年后，通过消除水分来防止锈蚀的方法得到了充分证明。系统并不需要在主缆内进行大体积的空气循环，只需要主缆具有足够的密封性以保证缆内稳定的正气压，就可以防止其他外界空气进入，从而防止锈蚀的发生。良好的气密性通过合适的日常维护得以保持，索夹处需对已损坏或者存在裂缝的地方及时修理或更换。在塔顶主索鞍及锚室内必须密封，否则注入的空气将会泄露，通过这些简单的操作维护主缆系统的密闭性。

与日本一样，英国亨博尔桥发现运营 30 年主缆外层钢丝出现明显的褐色腐蚀产物，达到了四级腐蚀，主缆内部也出现了等级不同的钢丝腐蚀。可见在传统的防护下，钢丝的腐蚀是不可避免的。之后业主为其安装了送风除湿系统，以降低主缆内相对湿度，如图1-2所示。

图1-2 送风除湿系统

安装送风除湿系统后，在进气口处的空气相对湿度保持在10%，从12月10日至次年3月11日，对出口17和出口19处的空气相对湿度进行了测量，测量结果如图1-3所示。

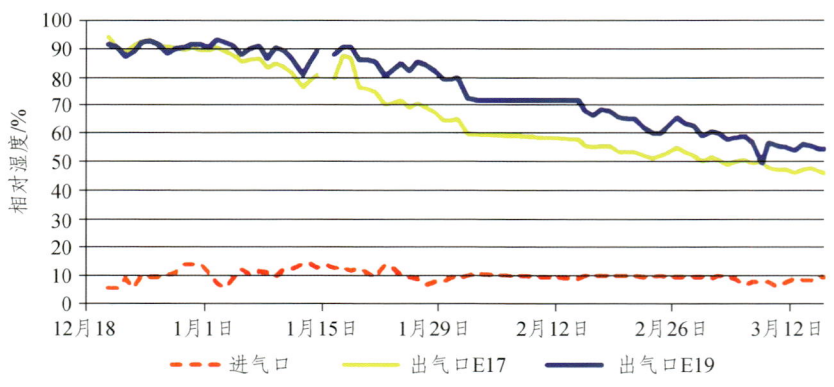

图1-3 安装送风除湿系统后主缆内的空气相对湿度

由图1-3可以看出，在入口处的空气相对湿度始终维持在10%，而干空气在经过了主缆内部达到出口处时，相对湿度开始增加。但经历了三个月的测量，出口处的空气相对湿度都从90%降低至了50%左右，明显改善了缆内空气的相对湿度情况。在后续的观察中发现，钢丝的腐蚀速度得到了减缓。

向主缆内注入的干燥空气的主缆防护方式现已经广泛应用于挪威、丹麦、英国，以及我国的悬索桥中。

1.3　国外悬索桥主缆腐蚀案例

现代悬索桥的建设已经有百余年历史，在长久以来，运营过程中，暴露出了一些悬索桥主缆钢丝（钢绞线、钢丝绳）腐蚀，直至主缆失效的问题。在发现和处理主缆钢丝腐蚀问题过程中，钢丝由光面进化到了镀锌，进而到现在的锌铝合金镀层；主缆钢丝内部由灌注亚麻籽油和填充油脂，发展到主缆腻子、缠丝、涂料涂装系统防护。由此，虽提高了主缆钢丝的防护效果，也给主缆检查造成了困难。经过一段时间周期，需要打开主缆，检查内部钢丝的腐蚀情况，进而决定悬索桥主缆的安全使用寿命，进行合理的维修维护和加固，直至增加和更换钢丝、拆除主缆。

在传统主缆防护体系下，要对主缆钢丝进行检查，必须去除主缆外层的防护涂层，去除主缆外层的缠丝和腻子，对主缆表面和内部钢丝状况进行检查，然后根据检查情况，评估主缆钢丝和主缆的剩余承载能力。由于悬索桥主缆长度长，又需要在难以到达的空间作业，所以这项工作的难度是比较大的。美国是现代悬索桥的开启之地，同时也最早经历现代悬索桥主缆的检查和维修工作。美国对多座服役年龄超过30年的桥进行了主缆的开缆检测[15]，如表1-1所示。

在大多数的检查中都发现了主缆钢丝破断，通常主缆的损伤模式是外层钢丝束损伤严重、损伤钢丝数多，越往里层损伤程度越轻。其中也有特例，例如百叶山桥的情况并不是这样的，大量的损伤钢丝束反而发生在核心部分。在某些部位，90%的钢丝束破坏发生在直径305 mm的内部区域（主缆直径为476.25 mm）。究其原因，可能是制造和施工的影响，实际施工时在编缆过程中主缆内部受到挤压损伤而没有更换。

表 1-1 美国悬索桥检测钢丝束和主缆损坏指标

桥名	最大破断钢丝束	腐蚀等级为4的钢丝束	腐蚀等级为3、2的钢丝束	钢丝束强度损失	钢丝束延性损失	主缆强度损失
布鲁克林	<0.1%	8.1%	8.1%	由于新钢丝性能分散和试件很小，钢丝束延性损失和强度损失难以得到，所以对主缆强度损失意义不大		
		1981年的观察记录将腐蚀范围限制在外部两层钢丝束，未给出任何腐蚀等级				
威廉斯堡桥	1.4%	11.6%	25.1%	0%	—	34.7%
曼哈顿桥	未测	未测	镀锌层腐蚀无腐蚀等级记录	—	—	—
百叶山桥	3.3%	35%	54.7%	—	—	—
哈德逊桥	7.0%	无腐蚀等级记录		8.1%	52.2%	22.0%
华盛顿桥	0	0.5%	4.1%	—	—	—

在总结几十座悬索桥主缆检查维修结果和大量研究试验成果的基础上，美国于 2004 年正式出版了《悬索桥平行钢丝主缆检测与评估指南》（NCHRP-534），规范了悬索桥主缆钢丝检查工作，并提出了主缆钢丝 4 个等级的划分方法。具体规定是在悬索桥安全运营 30 年后应该打开悬索桥主缆，进行内部检查和主缆评估。具体检查方法是：通过检修通道接近需要开缆检查的主缆，依次去除主缆涂层、缠丝和腻子，用专用楔子将主缆楔开，进行内部检查记录，如图 1-4 所示。这一检查方法和派生方法，被大部分建有悬索桥的国家接受和应用。

20 世纪，日本也大力发展悬索桥的建设和检测，在明石海峡大桥选取高强度钢丝的过程中进行了一次有关于在役悬索桥主缆防护技术的综合研究。经过这次全面的检测和试验研究，日本及时进行腻子改进，研发出主缆除湿系统和 S 型缠绕钢丝，并对明石海峡大桥和本州—四国联络线上的各座悬索桥采用了新的主缆防护方法。

除美国、日本外，对 NCHRP-534 报告的方法应用比较规范和系统的是英国。从 2004 年开始，英国依据 NCHRP-534 报告分别对福斯公路桥[16-20]、

M48 塞文桥[21-24]、亨博尔桥打开主缆进行了内部检测和评估，并对主缆进行了修复和加固，在此重点分析英国福斯公路大桥和亨博尔桥的开缆检测情况。

图 1-4　主缆楔开后外观图

英国福斯公路桥于 1964 年 9 月建成通车，主跨 1 006 m，两边跨各 408 m，加上南、北引桥，全桥约长 2 500 m。在运营 40 年后，于 2004 年聘请作为 NCHRP-534 报告编制单位之一的公司参与，对福斯桥主缆进行了腐蚀检测，第 1 次内部检查在 2004—2005 年完成。在 2 根主缆的不同位置，总共打开了 10 个长 18 m 的检测段（1 个检测段指 2 根竖直吊索间的主缆长度），对每一检测段进行检查，发现了断丝情况。在其跨中部位的检测段得到的楔口处腐蚀和断丝状况如图 1-5 所示。

图 1-5　福斯公路桥跨中检测段腐蚀情况

NCHRP-534 报告将除断裂钢丝外的其他钢丝的腐蚀程度，分为了 4 个腐蚀等级。福斯公路桥根据 NCHRP-534 报告推荐的方法，按照这样的腐蚀分级，对跨中断面钢丝的腐蚀分布进行了检查统计，如图 1-6 所示。

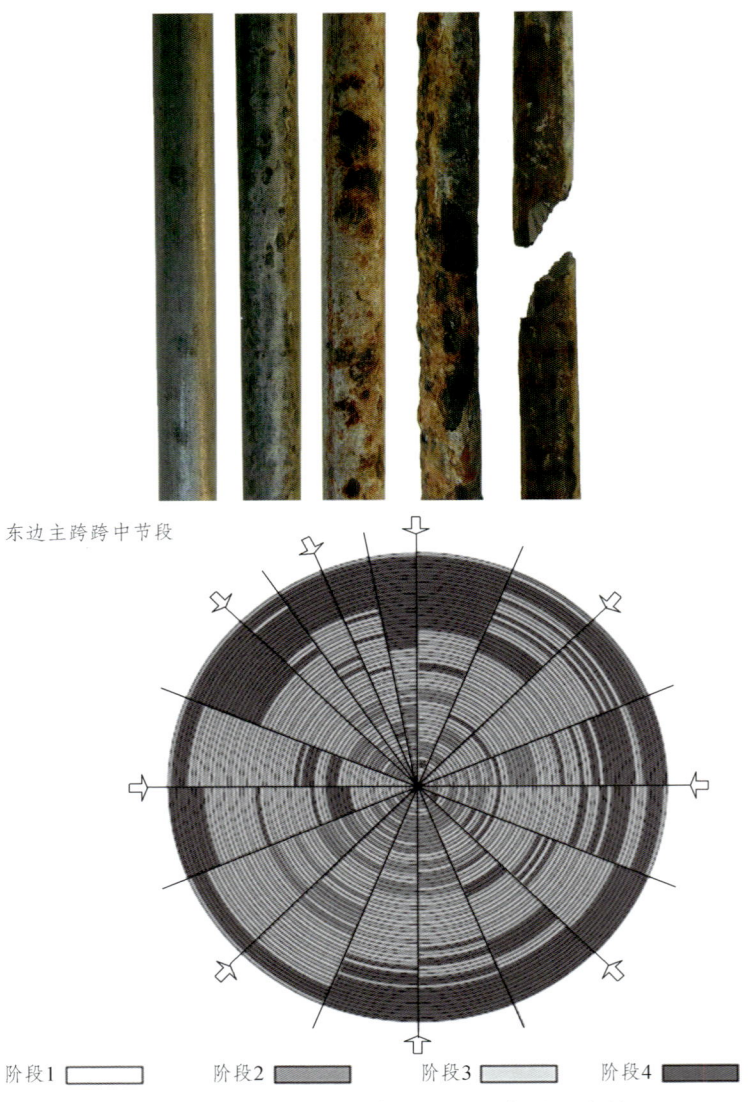

图 1-6　福斯公路桥钢丝腐蚀分级及腐蚀分布情况

通过对检测段内腐蚀问题最严重断面的检查和计算，评估出该断面主缆强度的损失约为8%，持续下去将不能保证安全运营，福斯公路桥自此进入抢救和维护维修周期。从福斯公路桥的检测记录可以看出，在服役40年后主缆内部已经出现了较多的钢丝锈蚀和断丝，主缆外层钢丝中出现了大量4级腐蚀的情况，说明主缆的外层防护并不能保证钢丝不发生腐蚀。另外从跨中节段的腐蚀分布可以看出，由于缆内钢丝间相互紧密排列，导致了每根钢丝与腐蚀介质接触的情况不一，越靠近主缆外层，钢丝腐蚀情况越严重，其中顶面和底面钢丝的腐蚀情况明显严重于左右两侧，可见主缆内部和外部环境是影响其腐蚀的主要因素之一。

面对福斯公路桥开缆检查发现的较严重的主缆钢丝锈蚀和断丝问题，英国随即启动了M48塞文桥和亨博尔桥主缆的打开检查工作。亨博尔桥于1981年7月建成通车，主跨1 410 m，由14 948根高强镀锌平行钢丝组成，该桥采用传统的"腻子+缠丝+涂装"体系进行防护。在其运营30年后，也是根据NCHRP-534报告推荐的方法，于2010年对该桥进行了开缆检测。在主缆的外层检查时就发现了多处涂装层破损和缠丝腐蚀情况，如图1-7所示。

图1-7 外层涂装破损和缠丝腐蚀

随后剥除涂装和缠丝，观察到主缆外层和内部同样出现了平行钢丝的腐蚀，但内部钢丝腐蚀等级不同，亨博尔桥比福斯公路桥晚十年通车，主缆钢丝锈蚀和断丝状况明显优于福斯公路桥，如图1-8所示。

图 1-8 亨博尔桥主缆腐蚀情况

与福斯公路桥一样，运营 30 年主缆外层钢丝出现明显的褐色腐蚀产物，达到了 4 级腐蚀，主缆内部也出现了等级不同的钢丝腐蚀。可见在传统的防护下，钢丝的腐蚀是不可避免的。对于亨博尔桥发现的腐蚀问题，业主为其安装了送风除湿系统，以降低主缆内相对湿度。

福斯公路桥、亨博尔桥、M48 塞文桥的主缆开缆检查结果都表明，在传统的钢丝镀锌和"腻子+缠丝+涂料"涂装防护体系下，钢丝的腐蚀是难以避免的。根据三座桥钢丝腐蚀检查结果和评估意见，针对不同情况分别设计安装了干燥空气送风除湿系统，以降低主缆内相对湿度，消除主缆内部钢丝腐蚀环境。同时分别设置了主缆断丝监控系统，监控以后的断丝情况。三座桥中建成通车 40 年的福斯公路桥主缆钢丝腐蚀和断丝最严重，除湿系统被定义为对主缆的抢救，2013 年复检的初步结论是抢救成功，桥梁恢复运营，但至今一直在定期检测和观察。

1.4 国内悬索桥主缆腐蚀现状

我国现代悬索桥起步较晚但发展较快，已建成的主跨长度在 1 000 m 以上的悬索桥中国共有 15 座，第一座主跨在 1 000 m 以上的大桥为香港青马大桥（1997 年），内地第一座主跨在 1 000 m 以上的大桥为江阴长江大桥（1999 年），均已服役超 20 年，逐步接近 NCHRP-534 报告中提出的进行主缆检测和评估的时间期限（30 年）。随着交通大发展的需求，未来还要修建更多千米级跨度的悬索桥，对悬索桥主缆腐蚀状况的调查和评估是我国悬索桥发展中必然面临的挑战。近年国内已经重视和启动相关悬索桥主缆的检查和维修维护工作。

1999年建成的江阴大桥主跨1 385 m（328 m+1 385 m+295 m），主缆采用预制平行索股法（PPWS）编制而成，由169根索股组成，每根索股由127根直径5.35 mm、强度1 600 MPa的高强镀锌钢丝所组成，共21 463根钢丝。2011年对江阴桥进行了一次主缆检查和检修，检查时发现了主缆表面有部分鼓包、涂装脱落的情况，如图1-9所示。

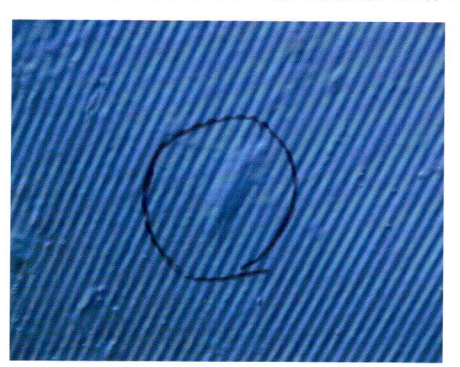 

图1-9 主缆局部外层涂装的鼓包和涂装脱落情况

但检查中没有发现较严重的腐蚀现象，因此这次检查没有考虑打开主缆检查，仅在主缆选择跨中中间一个小节段，将缠丝剪断去掉，露出该节段主缆外层钢丝，检查完成后此处设置专门的观察窗观察该节段钢丝腐蚀情况，如图1-10、图1-11所示。

图1-10 跨中底部缠丝腐蚀　　图1-11 跨中底部主缆外层钢丝腐蚀

在打开主缆跨中中间节段缠丝后,能够观察到从缆内聚集往下流的水分,下雨后缆内的水分渗出更为明显,可见该桥的主缆防护体系并没有真正隔绝外部水分的浸入。去除腻子后可观察到外层钢丝腐蚀状况,外层钢丝大部分处于 1 级、2 级腐蚀等级,钢丝基体并未发生腐蚀。局部出现 3 级、4 级腐蚀钢丝,钢丝出现褐色的基体腐蚀,但所占比例较小。检查维修完成后,江阴大桥主缆设计安装了干燥空气送风除湿系统,以期减慢缆内钢丝的腐蚀速率。除江阴大桥外,西陵大桥和海沧大桥也进行了类似的局部去除缠丝的主缆外观检查,相关资料表明检查发现的现象和外层钢丝腐蚀状况与江阴大桥相似。

国内还以即将拆除的某服役 18 年的悬索桥为背景[25],进行了一次主缆内部检查及腐蚀规律研究。该桥为双塔单跨钢桁架悬索桥,总长 477.23 m,服役时间为 18 年,由 19 束 91 根直径为 5 mm 的高强镀锌钢丝组成,主缆直径 240 mm,钢丝标准强度为 1 670 MPa。对该桥的 10 个主缆截面进行了检测,检测位置如图 1-12 所示。

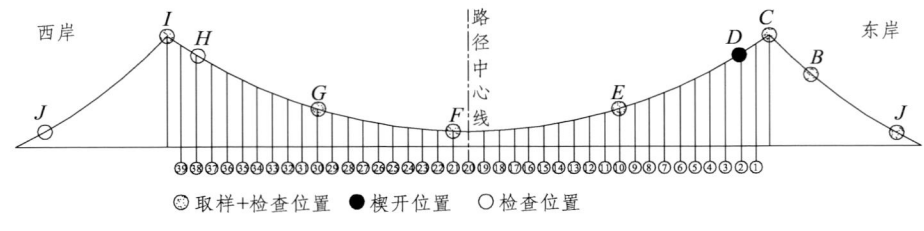

图 1-12 悬索桥检测取样点分布图

由该桥的检测结果看出钢丝的腐蚀在沿主缆纵向和检测截面不同位置均出现了腐蚀的差异。

沿主缆轴向钢丝锈蚀呈分段变化,在两个索夹之间腐蚀较严重,而索夹内腐蚀情况稍好,如图 1-13 所示。

造成这一现象的原因是索夹处的钢丝间隙较小,阻止了雨水等物质的渗入。

在检测截面内,也出现了截面内不同区域腐蚀差异的情况,将主缆截面分为 5 个区域进行腐蚀检测,如图 1-14 所示。

图 1-13 沿主缆纵向钢丝腐蚀分布

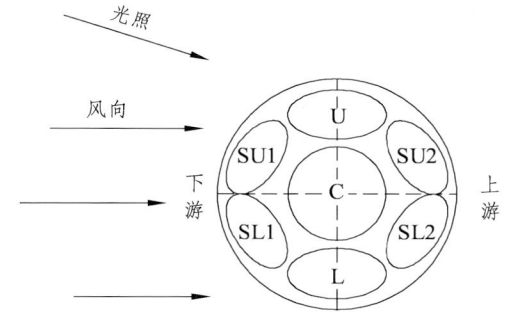

图 1-14 主缆截面内部环境状况

检查表明,大量的明显锈蚀钢丝出现在主缆两侧的 S1、S2 位置,S1 部位钢丝腐蚀等级为 NCHRP-534 报告中的 2 或者 3 级,而 S2 部位的钢丝却大部分为 4 级,比 S1 严重许多。与主缆两侧相比,主缆顶部 U 位置和底部 L 位置的钢丝锈蚀较弱,钢丝表面覆满白色镀锌粉末,腐蚀等级几乎均为 2 级。导致这一现象的原因与主缆不同位置受到的光照和风向有关,迎风侧腐蚀严重。

将主缆按径向分为三层,并沿主缆截面 30°、60° 共 8 个楔入口楔开,建立腐蚀截面图,如图 1-15 所示。

由图 1-15 可知,主缆腐蚀分布在最外层 L1 比较严重,L2 次之,L3 最弱,在整个主缆截面,4 级腐蚀钢丝占 57%、3 级腐蚀钢丝占 17%、2 级腐蚀钢丝占 26%。同时各检测位置取钢丝样本 56 根,D 位置钢丝样本 38 根,进行了钢丝的腐蚀后直径与剩余质量的特征测量,得到:L1 层钢丝的最小直径为 4.60～4.81 mm，质量损失率为 3.56%～4.90%；L2 层钢丝的最小直径为 4.76～4.84 mm，质量损失率为 2.67%～3.80%；L3 层钢丝的最小直径为 4.86 mm，质量损失率为 1.75%。该桥由于即将被拆除，因此进行了多个断面的检测，提取了大量的样本钢丝，为我国悬索桥主缆检测提供了参考。

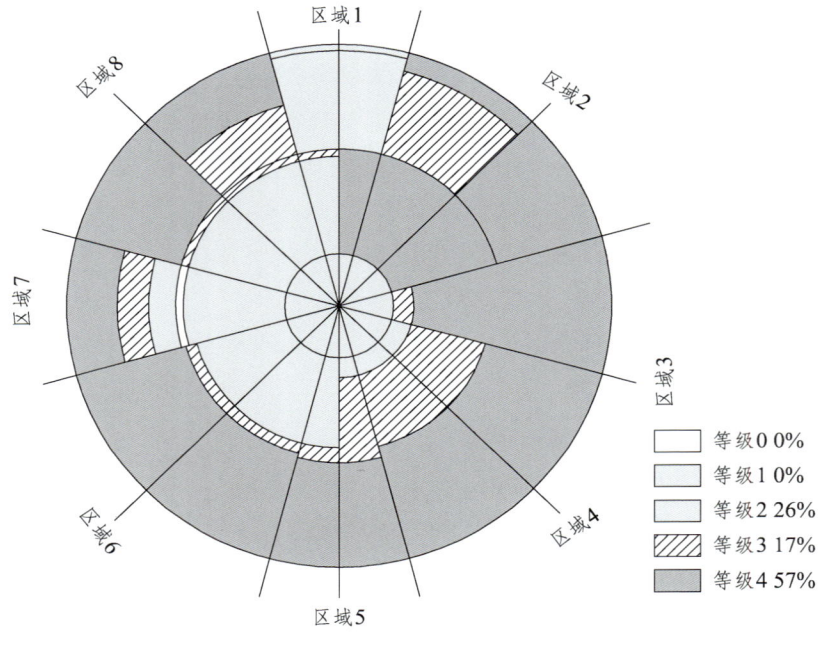

图 1-15　腐蚀截面图

2019 年年初，缅甸某在役悬索桥主缆进行了开缆检测工作，在悬索桥主缆上下游两个跨中各打开一个节段，去除缠丝和腻子，楔开主缆，进行细致的主缆外层和内部钢丝腐蚀检测和评估。这一部分内容，将在本书的最后章节进行详细介绍。

1.5　小　结

综合国内外的悬索桥主缆（钢丝）检测资料可以看出，悬索桥主缆（钢丝）腐蚀是所有悬索桥都面临的问题。国外现代悬索桥历史较长，在主缆检查、评估和维修方面,已有较为成熟的经验可以借鉴,而国内这方面的工作正迈出第一步。本书将针对高强度钢丝腐蚀、主缆承载能力退化进行试验研究:分析影响高强度钢丝腐蚀的因素;建立腐蚀环境与腐蚀速率之间的计算关系;研究主缆腐蚀状态,建立高强度钢丝腐蚀外观与剩余承载力的关系。为我国即将到来的大量悬索桥主缆健康状况及剩余使用寿命检查、评估和维修,提供坚实的技术基础。

2 悬索桥主缆腐蚀机理及影响因素

金属受到环境介质的化学、电化学和物理作用产生的损坏或变质现象叫腐蚀。在金属表面或界面上进行着化学或电化学的多相反应,其结果使金属转变为氧化(离子)状态[26]。悬索桥主缆由高强度钢丝组成,在相对密封的环境中发生了多因素综合影响下的氧化还原反应,这一反应的快慢直接影响了高强度钢丝承载寿命的变化。因此了解钢丝腐蚀反应的机理,针对高强度钢丝的服役条件,分析影响其腐蚀的主要因素以及各因素的取值水平,找到测量腐蚀速率的测量方法,定量评估各个因素对腐蚀速率的影响,就成为研究高强度钢丝承载寿命的前提条件。

2.1 高强度钢丝电化学腐蚀原理及主要控制因素

金属在服役条件下的大气腐蚀是一个复杂的电化学过程,主要是在水分和氧气的参与下形成连续的电解液薄膜时,发生的微电池电子转移的电化学反应[27-28]。电化学腐蚀过程可分成阳极和阴极两个分别进行的过程。阳极过程:金属溶解并以离子形式进入溶液,同时把等当量的电子留在金属中。阴极过程:从阳极移迁过来的电子被电解质溶液中能够吸收电子的物质所接受。氧分子不是作为阴极,而是在中性/弱酸性条件下,阴极发生氧的去极化反应,酸性条件阴极发生析氢反应。

金属作为电极的阳极失去电子而被腐蚀。生成的金属氧化物会形成致密的氧化层,反而对基体形成保护层,但随着反应时间的不断增加,氧化物也被分解,基体腐蚀继续进行。在金属的电化学腐蚀过程中,严格遵循物质的等量转移基本定律,因此可以通过测量腐蚀电流、称量腐蚀质量等方法对腐蚀速率进行测量。

2.1.1 高强度钢丝电化学腐蚀原理

主缆所用的钢丝是由高碳钢经过多次冷拔而形成的高强度钢丝,并在钢丝外表进行热镀锌，因此其腐蚀是钢丝外表的镀锌层与钢丝基体交错发生的复杂腐蚀过程[29-30]。当环境中相对湿度达到一定值，钢丝表面吸附水分子而形成连续的电解液薄膜后，就会发生电化学腐蚀，如图 2-1 所示。

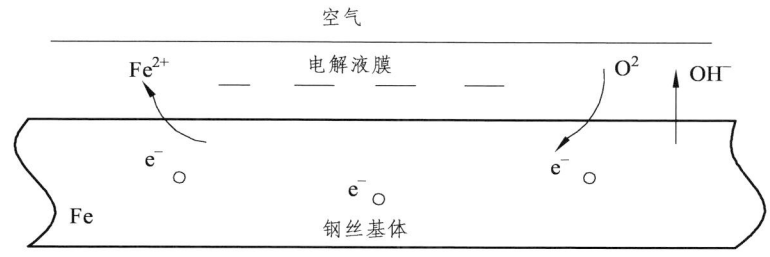

图 2-1　钢丝基体金属腐蚀原理

由于主缆钢丝外层增加了镀锌防护，延缓了钢丝基体的腐蚀。镀锌钢丝的腐蚀分为多个阶段，可以用图 2-2 表示。

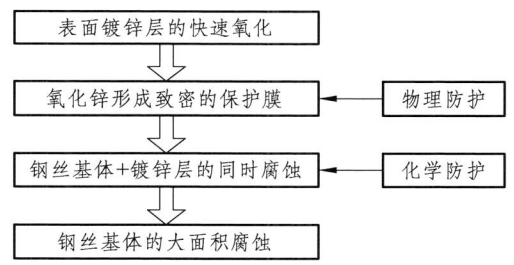

图 2-2　镀锌高强度钢丝腐蚀过程框图

最初的腐蚀是表面镀锌层的氧化，形成一层薄的氧化物，此后这层膜溶解沉淀后变成绿色沉淀物，最后经过相转变脱水，绿锈形成氢氧化物和氧化物的混合棕色铁锈，铁锈中包含着多种铁以及铁的化合物。钢丝腐蚀经历的反应方程式描述如下：

阴极反应——在腐蚀反应中，阴极发生的腐蚀主要是依靠氧的去极化反应，如式（2-1）所示。

$$O_2+2H_2O+4e^- \longrightarrow 4OH^- \tag{2-1}$$

在钢丝表面存在薄液膜的条件下，这一过程中氧的扩散速率决定了阴极上氧的去极化作用，控制着腐蚀速率的大小。液膜越薄，氧的传递速率越大，但当液膜太薄时，水分不足以实现氧化还原的反应，则阴极极化受到阻碍，这也是为什么相对湿度很低时，金属不易发生腐蚀的原因。

初期阳极反应——腐蚀刚开始是在镀锌层外发生，镀锌层对金属的防腐蚀保护分为物理保护和电化学保护[31-32]。

物理保护原理。钢丝表面锌的氧化物 ZnO、$Zn(OH)_2$ 及碱式碳酸锌等不溶于水的白色腐蚀产物，形成致密的氧化层阻碍了氧的扩散，降低腐蚀速率，保护了钢丝基体。电化学初期主要是以锌失去电子而被氧化为不易腐蚀的氧化锌为主，如式（2-2）所示。

$$Zn \longrightarrow Zn^{2+} + 2e^- \tag{2-2}$$

电化学保护。随着腐蚀的不断发生，锌的氧化物层不断被破坏，危及铁基体时，锌对基体产生电化学保护，锌的标准电位为-0.76 V，铁的标准电位为-0.44 V，锌与铁形成微电池时锌作为阳极被溶解，铁作为阴极受到保护。

阴极反应——在反应的后期发生钢丝基体的腐蚀，氧化锌耗损而露出钢丝基体时发生下述的阳极反应[33-34]，如式（2-3）所示。

$$\begin{aligned} Fe &\xrightarrow{溶解} Fe^{2+} \xrightarrow{水解} + FeOH^+ \xrightarrow{氧化沉淀} \gamma\text{-}FeOOH \\ &\xrightarrow{溶解沉淀} FeO_x(OH)_{3-2x} \xrightarrow{相转变} \alpha\text{-}FeOOH \end{aligned} \tag{2-3}$$

可见钢丝基体发生腐蚀是一个非常复杂的化学变化，由上述电化学过程可以看出，镀锌高强度钢丝的腐蚀分为几个阶段：锌的快速氧化、氧化锌的缓慢腐蚀以及钢丝基体的碳钢腐蚀。三个阶段中，持续时间较长的阶段为氧化锌的缓慢钝化和钢丝基体的腐蚀。因此在进行腐蚀测量时，应该以这两个阶段的腐蚀速率作为重点测量对象。

2.1.2　电化学腐蚀速率的主要控制因素

金属表面发生的腐蚀电化学反应与电极极化过程，主要是氧和水分这两种环境介质参与并控制其速度。其中金属表面的水膜厚度决定了氧的扩散速度，根据在大气中金属表面的潮湿程度，以及电解质薄液膜的存在和状态的不同，将金属在大气中的腐蚀依据空气相对湿度不同可大致划分为四个区域[36]：A 区——在干燥的大气环境中，金属表面水分子层厚度只有几个分子层时，表面没有形成连续的电解液，此区域中腐蚀速率很低，可以认为金属不发生腐蚀；B 区——随着大气相对湿度加大，虽然未出现肉眼可见的积水，但表面形成了连续电解液薄层，而发生潮大气腐蚀，此区域腐蚀速率急剧增加；C 区——当环境相对湿度接近100%，液膜厚度继续增加到几微米时，氧气通过液膜扩散到金属表面变得困难，因此该区域的腐蚀速率开始出现降低的走势；D 区——当金属表面液膜变得更厚（大于 1 mm）已经相当于全浸在电解液中的腐蚀情况，腐蚀速率基本不变。可以定性地用图来表示大气腐蚀速率与金属表面液膜厚度之间的关系，如图 2-3 所示。

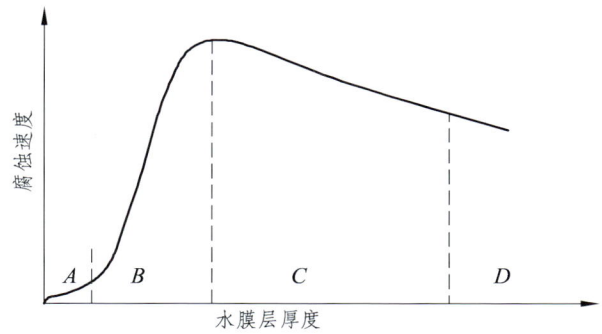

图 2-3　腐蚀速率与金属表面水膜的关系[35]

由图 2-3 可见，不同的水膜厚度对腐蚀速率的影响较大。除此之外，由于大气暴露的金属表面附着杂质，例如 NaCl 颗粒等，会大大加大表面水膜厚度，同样会影响腐蚀速率。高强度钢丝由于有外层防护的隔离，并非直接暴露于大气，在缆内由于钢丝的位置不同，也会出现不同的相对湿度环境，例如跨中主缆由于位置较低会出现积水，而靠近塔顶处主缆则会由于位置较高不容易积水而相对湿度低，因此在考察相对湿度对高强度钢丝腐蚀影响时，应充分考察各相对湿度范围内的腐蚀速率。

2.2　环境因素对高强度钢丝腐蚀速率的影响

在明确了腐蚀原理和主要控制因素的基础上，需要对高强度钢丝的实际服役腐蚀环境进行分析。悬索桥的主缆外层都做了防水、密封等防护处理，但是这些防护措施并不能100%隔断主缆内外的气流，主缆内部环境随着外部昼夜变化、四季交替会出现温度和相对湿度的改变。同时由于防护层的破损或者索夹处的缝隙等，雨水、污染性微尘等渗入主缆，聚集在外防护破损位置或相对位置较低处，使得缆内的环境也非常复杂。在众多影响钢丝腐蚀的因素中，重点分析对腐蚀影响较大的主要因素。

2.2.1 相对湿度对高强度钢丝腐蚀的影响

相对湿度是金属腐蚀影响的一个重要因素。对于高强度钢丝在不同相对湿度中的腐蚀速率研究得比较少，因为控制相对湿度并测量瞬时速率是非常困难的，只有一些通过测量腐蚀失重的实验可以借鉴。日本学者Keita Suzumura团队对主缆不同部位的相对湿度进行了模拟实验[37-39]，实验采用一根长2 m、直径650 mm的模拟主缆，将其置于温度为13~23 ℃，相对湿度30%~100%的自然环境中，在模拟主缆内注入一定量的水，并放入温度计和相对湿度计测定模拟主缆内部的温度和相对湿度。模拟主缆内外四个部位24 h的相对湿度变化如图2-4所示。

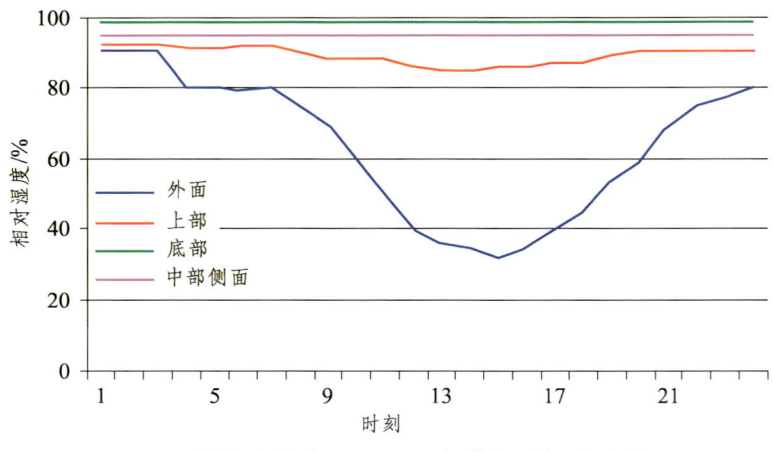

图2-4 模拟主缆内24 h不同部位相对湿度变化图

从图2-4可以看出，主缆中的相对湿度相对稳定，其中上部、底部、中部侧面一直处于80%以上的相对湿度。依据此相对湿度分布，文献[31]

设计了四个不同相对湿度环境工况下的钢丝腐蚀实验：试验 S 组钢丝采用湿布包裹，并放置于密封的盒子内，用于模拟主缆侧面长期湿润的环境；试验 U 组钢丝同样用湿布包裹，但放置于开口的盒子中，模拟主缆上部钢丝白天干燥晚上湿润的环境，湿布变干后再用另一张湿布包裹；试验 L 组钢丝直接浸入含 NaCl 浓度为 0.1% 的水中，模拟主缆底部长期积水的腐蚀环境；试验 C 组钢丝放入装有水的盒子中，模拟主缆中心的环境，腐蚀 90 d 后观察各相对湿度环境下的试件腐蚀的情况如图 2-5 所示。

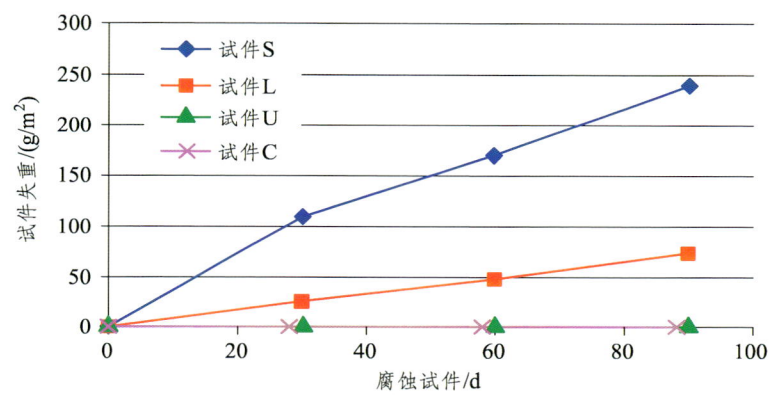

图 2-5　不同相对湿度下钢丝的腐蚀速率

由实验可以看出，代表主缆上部钢丝 U 组和中心钢丝 C 组样本质量损失几乎为零（由于测量的腐蚀速率为平均速率，测量精度较低，导致数据太小），代表主缆底部钢丝 L 组的试件发生了轻微的腐蚀，而代表主缆侧面的 S 组试件发生的腐蚀最严重，出现局部褐色钢丝基体腐蚀。从图 2-5 反映出的趋势可以明显地看出，不同的相对湿度对钢丝腐蚀速率有明显影响，但上述实验并不能精确控制实验的相对湿度，且相对湿度取值太少，数据样本量太少，无法得到相对湿度与钢丝腐蚀速率之间的定量关系。

目前悬索桥主缆中大力推广的干燥空气除湿防护体系，是通过控制主缆内部的相对湿度，来减小钢丝基体的腐蚀速率。这一防护的基本原理是借用关于碳钢腐蚀速率与空气相对湿度关系的研究结果，如图 2-6 所示。

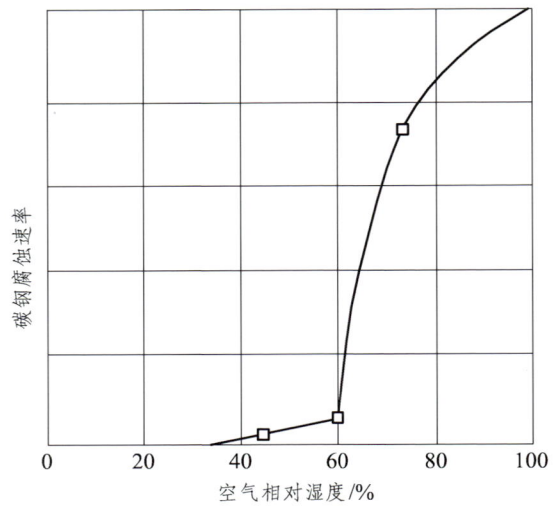

图 2-6 碳钢腐蚀速率与空气相对湿度的定性关系

由图 2-6 可以看出碳钢在空气相对湿度低于 60% 时,腐蚀速率较小;而当相对湿度大于 60% 后,腐蚀速率陡然增大,因此将主缆内相对湿度控制在 60% 以下能够有效降低碳钢的腐蚀速率。

2.2.2 温度对高强度钢丝腐蚀的影响

温度对金属腐蚀的影响主要表现在两个方面,一方面是高温环境下加速了金属离子的运动速率而加快腐蚀速率,另一方面则是温差交替导致的封闭环境中水汽凝结[36]。

大量的实验表明了温度会提高电化学反应的速度,加速腐蚀产物的迁移[40-42]。文献[38]对相同相对湿度环境下不同的温度的钢丝腐蚀做了实验,在对钢丝腐蚀 90 d 后得到下述实验结果,以 16 ℃ 时的腐蚀速率作为 1,做出其他温度条件下的相对腐蚀速率,如图 2-7 所示。

由图 2-7 可见,随着环境温度的升高,钢丝的腐蚀速率出现上升趋势,在 0 ℃ 时几乎是不发生腐蚀,温度超过 20 ℃ 时腐蚀速率开始明显上升,当温度为 40 ℃ 腐蚀速率明显大于 20 ℃ 时的腐蚀速率。目前能收集到的针对温度对缆用高强度钢丝腐蚀影响的文献最高温度只到 60 ℃,在 60 ℃ 时钢丝的腐蚀速率大于 60 ℃ 以下的温度条件。而对其他金属的腐蚀研究表明，当环境温度大于 60 ℃ 后，腐蚀速率增加相对较平缓，因为在过高的温度条件下，金属表面的薄液膜也会较快蒸发，并不会明显地加大腐蚀速率。可见主缆内的温度分布会对其钢丝腐蚀造成不同的腐蚀环境，导致了缆内的钢丝出现不同程度的腐蚀。因此了解主缆服役过程中缆内的温度分布就变得尤为重要，文献[43]对西堠门大桥主缆节段足尺模型进行温度测量，测试从 2009 年 8 月 18 日开始，连续进行了将近 5 个月的测试，获得了夏天、秋天和冬天的测试数据，主缆内最高温度出现在顶部，温度为 50 ℃ 左右，但持续时间不长。大部分区域的温度在夏季时维持在 30 ℃ 左右。

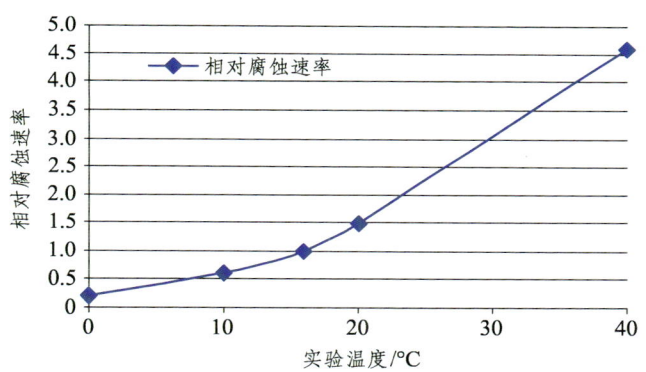

图 2-7　不同温度条件下高强度钢丝腐蚀速率[47]

　　由上述的研究可以看出主缆内的温度和相对湿度同时影响着钢丝的腐蚀，且温度和相对湿度两个因素往往会同时发生改变而影响着缆内的环境。为了建立环境与腐蚀速率之间的计算关系就必须要测量在温度和相对湿度共同作用下钢丝瞬时腐蚀速率，分析这两种重要环境因素之间的关系和对腐蚀速率的影响，以此建立温度相对湿度影响下的钢丝腐蚀速率谱。

2.2.3　环境中污染气体和固体颗粒对高强度钢丝腐蚀的影响

　　大气中的 CO_2、SO_2 等气体是常见的污染物，其溶于水后会使得溶液呈酸性，对碳钢、锌、铝等金属的腐蚀作用是非常明显的；另外氯化物的微小颗粒具有极强的吸水性，其沉积在金属表面也会加速金属的腐蚀；大气中尘埃附着在金属表面也会增加金属的吸湿性，即使在相对湿度小于60%的条件下，也易在金属表面形成水膜，导致腐蚀[44]。

对于高强碳钢在含有CO_2、SO_2大气中的初期腐蚀研究已表明：SO_2浓度的升高会加快材料的初期腐蚀，且腐蚀产物随着其浓度的升高也会发生变化；在单纯的CO_2大气环境中初期腐蚀较快，而到了中后期反应生成的腐蚀物反而对高强碳钢的腐蚀起阻滞的作用[41]。

NaCl是海洋及工业大气环境中大气污染物的主要成分，吸湿性很强，附着在钢丝表面时很快就能在潮湿的环境中吸附水分，迅速形成无数个腐蚀微电池，随着其浓度增加，将明显加快钢丝的腐蚀。文献[38-39]分别对比了在相对湿度为30%、60%，以及直接与腐蚀溶液接触的条件下，不同浓度的NaCl溶液对钢丝腐蚀的影响，如图2-8、图2-9、图2-10所示。

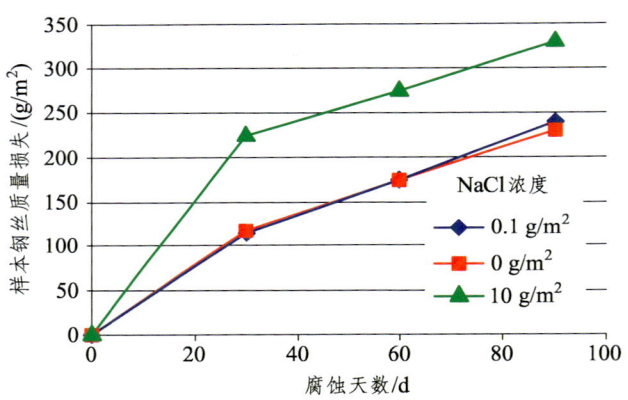

图2-8 直接与腐蚀溶液接触下的腐蚀速率[38]

从图2-8中可以看出，在与溶液直接接触时，无论NaCl浓度高低，都会发生腐蚀；图2-9中当相对湿度为60%时NaCl腐蚀较小，而高浓度的NaCl则会加快腐蚀速率；图2-10中当相对湿度仅为30%时，若NaCl量为10 g/m²的时候，即使相对湿度较低也会因为NaCl的吸湿作用而导致钢丝腐蚀。然而，文献[45]研究表明，金属的腐蚀速率并非随着NaCl浓度的增加而呈现线性增加关系，饱和NaCl溶液和20%的NaCl溶液其腐蚀速度均较低。这是因为盐溶液里的氧含量与盐的浓度有关，在低浓度范围内，氧含量随盐浓度的增加而增加，但当盐浓度增加到5%时，氧含量达到相对的饱和，如果盐浓度继续增加，氧含量则相应下降。另外，溶液中的氢含量会使得金属发生氢脆，但是从实桥或实验中获得的结果均表明，高强度钢丝吸收的氢不足以引起钢丝的氢脆，所以不考虑氢元素对钢丝腐蚀的影响。

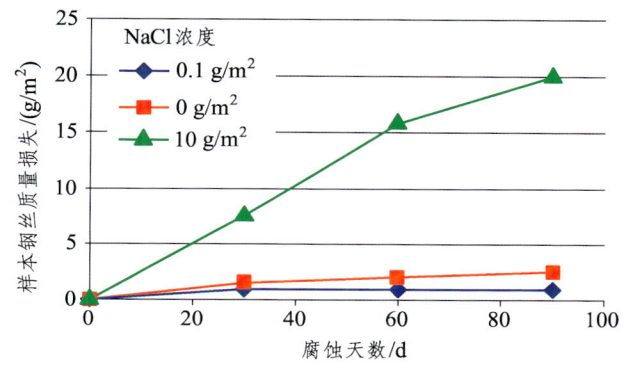

图 2-9　相对湿度为60%时的钢丝腐蚀速率[32]

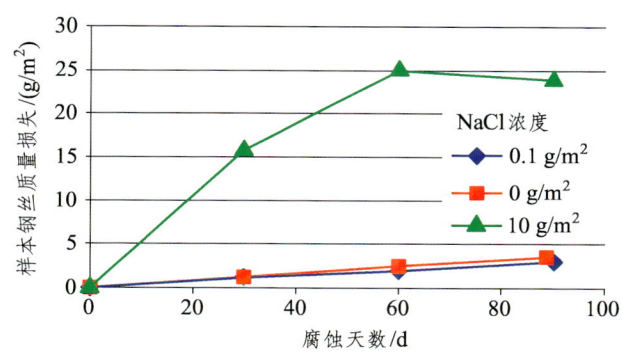

图 2-10　相对湿度为30%时的钢丝腐蚀速率[32]

空气中的NaCl附着在钢丝上，使得钢丝表面更容易形成水膜，即使在低相对湿度的环境中也会导致钢丝腐蚀。在海湾地区修建的跨海大桥，由于海水的蒸发导致空气中NaCl含量升高对跨海大桥的主缆腐蚀发生影响，因此需要对各个浓度下的钢丝腐蚀进行速率测量，建立NaCl含量对钢丝腐蚀影响的计算关系。

2.2.4　拉应力对高强度钢丝腐蚀速率的影响

研究结果表明,当金属材料承受的拉力超过其应力腐蚀门槛值后,在腐蚀介质的参与下就会发生应力腐蚀[46]。应力腐蚀导致金属出现裂纹,并不断扩展,最后金属发生突然断裂。悬索桥主缆的高强度钢丝在架设和运营期间都受到较大的拉应力,因此高强度钢丝所受应力的大小对钢丝的腐蚀也起着重要的影响。

文献[47]对不同拉应力下镀锌钢绞线的腐蚀速率进行了盐雾腐蚀实验,对钢绞线施加 0～25 kN 的拉力,以"盐雾喷淋 12 h,停 12 h"为一个腐蚀周期,其实验样本钢绞线的腐蚀外观如图 2-11 所示。

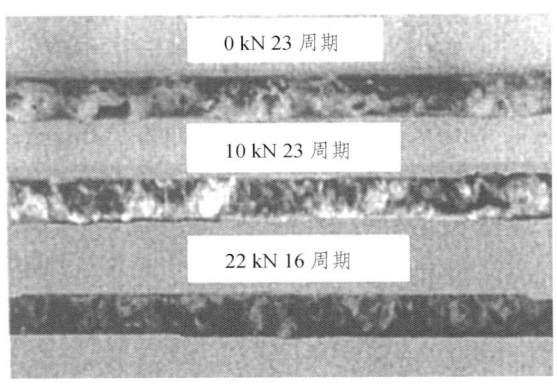

图 2-11　不同张力作用下钢绞线腐蚀实验照片

由图 2-11 可看出,各钢绞线样本在试验一个周期内均产生白锈。张力为(0 kN、10 kN)的钢绞线,产生红锈的周期为 23 个腐蚀周期,而张力为(15～22 kN)钢绞线,产生红锈的腐蚀周期仅为 16 个,随着张力的增大,镀锌钢绞线腐蚀越严重,腐蚀所用时间越短,即腐蚀速率越大。极化的腐蚀电流随其作用张力的增大呈增大趋势,于 22 kN 下腐蚀电流最大,为 0 kN 的 4.5 倍。文献[48]对酸雨溶液中拉力分别为 300 MPa、600 MPa、900 MPa、1 200 MPa 的钢丝也做了腐蚀实验,得到的结论为:随应力增大,镀锌高强度钢丝极化电阻变小,腐蚀电流密度增大,且在 1 120 MPa 应力作用下镀锌高强度钢丝腐蚀电流密度达最大值,为无应力作用下腐蚀电流密度的 7 倍。其原因与应力作用下镀锌高强度钢丝镀锌层表面的破坏程度有关:在一定应力范围内,由于应力增大,镀锌层表面产生的微裂纹增多且迅速扩展,使得表面破坏程度变大,腐蚀介质更易进入镀锌层,使锌溶解过程加快,导致镀锌高强度钢丝腐蚀速度变快。

由文献[49]可以看出,拉力会影响钢丝腐蚀,缩短腐蚀时间。而悬索桥主缆钢丝在整个服役过程中都承受着巨大的拉力,且在设计时各个桥梁的主缆钢丝受到的拉力各不相同,因此有必要建立腐蚀速率随着拉力变化的计算关系,通过这一计算关系判断在一定拉力大小下主缆钢丝的腐蚀情况,这将为主缆钢丝的剩余使用寿命预测提供依据。

2.2.5　环境中 pH 值对高强度钢丝腐蚀速率的影响

金属与酸反应的本质是酸中的氢离子与金属离子发生的氧化还原反应,这与金属在大气中发生的腐蚀原理有所差异,因此在研究桥梁缆索用钢丝在服役环境中的腐蚀时,主要应关注环境中出现的弱酸弱碱环境,而不是单纯地讨论酸碱度对金属腐蚀的影响。

文献[50]采用带 PE 套的镀锌索缆样品进行为期三个月的酸性盐雾腐蚀实验,其中酸性喷雾以 2005 年重庆地区酸雨年平均组成为标准,用 H_2SO_4 配制 pH 为 3.5 的模拟酸雨溶液,对带有切口的缆索样本进行盐雾腐蚀,得到了在这样的环境下,镀锌高强度钢丝的腐蚀速率随时间的变化曲线,如图 2-12 所示。

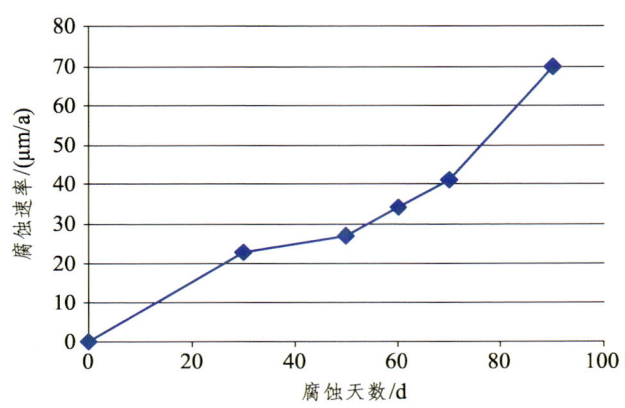

图 2-12　在酸性盐雾环境中镀锌缆索腐蚀速率随暴露时间变化图

通过 90 d 的腐蚀实验，钢丝中的氢含量是未镀锌高强度钢丝氢含量的 1.8 倍，推测氢含量的增大会导致钢丝发生氢脆的问题，但这一结论并未得到广泛的认可。并依据腐蚀速率的变化，将镀锌缆索在酸性盐雾环境下的腐蚀分为三个阶段：第一阶段，对应切口处 Zn 层发生腐蚀；第二阶段，对应腐蚀反应向缆索系统的径向发展，且 Zn 层部分耗损；第三阶段，钢丝基体受到腐蚀，由于 Zn 层腐蚀产物的堆积，减缓了腐蚀速率。

文献[51]仅讨论了 pH 为 3.5 的酸性盐雾加速环境下镀锌高强度钢丝的腐蚀行为，但是对于弱碱性的海洋环境没有进行讨论，尚未揭示在服役环境中不同的酸碱度对钢丝腐蚀速率的影响，因此在本文后续的研究中，将重点讨论在工业环境的弱酸性和海洋环境的弱碱性条件，对镀锌、未镀锌高强度钢丝的腐蚀速率的影响。

2.2.6 初期损伤对高强度钢丝腐蚀速率的影响

高强度钢丝在架设和紧缆期间都会不可避免地存在划损。尤其是在主缆与鞍座、索夹、锚碇以及其他构件接触的部位处，更是出现了大片的镀锌层剥落现象。这些由于施工或运输过程中造成的高强度钢丝初期损伤，对钢丝的腐蚀机制会造成影响。

文献[45]对镀锌高强度钢丝的腐蚀进行了特殊处理，将待腐蚀的样本钢丝中部 0.5 cm 长度的镀锌层用盐酸溶液移除，露出钢丝基体，模拟施工过程中导致的镀锌层剥落。为了评估刻划对钢丝腐蚀的影响，还特意使用金刚石刻刀在样本钢丝中心部位刻划出深度不超过钢丝直径 1/4 的损伤，并对其施加拉力后放置于腐蚀环境中，图 2-13 为钢丝断裂面的照片。

通过对断丝断面的分析证明，在钢丝划损的状态下，钢丝纵向几何特征改变。受到腐蚀的概率和点腐蚀深度将改变钢丝截面的几何特征，钢丝表面发生点腐蚀，其延展率下降更加显著，裂纹最初形成于钢丝表面发生点腐蚀的地方。因此钢丝表面的初期损伤会改变其腐蚀发生的机理，往往导致点腐蚀，形成腐蚀坑，且出现局部应力集中，明显降低钢丝的延性，最后钢丝突然断裂。

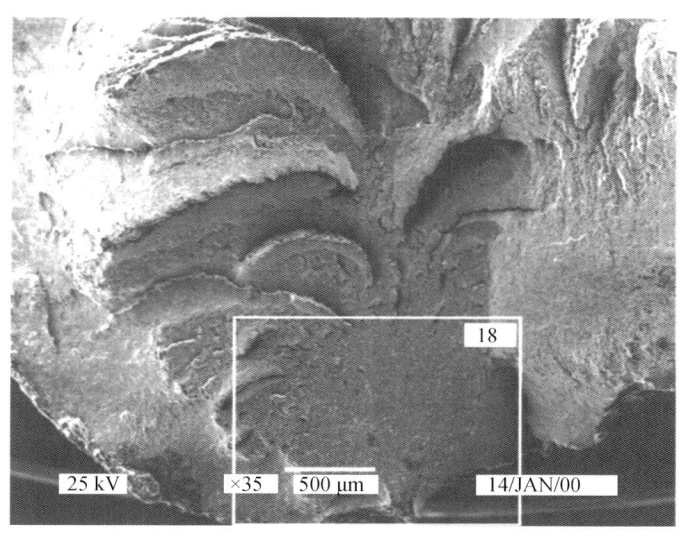

图 2-13　经过 648 h 腐蚀后，×35 倍放大下的钢丝断裂面照片[40]

由此可见镀锌层不仅对钢丝起到物理防护的作用，还会影响钢丝长期的腐蚀发展机理，因此在对钢丝腐蚀进行研究时，也应该分为镀锌钢丝和未镀锌钢丝两种钢丝，分别进行腐蚀实验，得到镀锌层和基体部分在各影响因素下的腐蚀速率谱。由上述的分析可见，主缆内钢丝量巨大，所处环境的多变，影响高强度钢丝腐蚀的因素也多种多样，钢丝的腐蚀就是在多种环境因素以及钢丝自身状态等相互影响下的结果。其中氧和水膜是钢丝腐蚀的主要控制因素；环境中的相对湿度、温度提高等会加速钢丝的腐蚀；腐蚀溶液中的 pH 值、NaCl 浓度增加也会明显地加速钢丝的腐蚀；钢丝受到的大拉应力以及初期的划损使得发生局部腐蚀的概率更高，同时也加快了腐蚀的发展速度。

钢丝的腐蚀是在众多因素的共同影响下发生的，单个地研究每一个因素得到的结论都是不全面的，无法得知哪些因素对其腐蚀产生着主要作用，也无法得知因素之间是否存在相互耦合的作用。缺乏这些基本的数据支持，就无法进一步采用合适的实验手段来模拟主缆腐蚀环境，并进行加速腐蚀实验。因此需要寻找一种合适的腐蚀速率测量方法以及实验方案，将这些影响因素进行全面的实验，分析多个因素相互组合下对钢丝腐蚀速率的影响，从而建立环境与腐蚀速率之间的回归拟合关系。

2.3 腐蚀速率测量原理及方法

金属腐蚀速率分为瞬时速率和平均速率,对于瞬时腐蚀速率通常采用电化学的测量手段,而对于均匀腐蚀速率,通常采用质量损失、直径损失等平均值来衡量。

2.3.1 瞬时腐蚀速率测量方法

根据法拉第定律,电子的转移与物质量的转移相等,即金属阳极每溶解 1 mol/L 价金属,通过的电量为 1 F(96 500 C)。若电流强度为 I,通电时间为 t,则通过的电量为 It,阳极溶解的金属量 Δm 应为式(2-4)。

$$\Delta m = \frac{A \cdot I \cdot t}{n \cdot F} \qquad (2\text{-}4)$$

式中,Δm——阳极溶解的金属量(g);

I——电流强度(A);

A——金属的原子量;

t——通电时间(s);

n——价数,即金属阳极反应方程式中的电子数;

F——法拉第常数,即 1 F=96 500 C/mol。

设整个金属的表面积 S 为阳极面积,腐蚀电流密度 i_{corr} 为 I/S,则腐蚀速度 $V_{质}$($g \cdot m^{-2} \cdot h^{-1}$)与腐蚀电流密度 i_{corr} 间的关系为式(2-5)。

$$V_{质} = \frac{\Delta m}{S \cdot t} = \frac{A}{n \cdot F} \cdot i_{corr} \qquad (2\text{-}5)$$

电化学测量方法就是基于上述法拉第原则对腐蚀速率电流密度进行测量,常用的有线性极化法、极化电阻测量法等。其中三电极体系较为常用,其测试原理如图 2-14 所示。

将待测金属制作成棒材并作为工作电极,加上饱和甘汞做成的参比电极,铂金电导做成的辅助电极构成三个电极体系[52]。这三个电极体系含两个回路,一个回路由工作电极和参比电极组成,用来测试工作电极的电化学反应过程,另一个回路由工作电极和辅助电极组成,起传输电子形成回路的作用。三电极体系要求将所使用的电极浸入电解液，对电极进行极化，可以得到其极化电位 E 和电流密度 i_{corr}（单位 A/cm²），在极化区内对极化电位 E 和电流密度的对数 lg$i$ 作图，得到其 Tafel 曲线，如图 2-15 所示。

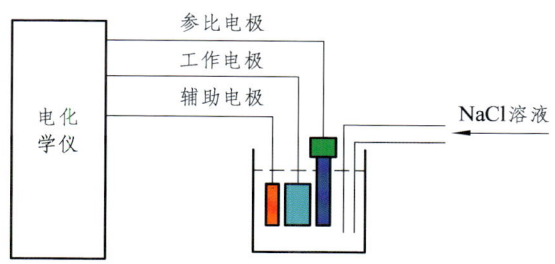

图 2-14　电化学测量三电极体系示意图[53]

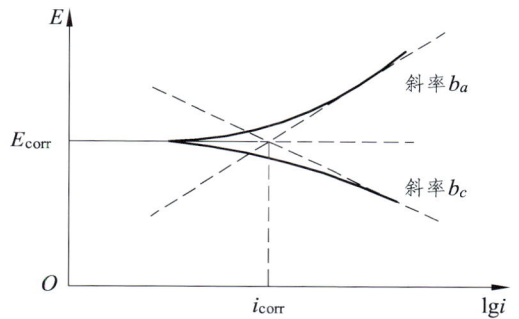

图 2-15　Tafel 曲线外推法求腐蚀电流[53]

测量得到的 E-lg$i$ 图，横坐标为电流密度 i 的绝对值对数，纵坐标为电极电位 E。阳极极化曲线与阴极极化曲线的斜率（符合塔菲尔关系）的延长线交于一点，该点对应的电流密度即为金属腐蚀达到稳定状态的电流密度，即是该金属的自腐蚀电流 i_{corr}。而两个极化曲线的交点对应的电位值即为自腐蚀电位 E_{corr}。采用弱极化区 Tafel 四参数曲线拟合，依据高斯-牛顿-麦夸脱迭代法进行曲线拟合，其极化曲线方程式如式（2-6）。

$$i = i_{corr}\left\{\exp\frac{E-E_0}{\beta_a} - \frac{\exp\frac{-(E-E_0)}{\beta_c}}{1-\frac{i_0}{i_L}\left[1-\exp\frac{-(E-E_0)}{\beta_c}\right]}\right\} \quad (2\text{-}6)$$

式中，i——外测极化电流密度；

i_{corr}——腐蚀电流密度；

i_L——极限电流扩散密度；

（$E-E_0$）——极化电位；

β_a 和 β_c——阳极和阴极塔菲尔斜率。

选用电化学工作站的四参数拟合方法按式（2-6）计算电化学腐蚀速率，能够计算得 β_a 和 β_c，采用对数（lg）表示 Tafel 斜率，则分别用 $b_a = 2.303 \times \beta_a$，$b_c = 2.303 \times \beta_c$ 来表示阳极和阴极斜率。拟合得到自腐蚀电流密度 i_{corr} 后，依据式（2-5）可求出腐蚀速率。

三电极体系的缺点是要求电极浸入电解液，这样一来就无法测量不同湿度下的腐蚀速率。而在直流电的作用下，腐蚀中的敏感元件金属量的减少会导致电阻的增加，因此电阻法可以用于非电解质的气体、固体颗粒、有机物等腐蚀环境[53]。极化电阻法将待测金属制作成金属丝镶嵌于薄膜上，制成腐蚀测量传感器，如图 2-16 所示。

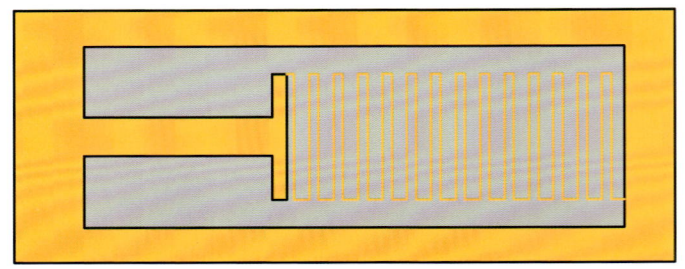

图 2-16　uLPR 极化电阻腐蚀传感器

将该传感器贴于待测金属表面，在待测金属所处的不同环境中，传感器中的金属丝发生腐蚀，同样由于腐蚀的电化学原理，会伴随着金属电子的转移，金属量减少，这样的减少会导致其电阻的增加，通过测量其电阻值的变化即可得到金属的腐蚀速率。

2.3.2　平均腐蚀速率测量方法

除了采用电化学手段测量金属腐蚀的瞬时电子转移量外，还可以采用长期腐蚀后称量金属失重、直径变化、腐蚀深度等方法来计算金属在这一段时期中的平均腐蚀速率。

失重法、直径变化法都是根据腐蚀前后金属的质量、直径变化来反映腐蚀速度。用失重法、直径变化法表示金属的腐蚀速率的计算式为式（2-7）、式（2-8）[54]。

$$V_{质} = \frac{m_0 - m_c}{s \cdot t} \quad (2-7)$$

$$V_{深} = \frac{r_0 - r_c}{t} \quad (2-8)$$

式中，$V_{质}$——单位面积上单位时间内质量损失腐蚀速度[g/（m²·h）]；
  m_0——试样腐蚀前的质量（g）；
  m_c——试样腐蚀后的质量（g）；
  s——试样面积（m²）；
  t——试验时间（h）；
  $V_{深}$——每年单位面积上腐蚀深度腐蚀速度（mm/a）；
  r_0——腐蚀前金属棒材半径；
  r_c——腐蚀后金属棒材半径。

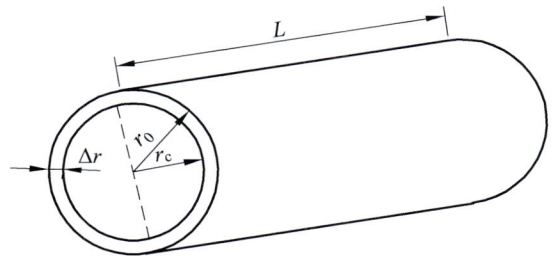

图 2-17　钢丝腐蚀深度速率计算示意图

在用瞬时测量法速率表示腐蚀速率时，可以将腐蚀质量损失速率换算成钢丝腐蚀深度速率，如图 2-17 所示。设钢丝密度为 ρ，腐蚀时间为 t，则将瞬时腐蚀质量损失速率 $V_{质}$ 与瞬时腐蚀深度速率 $V_{深}$ 都表示为对时间求导数的形式，如式（2-9）、式（2-10）所示。

$$V_{\text{质}} = \frac{\mathrm{d}}{\mathrm{d}t}\left[\frac{\Delta m(t)}{s(t)}\right] = \frac{\mathrm{d}}{\mathrm{d}t}\left[\frac{\Delta V(t)\cdot \rho}{s(t)}\right]$$

$$= \frac{\mathrm{d}}{\mathrm{d}t}\left\{\frac{\pi\left[r_0^2 - r(t)^2\right]\cdot L\cdot \rho}{2\pi r(t)\cdot L}\right\}[\ ] = \frac{\rho}{2}\frac{\mathrm{d}}{\mathrm{d}t}\left[\frac{r_0^2 - r(t)^2}{r(t)}\right] \quad (2\text{-}9)$$

$$= \frac{\rho}{2}\left[\frac{\mathrm{d}}{\mathrm{d}t}\frac{r_0^2}{r(t)} - \frac{\mathrm{d}r(t)}{\mathrm{d}t}\right] = \frac{\rho}{2}\left[-r_0^2\frac{1}{r(t)^2}\cdot\frac{\mathrm{d}r(t)}{\mathrm{d}t} - \frac{\mathrm{d}r(t)}{\mathrm{d}t}\right]$$

$$= -\frac{\rho}{2}\left[\frac{r_0^2}{r(t)^2} + 1\right]\frac{\mathrm{d}r(t)}{\mathrm{d}t}$$

$$V_{\text{深}} = \frac{\mathrm{d}}{\mathrm{d}t}[r_0 - r(t)] = \frac{\mathrm{d}r(t)}{\mathrm{d}t} \quad (2\text{-}10)$$

一方面，瞬时腐蚀速率测量法和均匀腐蚀速率测量法都是基于同一个前提而成立的，那就是在腐蚀变化中，物质的转移量是相等的，因此两者测量出的结果都是以 $V_{\text{质}}$ 或 $V_{\text{深}}$ 来表示单位面积上单位时间内的质量损失或者是单位面积上每年的腐蚀深度。另一方面，瞬时速率虽然是随着金属的腐蚀时间变化的，在腐蚀初期增大较快，当出现腐蚀产物后由于氧的扩散受阻，后期的腐蚀速度变化较小，但对金属整个寿命期来说，这样的差异可以忽略，因此两种测量方法也都能代表腐蚀的速率。

则当 $t\to 0$、$r_{\text{c}}\to r_0$ 时两者之间可以相互换，故上述关系可简化为

$$\lim_{\substack{t\to 0\\ r(t)\to r_0}} V_{\text{质}} = -\frac{\rho}{2}\left[\frac{r_0^2}{r(t)^2} + 1\right]V_{\text{深}} = \rho V_{\text{深}} \quad (2\text{-}11)$$

式中，$V_{\text{深}}$——腐蚀深度速率，单位为（mm/a）；

$V_{\text{质}}$——腐蚀质量损失速率，单位为[g/（m²·h）]；

ρ——金属密度（g/m³）。

2.4 小　结

（1）本章首先探讨了高强钢丝腐蚀时所发生的电化学反应过程，从机理上阐述了腐蚀是一个电子转移的过程，该过程伴随着等量的物质转

移,并受到环境中氧的扩散条件等因素的影响。

（2）在了解腐蚀机理及腐蚀测量原理的基础上,考察主缆腐蚀的环境是建立腐蚀速率计算关系的关键所在,因此本章通过对文献的整理,重点分析了对主缆腐蚀影响较大的温度、湿度、空气中的污染气体和尘埃、拉力、镀锌层划损等几个因素分别对高强钢丝腐蚀的影响,确定了测量腐蚀速率计算关系所考察的实验因素。

（3）在此基础上,阐述了测量金属腐蚀速率的几种常用方法,由于这些测量方法都是基于电化学反应过程中物质转移的等量关系进行的,所以这些方法之间存在着等价的换算关系,可以对腐蚀速率进行量化的研究。

3 悬索桥主缆钢丝腐蚀速率计算

悬索桥主缆钢丝的腐蚀是在多种因素共同作用下导致的电化学反应，随着环境因素值的变化，导致腐蚀速率改变。建立环境值与腐蚀速率之间的计算关系是计算钢丝腐蚀速率的依据，凭借此关系，通过测量钢丝所处的腐蚀环境因素数值就能计算出钢丝的腐蚀速率，对钢丝腐蚀的发展进行预判，这对于评估和控制主缆钢丝腐蚀有重要的意义。

本章将分别对高强度钢丝在温度、相对湿度、NaCl 浓度、pH 值和拉力 5 个因素进行正交实验，分析 5 个因素对钢丝腐蚀的影响主次关系，是否存在耦合作用效应，并建立五个因素与钢丝腐蚀速率之间的计算关系。

3.1 温度、相对湿度影响下高强度钢丝腐蚀速率谱

3.1.1 实验设计

由于桥位所处环境差异，其温度和相对湿度的变化范围与桥位所在环境有一定关系。依据文献[43]中实桥温度、相对湿度监控资料，夏季主缆内最高温度可达到 50 ℃ 以上，因此取试验的最高温度为 50 ℃；考虑到 0 ℃ 为冰点，钢丝结冰冻融与腐蚀的交叠效应复杂，因此最低温度取 10 ℃。主缆除了被浸泡的局部钢丝外，最大相对湿度为 99%RH，因此相对湿度上限为 99%RH；将最低相对湿度取为 40%RH，间隔取为 10%RH。温度取值间隔为 10 ℃，一共 5 个温度取值，为了满足正交试验的整齐可比性，正交表格中相对湿度也取 5 个值，如表 3-1 所示。

根据碳钢腐蚀速率与空气相对湿度关系的研究结果，相对湿度达到 60%RH 后，相对湿度继续增加对腐蚀速率影响快速加大，因此正交试验增加相对湿度大于 60%RH 的取值点，为拟合腐蚀速率谱提供更多样本点，在每个温度条件下，都测量 8 个不同相对湿度的腐蚀速率，插入后的相对湿度取值如表 3-2 所示。

表 3-1　正交试验各因素取值设计表

取值等级	温度/°C	相对湿度/RH
1	10	40%～50%
2	20	50%～60%
3	30	70%
4	40	80%
5	50	99%

表 3-2　相对湿度因素取值设计表

取值等级	1	2	3	4	5	6	7	8
相对湿度/RH	40%～50%	50%～60%	65%	70%	75%	80%	85%	99%

按上述表格取值，共有 40 个温度和相对湿度环境组合，每个组合下测量 18 根钢丝的腐蚀速率，每根钢丝测量 3 次。因此每个环境下共有 54 个样本值。所有实验共计样本数据为 2 160 个。实验样本采用上海宝钢集团生产的强度 1 770 MPa 的悬索桥主缆用未镀锌高强度钢丝，直径为 5.10 mm，样本钢丝盘条金属成分及含量为：C%=0.83；Mn%=0.75；Si%=0.007；P%=0.008；Cr%=0.14；Cu%=0.03，其余为 Fe。盘条金相组织为索氏体（92%）和片状珠光体，及晶界上少量条状渗碳体。将样本切割成 30 cm 长的试件后，用清水洗净，丙酮除油污，再用清水冲洗后风干。将腐蚀速率传感器贴在样本钢丝表面，用透明胶带固定，保证其与钢丝表面充分接触。

用可程式恒温恒湿箱提供所需要的温度、相对湿度环境，实验箱中样本周围的温度和相对湿度，采用温湿度传感器进行实时测量。保证实验箱内温度精度在±2 °C，相对湿度在低于 80%RH 时精度为±5%RH，大于 80%RH 时精度为±10%RH。

瞬时腐蚀速率测量，采用美国 ANALATOM 公司生产的 Micro-Sized Linear Polarization Resistance（uLPR）极化电阻腐蚀速率传感器，传感器采用双电极体系，用与钢丝相同的高强钢制成，两个电极镶嵌在导电的薄膜上，将传感器贴于被测钢丝上，放入设定的温湿度环境，即可完成腐蚀电阻的实时测量。由于测量传感器的技术限制，不能对带有镀层的金属进行同样的瞬时腐蚀速率测量，因此在本研究中，无法对镀锌钢丝进行温湿度正交作用下的腐蚀速率实验。实验环境如图 3-1 所示。

图 3-1　恒温恒湿实验环境

3.1.2　实验测量结果

实验数据同时显示了测量时样本钢丝周围环境的温度和相对湿度，以及测量得到的腐蚀速率各通道测量值。按照实验流程进行数据测量，得到的实验数据庞大，在此仅列出几个典型值的测量数据，如图 3-2 所示。

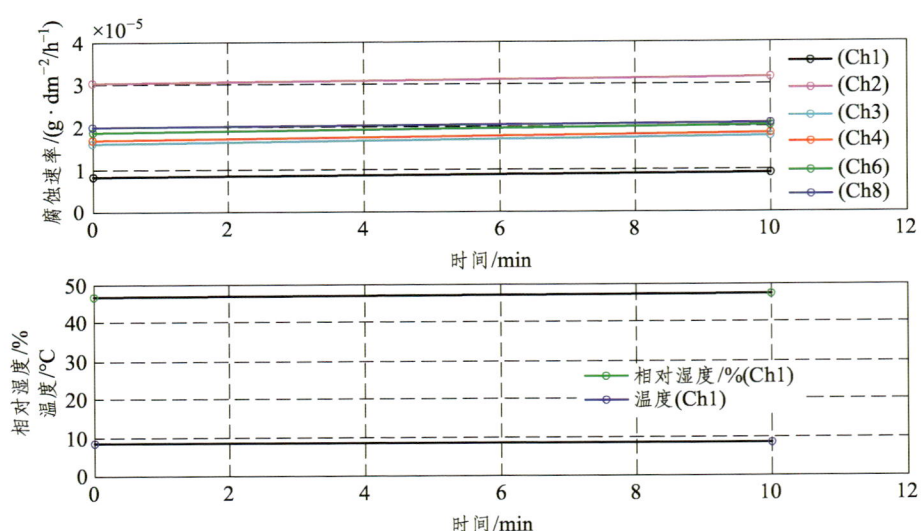

(a) 温度为 10 ℃ 相对湿度为 40%～50% 时的一组样本测量数据

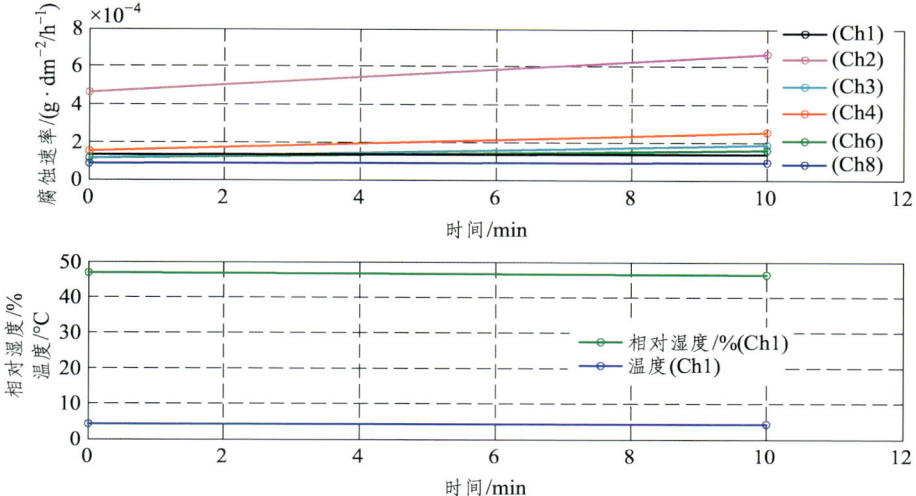

（b）温度为 10 ℃ 相对湿度为 90%～99% 时的一组样本测量数据

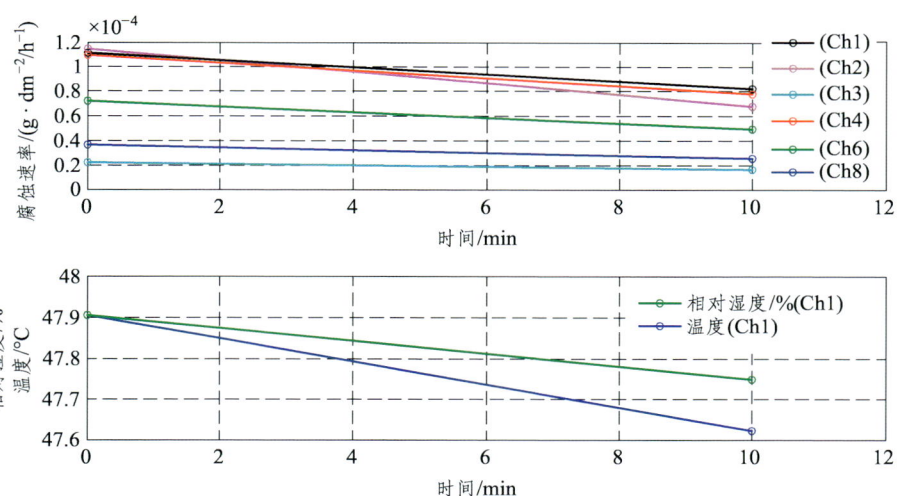

（c）温度为 50 ℃ 相对湿度为 40%～50% 时的一组样本测量数据

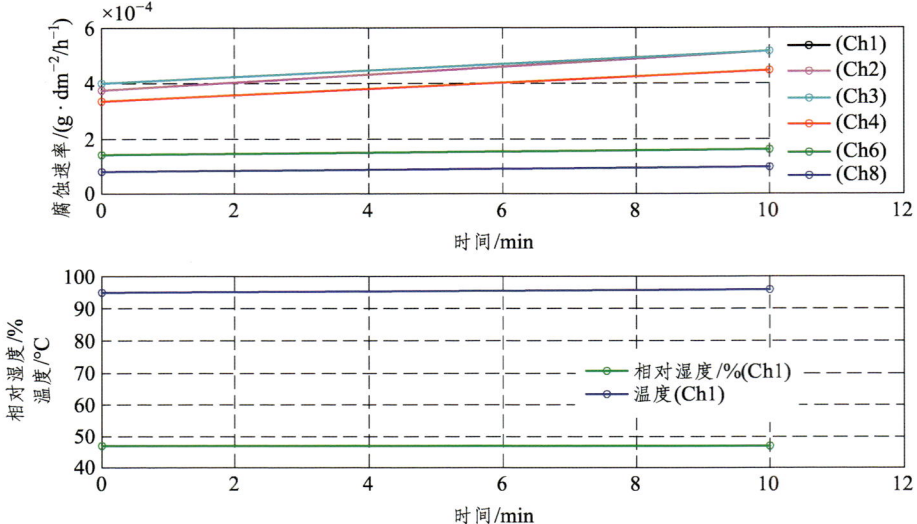

(d)温度为 50 ℃ 相对湿度为 90%～99%时的一组样本测量数据

图 3-2　四个典型温度和相对湿度组合工况下的实验数据图

注：图 3-2 中为四个工况下的测量数据，每个工况下为 6 根样本钢丝在同一环境下的测量数据，测量数据中的数量级是测量软件自动根据数据的大小进行调节的。读取具体数据时，采用测量软件自带的数据坐标放大工具，直接读取每条曲线在坐标轴中的具体数值大小，精度可到小数点后 4 位，为了展示在测量时间段内，腐蚀速率的变化，因此在显示时没有进行数据坐标的放大。

由于实验测量得到的数据单位并非通用的腐蚀速率单位，为了表现出腐蚀对金属基体半径的影响，将其换算为用腐蚀深度损失表达的速率单位，即 mm/a，它们的换算关系如下：

设单位长度钢丝，每年腐蚀深度为 1 mm，则换算成质量损失为

$$V_{质} = \frac{\rho V_{深}}{8.76} \times 10^{-2} \tag{3-1}$$

式中，$V_{质}$——钢丝单位时间内单位面积上的质量损失，即为质量损失速率（g·dm^{-2}·h^{-1}）；

$V_{深}$——每年钢丝表面的腐蚀深度，即为半径损失速率（mm/a）；

ρ——钢丝密度（g/cm³），取 7.85 g/cm³；

系数 8.76 为时间单位年与小时的换算关系，l(h) = 1/365×24(a)。

两个速率都是表达的单位面积上腐蚀速率，钢丝的半径在计算中已经被约分约去，因此腐蚀基体的原始半径对换算没有影响，这一结果可以通用于任意半径的钢丝腐蚀，如表 3-3 所示。

表 3-3　不同温度和相对湿度组合条件下钢丝腐蚀速率值（mm/a）

温度/°C	相对湿度/RH							
	40%~50%	50%~60%	65%	70%	75%	80%	85%	90%
10	0.000 1	0.000 2	0.000 8	0.001 4	0.006 3	0.008 3	0.010 3	0.010 8
20	0.002 1	0.004 0	0.004 1	0.005 8	0.005 8	0.007 8	0.012 3	0.013 6
30	0.003 9	0.004 2	0.004 5	0.004 6	0.004 8	0.007 1	0.014 5	0.019 7
40	0.002 3	0.002 8	0.003 9	0.004 3	0.004 9	0.015 1	0.020 5	0.036 2
50	0.001 1	0.001 4	0.003 2	0.004 3	0.010 5	0.022 9	0.032 2	0.045 5

表 3-3 中的数据均为各组样本数据经过分组后略去出现频率较低的数据计算出的样本均值。为了便于看出腐蚀速率随温度、相对湿度变化的特点，将上述正交工况下的实验结果，按照相同温度不同相对湿度的划分作图，如图 3-3 所示。

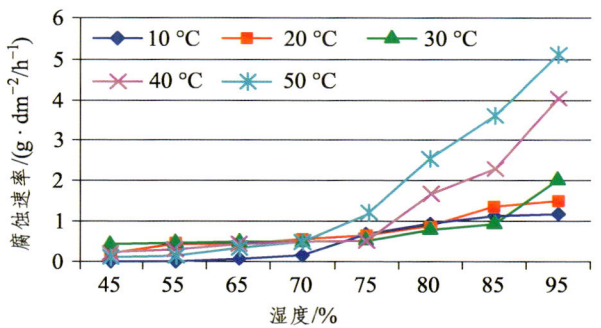

图 3-3　相同温度下随着相对湿度增大腐蚀速率变化图

按照相同相对湿度不同温度的划分作图，如图 3-4 所示。

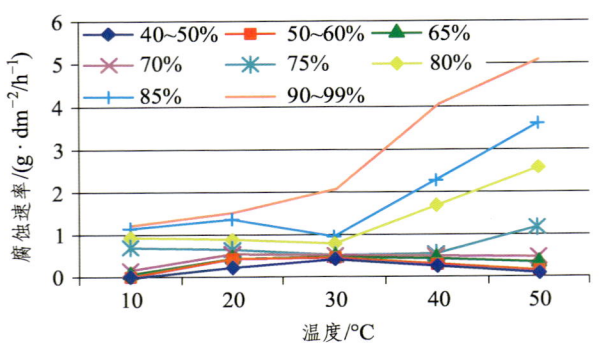

图 3-4　相同相对湿度下随着温度增大腐蚀速率变化图

由图 3-3 可以看出：

（1）在相对湿度低于 60% 时腐蚀速率较小，进行主缆内部湿度控制时可以以相对湿度为 60% 作为腐蚀控制目标值。

（2）由图 3-3 可以看出，相同温度下，随着相对湿度的增大，腐蚀速率都呈现出明显变大的趋势。

（3）由图 3-4 可以看出，在相同的相对湿度条件下，腐蚀速率并非随着温度的增大而出现增大的趋势。当在低相对湿度的工况下（相对湿度低于 75% 时），随着温度的升高环境中，腐蚀速率反而比同等相对湿度下低温度时的腐蚀速率低，这是因为高温低相对湿度环境下，钢丝表面的水蒸气易蒸发，金属表面的水膜厚度反而变薄，腐蚀速率并不会明显变大；而当处于高温高湿环境中，水分蒸发损失量小于恒温恒湿箱提供的高相对湿度环境水分补充量，又使得腐蚀速率明显加大。

3.1.3　实验结果分析

1. 耦合作用判断

首先考察温度、相对湿度两个因素在对未镀锌高强度钢丝腐蚀的作用中是否存在耦合关系。采用 2^k 因子设计法进行处理[55-56]，A 因素为温度，极小值=10 ℃、极大值=50 ℃；B 因素为相对湿度，极小值=40%～50%、极大值=99%，进行交互效应判断，如表 3-4 所示。

表 3-4 温度、相对湿度与腐蚀速率的 2^k 因子表

因素取值		因素组合	实验值/(mm/a)	标记符号
A	B			
−	−	A 低 B 低	0.000 1	d
+	−	A 高 B 低	0.001 1	a
−	+	A 低 B 高	0.010 8	b
+	+	A 高 B 高	0.045 5	ab

依据 2^k 因子设计方法,计算温度对速率的影响为

$$A = \frac{1}{2}[(ab-b)+(a-d)] = \frac{1}{2}(ab+a-b-d) = 0.017\,9 \quad (3\text{-}2)$$

同样计算相对湿度对腐蚀速率的影响为

$$B = \frac{1}{2}[(ab-a)+(b-d)] = \frac{1}{2}(ab+b-a-d) = 0.027\,6 \quad (3\text{-}3)$$

两者耦合作用的影响为

$$AB = \frac{1}{2}[(ab-b)+(a-d)] = \frac{1}{2}(ab+d-b-a) = 0.016\,9 \quad (3\text{-}4)$$

计算式中的 a、b、ab、d 分别为表 3-5 中 A、B 因素的不同组合下的实验值,其具体取值见表 3-5。由计算结果可见 $B > A \approx AB$,相对湿度对腐蚀速率的影响要大于温度对腐蚀速率的影响,且两者交互作用对速率的影响小于两者独立的影响,但由于交互效应的影响与 A 因素单独影响的结果相差不大,在拟合回归关系时有必要增加其交互效应项。

2. 方差分析

通过方差分析,可以简单方便地得出所考察因素对实验结果影响的重要程度,但是不能估计实验过程中以及实验结果测量中存在的误差大小,不能区分各因素的各取值水平所对应的实验结果间的差异究竟是由因素水平不同所引起的,还是由实验误差引起的,因此还需要对数据进行方差分析和假设检验才能对实验过程中的误差进行判断。

方差分析的基本方法就是把总的变差平方和分解为因素的变差平方与误差平方两个部分,并计算出因素及误差的平均平方和,然后用 F 检

验法对因素进行显著性检验[55-56]。由于方差分析要求因素之间整齐可比，因此对于相对湿度因素选择 40%~50%、50%~60%、70%、80%、90% 五个取值，温度值也只选取上述五个相对湿度对应的温度工况下的测量值来进行方差分析，计算结果如表 3-5 所示。

表 3-5　正交试验结果方差分析计算表

因素	A	B	
K_1	0.020 8	0.009 5	
K_2	0.033 3	0.012 6	$K = \sum_{i=1}^{25} k_i = 0.229\ 7$
K_3	0.039 5	0.020 6	
K_4	0.060 9	0.061 2	$P = \dfrac{1}{25} K^2 = 0.002\ 1$
K_5	0.075 2	0.125 8	
Q	0.002 5	0.004 1	$W = \sum_{i=1}^{25} x_i^2 = 0.005\ 2$
S	0.000 4	0.002 0	

其中 x_i 为各工况组合下的实验值，$K_1 \sim K_5$ 为 A、B 因素各取值条件下的试验值之和，Q 为 $K_1 \sim K_5$ 的平方和均值。$S=Q-P$ 即为平方和之差，计算原理和方法见文献[55-56]，计算表如表 3-6。

表 3-6　方差分析显著性计算表

方差来源	变差平方和	自由度	均方	F 值	临界值 F_a	显著性
A 因素	S_A=0.000 4	4	0.000 1	2.34	$F_{0.05(4,24)}=5.77$	不显著
B 因素	S_B=0.002 0	4	0.000 5	11.63	$F_{0.05(4,24)}=5.77$	非常显著
误差 e	Se=0.000 7	16	0.000 043			
总和	S_T=0.003 1	24				

x_{ij} 为 A、B 两因素不同组合下的实验值，各因素水平数为 p，各水平重复次数为 q，则 S_T 为所有数据的总变差和，其计算方法为

$$S_T = \sum_{i=1}^{p}\sum_{j=1}^{q} x_{ij}^2 - \frac{(\sum x_{ij})^2}{pq} \tag{3-5}$$

也可以简化为

$$S_T = W - P \tag{3-6}$$

S_A、S_B 分别为 A、B 因素各自的变差平方和，计算方法为

$$S_A = \frac{\sum_{i=1}^{p}(\sum_{j=1}^{q}x_{ij})^2}{q} - \frac{(\sum x_{ij})^2}{pq} \quad (3-7)$$

简化计算为 $S_A = Q_A - P$，同理可得 S_B。

S_e 为误差的变差和，计算方法为

$$S_e = \sum_{i=1}^{p}\sum_{j=1}^{q}x_{ij}^2 - \frac{\sum_{i=1}^{p}(\sum_{j=1}^{q}x_{ij})^2}{q} \quad (3-8)$$

简化为　　　$S_e = W - Q$

自由度的计算为

$$\begin{cases} f_{总} = 数据总数 - 1 \\ f_{因} = 因素水平 - 1 \\ f_{误} = f_{总} - f_{因} \end{cases} \quad (3-9)$$

均方=变差平方和/自由度，F=各因素均方/误差均方。由表中计算的 F 值与临界值 F_a 统计量结果的对比可以判断，温度因素 A 在置信度为 95% 的概率下，F 小于 F_a，因此 A 因素是不显著的，而因素 B 在置信度为 95% 的概率下其 F 远大于 F_a，因此对腐蚀速率的影响显著，这种显著的可靠性有 95% 的概率。

3. 腐蚀速率谱拟合

为了得到温度、相对湿度与腐蚀速率之间的计算关系，需要采用插值方法将在实验范围内的数据进行插值，并采用二次回归拟合的方法，得到在实验值范围内的回归计算公式。

使用 MATLAB 对测量得到的数据进行曲面作图，如图 3-5 所示。

正交实验数据点较少，为了拟合曲面计算公式，使用样条插值对结果进行拟合，得到的拟合曲面如图 3-6 所示。

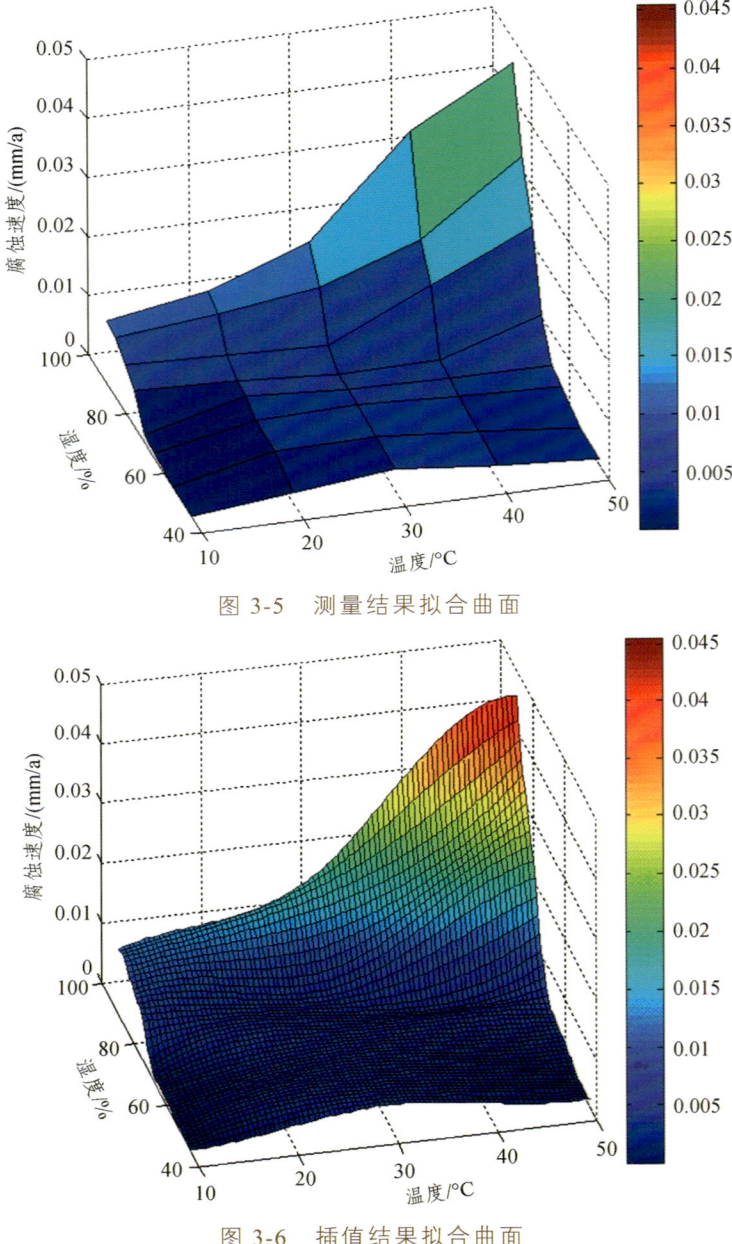

图 3-5 测量结果拟合曲面

图 3-6 插值结果拟合曲面

由图可以看出，在相对湿度大于 60% 以后，曲面变陡，与低相对湿度情况下的斜率出现了较大差异，为了得到更好的拟合公式，将温度、相对湿度-腐蚀速率谱进行分段拟合。使用数据统计软件，采用最小二乘法回归分析对插值后的数据进行回归拟合，得到如下的分段计算公式：

$$\begin{cases} y = 4.48 \times 10^{-4} x_1 + 0.042 x_2 - 8.5 \times 10^{-6} x_1^2 - \\ \quad 0.038 \times x_2^2 + 1 \times 10^{-4} x_1 x_2 - 0.014, x_1 \in [10°C, 50°C], x_2 \in [40\%, 60\%] \\ y = 0.0886 - 0.0019 x_1 - 0.1906 x_2 + 8.7 \times 10^{-6} x_1^2 + \\ \quad 0.111 x_2^2 + 0.00207 x_1 x_2, x_1 \in [10°C, 50°C], x_2 \in [61\%, 90\%] \end{cases}$$

（3-10）

式中，x_1——温度（°C）；

x_2——相对湿度（%）；

y——未镀锌高强度钢丝腐蚀速率（mm/a）。

由回归方程可以看出在相对湿度大于60%以后，二次项的系数变大，所以在高相对湿度环境下，温度与相对湿度的关系存在部分耦合和非线性效应。

由于腐蚀速率与温度和相对湿度在物理意义上并没有关系，因此上述计算公式仅为在拟合的温度、相对湿度范围的统计回归公式，没有具体的物理意义。拟合结果的可信度指标如表3-7所示。

表3-7 拟合回归统计值

拟合式	复相关系数 R_M	复测定系数 R Square	标准差	离差平方和 Q
1式	0.952	0.906	0.039	0.006
2式	0.937	0.878	0.031	0.009

由表可以看出，复相关系数 R_M：用来衡量自变量 x_1，x_2 与 y 之间的相关程度的大小。本例 R_1=0.952，R_2=0.937 表明它们之间的关系为高度正相关。复测定系数 R_S：用来说明自变量解释因变量 y 变差的程度，以测定因变量 y 的拟合效果，复测定系数为 0.906，0.878 表明可用自变量解释因变量变差的 90.6%，87.8%。标准误差：用来衡量拟合程度的大小，也用于计算与回归相关的其他统计量，本研究中标准差分别为 0.039，0.031，此值越小，说明拟合程度越好。离差平方和 Q 用来描述拟合回归公式与测量数据之间的偏离程度，该值为 0.006 和 0.009，值越小，说明拟合程度越高。

3.2 NaCl 浓度、pH 值、拉力影响下高强度钢丝腐蚀速率谱

3.2.1 实验设计

依据实际缆索桥梁的服役环境，NaCl 浓度（%）主要考虑跨海大桥的所处环境的盐雾浓度的值，最高浓度为海水盐度 3.2%～3.75%，最低浓度为沿海大气中的含量，即 0.1%～0.7%[57]；pH 值，海水中为 8.1～8.3，重度酸雨 pH 值为 4.5 左右（酸性电解液用 HCl 调制，碱性电解液用 NaOH 调制）。拉力以 2.0 的安全系数计算，采用 1 770 MPa 的钢丝，最大拉力设为 800 MPa。实验时的温度由恒温恒湿箱控制在常温 25 ℃。则正交实验取值如表 3-8 所示。

表 3-8 正交实验各因素取值设计表

取值等级	NaCl 浓度/%	pH 值	应力/MPa
1	0.3%	4	400
2	0.9%	5	500
3	1.8%	6	600
4	2.6%	7	700
5	3.5%	8	800

本实验为三个因素的正交实验，实验工况复杂，且要求三个实验考察的因素都必须能够定量控制，因此对实验的钢丝张拉力控制、特制电解池以及腐蚀速率测量方法都要求更高。

实验工况对钢丝的应力有明确取值，需要对钢丝进行定量张拉，因此本实验设计并加工了钢丝张力自平衡支架如图 3-7 所示。

如图 3-7 所示，每个支架上共张拉 4 根长度为 1 m 的钢丝，样本钢丝绕过钢管后两端都锚固于底板，钢管宽度与底板钢丝孔洞的间距一致，保证钢丝垂直受拉，则一根钢丝可分为两个样本段，每个支架共 8 个样本段。使用钢绞线穿过连接钢管，一端锚固，一端穿过穿心式压力传感器后与张拉千斤顶相连。进行张拉时，采用油泵千斤顶在压力传感器一侧施加张力，并将穿心式应力传感器 BK48 与东华 DH3818N 静态应力应

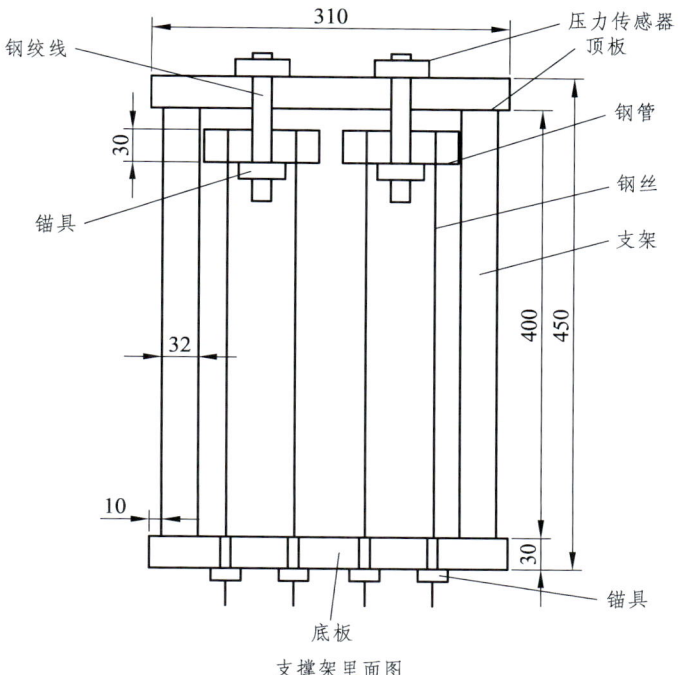

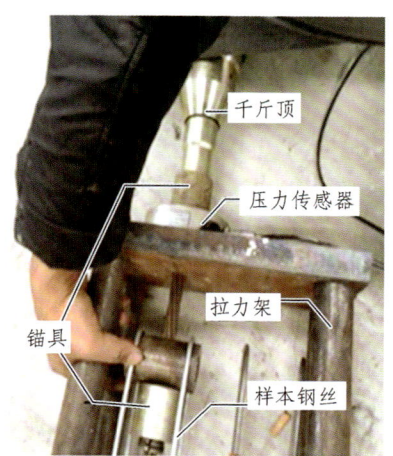

图 3-7 钢丝自平衡支架设计及实物张拉图

变测试分析仪连接，实时读取并控制张拉应力。未镀锌样本钢丝直径为 5.10 mm，张拉千斤顶使得每段钢丝样本的应力分别达到 400 MPa、

500 MPa、600 MPa、700 MPa、800 MPa。为了使得拉力值稳定,达到设计应力后,稳定 10 min 后对其进行张力补充,直至拉力值稳定后撤去千斤顶,立即进行腐蚀速率的测量。

传统的电化学工作站进行电极的极化电流测量时,要求工作电极、参比电极、辅助电极体系浸在电解质溶液中,电解池由三孔的玻璃烧杯制成,工作电极不能施加拉力。而本研究需要在钢丝带拉力的条件下进行,因此需要自行设计电解池,使得带拉力的钢丝样本段穿过电解池。电解池中的钢丝段即为工作电极,电解池如图 3-8 所示。

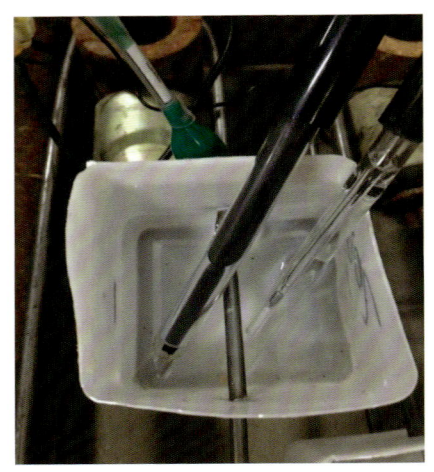

图 3-8　自制电解池图

本实验中参比电极为饱和甘汞参比电极,辅助电极为铂金电导电极。在自制电解池中加入工业用 NaCl 调制的实验工况设定浓度的 NaCl 溶液,并使用 HCl 和 NaOH 调节溶液 pH 值。

本实验采用武汉科斯特设备公司提供的电化学工作站 CS320 进行高强度钢丝的腐蚀测量,采用 Tafel 极化电动位扫描的测量方法,由 Tafel 曲线外推法测定 25 ℃ 恒温条件下的镀锌/未镀锌高强度钢丝的腐蚀速率。实验采用与第三章中同一批次的镀锌/未镀锌高强度钢丝,镀锌高强度钢丝直径为 5.20 mm,未镀锌高强度钢丝直径为 5.10 mm,两种钢丝均用丙酮除油、2000 目的砂子打磨光滑、清水洗净吹干。镀锌高强度钢丝静置 5 d 后，使得 Zn 发生氧化，再进行测量。

3.2.2 实验测量结果

通过 Tafel 曲线外推法，测量得到不同样本钢丝在不同正交组合工况下的瞬时腐蚀速率。工作电极与电解液的接触面积为 11.50 cm^2，未镀锌高强度钢丝取其密度为 7.8 g/cm^3，材料化学当量为 27.9 g（化学当量为材料的摩尔质量除以其参加电化学反应的电子数，例如，纯铁的摩尔质量为 55.84 g，在盐酸中腐蚀时，参与反应的电子数为 2，因此其化学当量为 55.84 g/2=27.92 g）。镀锌高强度钢丝取锌的密度 7.147 g/cm^3，电化学当量为 31.7 g，取扫描电位为-0.3～0.3 V，扫描速率为 10 mV·s^{-1}，将参比电极、辅助电极都放入电解液中，稳定 1～2 min 后开始极化，测量得到几个工况下的 Tafel 曲线如图 3-9 所示。

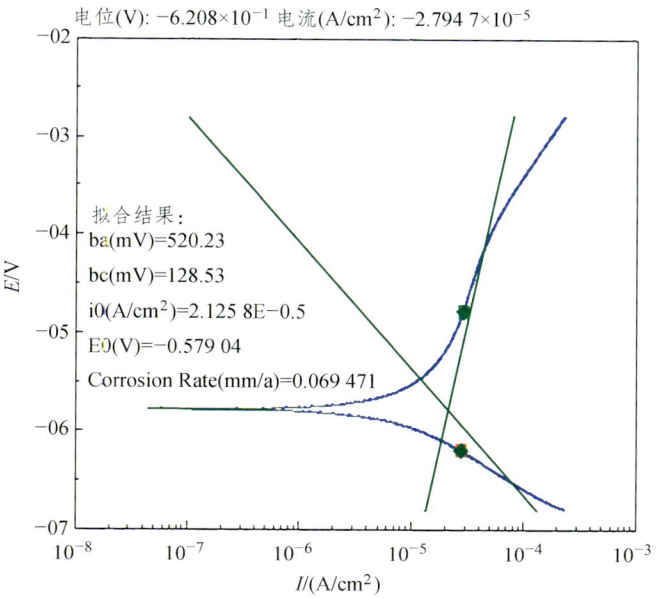

（a）未镀锌高强度钢丝 1-1-1 工况下的测量数据

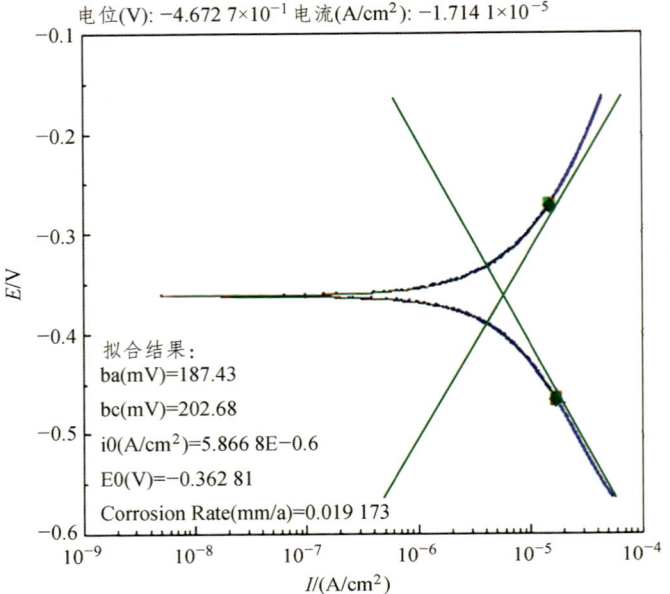

（b）未镀锌高强度钢丝 1-5-5 工况下的测量数据

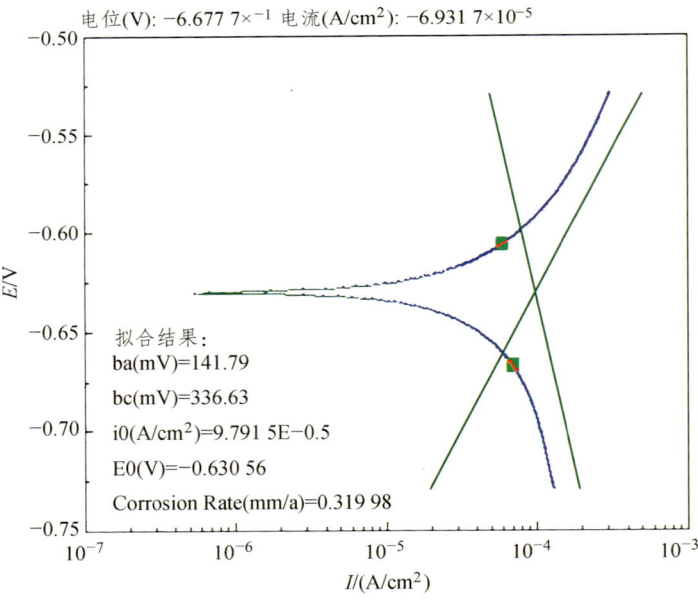

（c）未镀锌高强度钢丝 5-1-4 工况下的测量数据

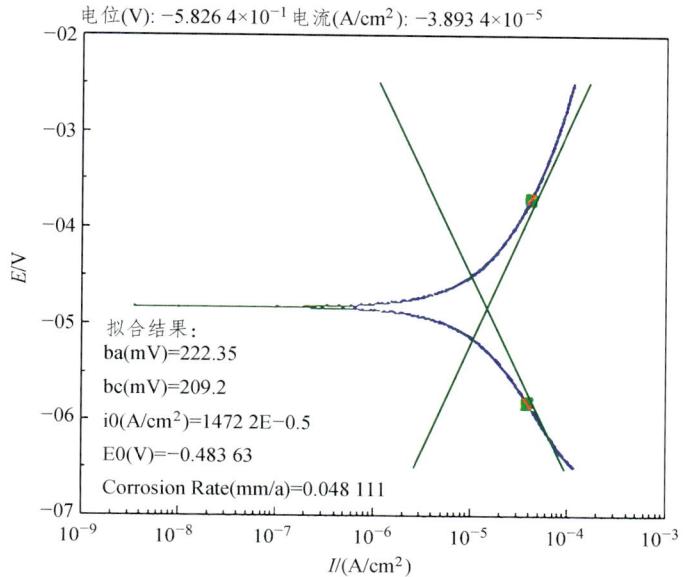

（d）未镀锌高强度钢丝 5-5-3 工况下的测量数据

图 3-9 未镀锌高强度钢丝四个工况下的实验测量结果图

工况 1-1-1 指的是在正交实验表 4-2 中 NaCl 浓度取 1 级（0.3%）、pH 值取 1 级（4）、拉力取 1 级（400 MPa）的组合工况，其他工况以此类推。对于得到的 E-lg$i$ 图，采用 Tafel 四参数拟合，得到 b_a（阳极曲线斜率），b_c（阴极曲线斜率），E_0（自腐蚀电位），i_0（自腐蚀电流密度），并计算得到腐蚀速率。

由于三个因素的正交实验在任意两个结果之间都存在两个改变的量，因此不能直接看出腐蚀速率变化受每个因素的影响规律，但是可以看出：① 腐蚀速率随着腐蚀条件改变发生的变化较大，从 0.019 mm/a ~ 0.31 mm/a；② 未镀锌高强度钢丝的自腐蚀电位为-0.3 ~ 0.7 V，这与金属铁的标准电位-0.44 V 相接近。更全面的信息，需要进行 25 个工况下的全部数据，才能分析得到各因素的主次关系，以及其对腐蚀速率的影响。

对于未镀锌高强度钢丝采用第三列考虑 A、B 因素（NaCl 浓度+pH 值）的正交表，共 25 个试验工况，每个工况进行镀锌和未镀锌高强度钢丝两种样本的测量，每次测量三个样本，取其平均值，分别得到下述实验结果如表 3-9 所示。

表 3-9　未镀锌高强度钢丝正交实验腐蚀速率值

序号	NaCl浓度	pH值	NaCl+pH值	拉力	实验值/(mm/a)	实验值/(mm/a)	实验值/(mm/a)	均值/(mm/a)
1	1	1	1	1	0.067 4	0.074 6	0.084 4	0.075 4
2	1	2	2	2	0.037 9	0.045 6	0.044 8	0.042 8
3	1	3	3	3	0.015 2	0.016 3	0.016 2	0.015 9
4	1	4	4	4	0.007 8	0.009 4	0.009 0	0.008 7
5	1	5	5	5	0.019 6	0.019 0	0.018 7	0.019 1
6	2	1	2	3	0.110 9	0.100 9	0.114 9	0.108 9
7	2	2	3	4	0.048 1	0.056 2	0.060 2	0.054 8
8	2	3	4	5	0.045 8	0.049 1	0.050 9	0.048 6
9	2	4	5	1	0.019 1	0.024 0	0.017 3	0.020 1
10	2	5	1	2	0.012 8	0.015 8	0.012 7	0.013 7
11	3	1	3	5	0.142 1	0.149 3	0.152 0	0.147 2
12	3	2	4	1	0.059 8	0.078 6	0.072 7	0.070 3
13	3	3	5	2	0.047 1	0.058 6	0.044 7	0.050 1
14	3	4	1	3	0.033 1	0.050 7	0.022 9	0.0356
15	3	5	2	4	0.030 2	0.038 7	0.025 1	0.031 3
16	4	1	4	2	0.215 9	0.187 8	0.217 9	0.207 2
17	4	2	5	3	0.116 4	0.128 5	0.157 8	0.134 2
18	4	3	1	4	0.065 1	0.063 9	0.064 9	0.064 6
19	4	4	2	5	0.042 7	0.048 4	0.045 3	0.045 5
20	4	5	3	1	0.033 6	0.025 1	0.020 5	0.026 4
21	5	1	5	4	0.232 1	0.307 5	0.284 9	0.274 8
22	5	2	1	5	0.158 2	0.208 9	0.187 6	0.184 9
23	5	3	2	1	0.081 7	0.100 8	0.053 4	0.078 6
24	5	4	3	2	0.032 6	0.056 7	0.091 7	0.060 3
25	5	5	4	3	0.021 6	0.050 2	0.074 2	0.048 7

注：表中的 1、2、3、4、5 代表各个因素的取值等级。

由实验数据可以直观地看出，腐蚀速率的波动差异很大，这说明腐蚀环境的改变对未镀锌高强度钢丝的腐蚀速率影响较大，且在实验工况中考察的三个因素变化较大，pH 值从 4~8，NaCl 浓度从 0.3%~3.5%，钢丝拉力从 400~800 MPa，导致腐蚀环境差异很大，所以腐蚀速率波动较大。以 NaCl 浓度为 0.3%，pH 值为 6、7 时的工况 3、4 来看，其腐蚀速率为 0.008 7~0.015 9 mm/a 这与第三章中得到的温度为 20~30 ℃，相对湿度为 70%~90% 的腐蚀速率 0.005 8~0.0197 mm/a 接近。可见对于未镀锌高强度钢丝，随着腐蚀环境的变化，钢丝的瞬时腐蚀速率会产生成倍的改变。

3.2.3 实验结果分析

1. 耦合作用判断

按第 2.5.1 节中所述的耦合关系判断法，以 "+" 表示该因素取最大值，以 "-" 表示该因素取最小值，记号 d、a、b、c、ab、ac、bc、abc 分别用于指代三因素 8 个极限工况组合下的实验工况标记，得到未镀锌高强度钢丝测量结果如表 3-10 所示。

表 3-10 三因素与未镀锌高强度钢丝腐蚀速率的 2^k 因子分析表

实验	因素 A （NaCl 浓度）	因素 B （pH 值）	因素 C （钢丝拉力）	标记	实验值/ （mm/a）
1	−	−	−	d	0.075 4
2	+	−	−	a	0.267 9
3	−	+	−	b	0.005 2
4	+	+	−	ab	0.048 7
5	−	−	+	c	0.110 2
6	+	−	+	ac	0.310 1
7	−	+	+	bc	0.019 1
8	+	+	+	abc	0.074 2

按第 2.5.1 节的计算方法，分别计算三个因素的独立效应、两两交叉效应及三个因素综合效应得：对于光钢丝 $A = 0.502\ 6$，$B = -0.628\ 0$，$C =$

0.107 9，$AB = -0.282\ 1$，$AC = 0.027\ 3$，$BC = -0.046\ 0$，$ABC = 0.012\ 6$。上述计算结果中含有 B 因素（pH 值）的计算结果出现了负数，这并不是因为其作用效果是减弱腐蚀速率，而是由于 pH 值越小，其酸性越大，对腐蚀的影响速率越大，因此对上述负值取其绝对值才是 pH 值的影响效果。由此对三个因素及其交互效应做出初步判断：$B>A>AB>C>BC>AC>ABC$。即 pH 值>NaCl 浓度>pH 值+NaCl 浓度>拉力>NaCl 浓度+拉力>pH 值+拉力>pH 值+NaCl 浓度+拉力；pH 值和 NaCl 浓度对未镀锌高强度钢丝腐蚀速率的影响要大于拉力对腐蚀速率的影响，且 pH 值和 NaCl 浓度两者交互作用对速率的影响小于两者独立的影响，但大于拉力对腐蚀的影响，因此不能忽略 AB 交互效应对腐蚀速率的影响。而因素 C 拉力的影响大于 ABC，AC，BC 的影响，因此在正交实验和后续计算时，不考虑 ABC，AC，BC 的影响。

2. 方差分析

方差分析的基本方法就是把总的变差平方和分解为因素的变差平方与误差平方两个部分，并计算出因素及误差的平均平方和，然后用 F 检验法对因素进行显著性检验。对未镀锌高强度钢丝的方差分析如表 3-11 所示。

表 3-11 未镀锌高强度钢丝正交试验结果方差分析计算表

因素	A	B	AB	C	
K_1	0.151 9	0.813 5	0.373 6	0.270 8	$K = \sum_{i=1}^{25} x_i = 1.857\ 1$
K_2	0.246 1	0.487 0	0.307 1	0.374 1	
K_3	0.333 9	0.257 8	0.304 6	0.342 7	
K_4	0.477 9	0.169 6	0.383 5	0.434 2	$P = \dfrac{1}{25} K^2 = 0.138\ 0$
K_5	0.647 3	0.129 2	0.488 3	0.435 3	
Q	0.168 5	0.202 2	0.142 4	0.141 8	$W = \sum_{i=1}^{25} x_i^2 = 0.246\ 8$
S	0.030 5	0.064 2	0.004 4	0.003 8	

其中 $K_1 \sim K_5$ 为 A，B 因素各取值条件下的试验值之和，Q 为 $K_1 \sim K_5$ 的平方和均值。$S=Q-P$ 即为平方和之差，计算原理和方法见文献[55-56]。

表 3-12　未镀锌高强度钢丝方差分析显著性计算表

方差来源	变差平方和	自由度	均方	F 值	临界值 F_a	显著性
A	S_A=0.030 5	4	0.007 6	10.86	$F_{0.05(4,24)}=5.77$	非常显著
B	S_B=0.064 2	4	0.016 1	23.00	$F_{0.01(4,24)}=13.93$	非常显著
AB	S_{AB}=0.004 4	4	0.001 1	1.57	$F_{0.2(4,24)}=2.4$	不显著
C	S_C=0.003 8	4	0.000 9	1.28	$F_{0.2(4,24)}=2.4$	不显著
E	Se=0.005 9	8	0.000 7			
总和	S_T=0.108 8	24				

各因素水平数为 P，各水平重复次数为 q，S_T 为所有数据的总变差和，其计算方法与第三中的计算方法一致。

由表中计算的 F 值与临界值 F_a 的结果对比可以判断，A 因素在置信度为 95% 的概率下其 F 值大于临界值 F_a，因此 A 因素对实验考察值是显著的。因素 B 在置信度为 99% 的概率下其 F 值大于临界值 F_a，因此对腐蚀速率的影响显著，这种显著的可靠性有 99% 的概率。而因素 AB，以及因素 C 在置信度为 80% 的概率下其 F 值小于临界值 F_a，因此因素 AB，以及因素 C 对实验考察值的影响不显著。

3. 腐蚀速率谱拟合

使用 MATLAB 对测量得到的数据进行样条插值，NaCl 浓度取值从 0.3% ~ 3%，插值步长为 0.5%；pH 取值从 4 ~ 8，插值步长为 0.5；拉力取值从 400 MPa ~ 800 MPa，插值步长为 50 MPa。对镀锌高强度钢丝和未镀锌高强度钢丝的正交实验数据进行插值。并对插值后的数据进行置信度为 95% 的三元二次函数的回归拟合，由于其中 NaCl 浓度值变化范围较大，为何达到更好的拟合精度，将拟合函数按 NaCl 浓度 <1 和 ≥1 分段拟合，得到的拟合结果如式（3-10）所示。

未镀锌高强度钢丝 NaCl 浓度、pH 值、NaCl 浓度+pH 值、拉力因素与腐蚀速率的回归拟合结果：

$$V_{光面钢丝} = 0.340\,242 + 0.000\,02x_{NaCl} - 0.086\,37x_{pH} - 0.000\,11x_{拉力} +$$
$$0.059\,33x_{NaCl}^2 + 0.005\,841x_{pH}^2 + 1.07 \times 10^{-7}x_{拉力}^2 - 0.006\,3x_{NaCl}x_{pH}\ (NaCl < 1)$$

$$V_{光面钢丝} = 0.302\,428 + 0.129\,031x_{NaCl} - 0.150\,78x_{pH} + 0.000\,427x_{拉力} +$$
$$0.000\,967x_{NaCl}^2 + 0.012\,534x_{pH}^2 - 3.3 \times 10^{-7}x_{拉力}^2 - 0.016\,21x_{NaCl}x_{pH}\ (NaCl \geqslant 1)$$

(3-10)

式中，x_{NaCl} 为 NaCl 浓度（%）；x_{pH} 为溶液 pH 值（4~8）；$x_{拉力}$ 为钢丝承受的应力值（MPa）；$V_{光面钢丝}$ 为未镀锌光面高强度钢丝腐蚀速率（mm/a）。由回归方程可以看出在拉力前的系数较小，这是由于拉力的值为 400~800 MPa，其值比另外两个因素取值大，所以导致了系数较小，但并不意味着拉力的影响程度小。二次项中 $x_{NaCl}x_{pH}$ 是考察的交互效应，可以看出，其影响不可忽视。

由于腐蚀速率与 NaCl 浓度、pH 值、拉力在物理意义上并没有关系，因此上述计算公式仅为在拟合的 NaCl 浓度、pH 值、拉力范围的统计回归公式，没有具体的物理意义。拟合结果的可信度指标如表 3-13 所示。

表 3-13　未镀锌高强度钢丝腐蚀速率拟合回归统计值

拟合式	复相关系数 Multiple R	复测定系数 R Square	标准差	离差平方和 Q
NaCl<1	0.948 3	0.978 5	0.004 8	0.023
NaCl≥11	0.983 2	0.921 3	0.003 2	0.016

由表可以看出，复相关系数：用来衡量自变量 $x_{NaCl}, x_{pH}, x_{拉力}$ 与因变量 $V_{光面钢丝}$ 之间的相关程度的大小。本例 $R_1 = 0.948\,3$，$R_2 = 0.983\,2$ 表明它们之间的关系为高度正相关。复测定系数：用来说明自变量解释因变量 y 变差的程度，以测定因变量 y 的拟合效果，复测定系数为 0.978 5、0.921 3 表明可用自变量解释因变量变差的 97.8%、92.1%。标准误差：用来衡量拟合程度的大小，也用于计算与回归相关的其他统计量，本研究中标准差均小于 0.005，此值越小，说明拟合程度越好。离差平方和 Q 用来描述拟合回归公式与测量数据之间的偏离程度，该值为 0.023 和 0.16 说明拟合程度高。

3.3 小　结

本节基于正交方法，采用恒温恒湿箱控制试验环境温度和相对湿度，通过 uLPR 极化电阻腐蚀传感器测量了未镀锌高强度钢丝在不同温湿组合环境下的腐蚀速率；采用电化学工作站对未镀锌高强度钢丝进行了 NaCl 浓度、pH 值、拉力三个因素在实桥服役环境取值条件下的正交组合腐蚀速率谱测量和数据分析，得到下述主要结论：

（1）相对湿度对腐蚀速率的影响要大于温度对腐蚀速率的影响，且两者交互作用对腐蚀速率的影响小于两者独立的影响，因此可以认为在所考察的影响未镀锌高强度钢丝腐蚀的两个因素中，相对湿度因素为主要因素，温度因素为次要因素，且两者对腐蚀速率的影响相互独立。

（2）由实验得到的腐蚀速率数据可以将钢丝发生腐蚀的温度、相对湿度环境进行分区，将腐蚀速率 0.001 mm/a 为划分界限，则环境相对湿度 70%、温度 10 ℃ 以下区域腐蚀速率很小，约为 0.000 1 ~ 0.000 8 mm/a 左右，可以认为在这一条件下，钢丝不发生腐蚀；环境相对湿度 75% 以下、温度 20 ~ 50 ℃ 区域，该区域腐蚀速率变大，小于 0.001 mm/a，在这一环境下，钢丝腐蚀速率较低，在仅考虑温湿度对腐蚀的影响时这一区域可以为悬索桥主缆抽湿送风系统的控制目标区域；环境相对湿度 75% 以上、温度 10 ~ 50 ℃ 区域，该区域腐蚀速率大于 0.001 mm/a，在这一环境下，钢丝腐蚀较快，需要预防主缆处于这一腐蚀环境区域，加强主缆的防腐蚀防护措施。

（3）未镀锌高强度钢丝腐蚀速率较镀锌高强度钢丝大，且其腐蚀速率随着环境因素水平的增大而增大，其中 NaCl 浓度与 pH 值之间的交互效应不可忽略，且大于拉力对其腐蚀的影响。在所考察的三个因素中，NaCl 浓度因素对腐蚀速率的影响大于 pH 值的影响，大于 pH 值与 NaCl 浓度的交互因素的作用，大于拉力因素的影响。这与镀锌高强度钢丝不同，因为未镀锌高强度钢丝的腐蚀就是基体的氧化，即使拉力使得钢丝表面出现微裂缝，也是发生基体腐蚀，因此 NaCl 溶液浓度与 pH 值的影响更显著。

（4）在正交实验数据分析的基础上，本节得到的温度、相对湿度与未镀锌高强度钢丝腐蚀速率的回归拟合计算关系，以及镀锌高强度钢丝和未镀锌高强度钢丝的腐蚀速率与 NaCl 浓度、pH 值，以及钢丝所受到的拉力值三个影响因素之间的拟合计算公式，即腐蚀速率谱。根据回归公式可估算出在不同环境组合下钢丝的腐蚀速率，这为换算加速腐蚀的加倍倍率和预测钢丝腐蚀退化奠定了基础，是建立多因素影响下钢丝腐蚀速率谱的关键，为评估钢丝的剩余寿命提供依据。

4 主缆腐蚀程度与剩余承载力对应关系

　　NCHRP-534 报告中，对钢丝的腐蚀评估采用了依据钢丝外观的 4 级划分方法，但是对每一级钢丝的剩余承载力并没有详细的数据支持，这导致了在对主缆进行开缆检查时必须提取钢丝样本进行张拉测试，造成了主缆的损伤。本章采用中性盐雾加速腐蚀实验，对镀锌和未镀锌高强钢丝分别进行为期 300 d 和 150 d 的盐雾加速腐蚀。对每个阶段的钢丝进行腐蚀外观记录、腐蚀程度指标测量、承载力性能指标测量。并以直径损失作为腐蚀指标，将其与前文建立的服役环境腐蚀速率计算关系进行对比，得到加速腐蚀与实际服役环境之间的近似换算关系。同时得到随着腐蚀程度变化的钢丝外观及力学性能的改变，以此为依据，进行钢丝腐蚀阶段的划分，建立各阶段腐蚀外观与剩余承载力的对应关系，为实际桥梁检测提供腐蚀评估依据。

4.1　镀锌钢丝盐雾腐蚀实验

　　采用与第 3 章相同批次的强度为 1 770 MPa，直径为 5.20 mm（直径值为 60 根样本钢丝测量均值 5.199 mm 的近似值），长度为 40cm 的镀锌高强钢丝进行中性盐雾加速腐蚀。每 30 d 为一个腐蚀周期，每个腐蚀周期 20 根样本钢丝，腐蚀周期分别为 30 d、60 d……300 d 共 10 批镀锌高强钢丝样本，腐蚀结束后用清水洗净附着在钢丝表面的盐雾结晶颗粒，对腐蚀外观进行拍照，如图 4-1 所示。

(a) 30 d (b) 60 d (c) 90 d

(d) 120 d (e) 150 d (f) 180 d

(g) 210 d　　　　(h) 240 d

(i) 270 d　　　　(j) 300 d

图 4-1　镀锌高强钢丝在中性盐雾加速腐蚀后试件表面腐蚀形态图

由图 4-1 可以看到，第一批钢丝[图 4-1（a）]，经过 30 d 的腐蚀，镀锌层发生了很轻微的腐蚀，但轻易就能将腐蚀产物洗去，钢丝基体并没有发生变化，露出金属光泽；经过 60～90 d[图 4-1（b）（c）]，钢丝基体发生细小的点腐蚀，出现褐色氧化铁，这些细小的腐蚀坑逐渐扩大和聚集，而钢丝表面的大部分区域则被白色的氧化锌所覆盖，且白色氧化物难以用清水洗净；经过 120～180 d[图 4-1（d）～（f）]，细小的基体腐蚀逐渐聚集扩大，连成小范围的局部腐蚀区域，红色腐蚀产物开始大面积出现；经过 210～240 d[图 4-1（g）（h）]，腐蚀区域不断扩大，褐色氧化铁覆盖的钢丝表面区域也逐渐连成片；经过 270～300 d[图 4-1（i）（j）]腐蚀区域大面积连成片，钢丝基体发生全面的腐蚀。

从外观可以看出，不同的腐蚀时间，钢丝的外表面呈现出了不同的腐蚀状态，基体的局部腐蚀呈现日益扩大的趋势，这一腐蚀结果与文献[111]中重庆石门大桥拉索中取出的钢丝在镀锌层耗损前出现的腐蚀状态一致，都是从点状的基体锈蚀开始发展，直至氧化锌全部耗损，露出大面积的钢丝基体腐蚀。为了对腐蚀程度进行阶段划分，采用下述的刻画腐蚀程度的指标对钢丝腐蚀进行测量。

4.1.1 均匀腐蚀指标及统计量变化

依据第 2.3.2 中介绍的平均腐蚀量化指标对 10 个批次的镀锌高强钢丝质量损失、直径损失、腐蚀区域尺寸进行测量。

1. 腐蚀质量损失

腐蚀前对每一个长度为 40 cm 的镀锌高强钢丝样本进行丙酮除油、砂子打磨、清水洗净后自然风干，对每一个样本进行编号，采用 Precisa 高精密分析天平进行质量称重，称量精度为 0.001 g，读取数据时保留两位小数，洗净的钢丝和称量天平如图 4-2 所示。

腐蚀后采用清水洗去 NaCl 结晶，用弱酸并加以超声震动，将腐蚀产物清洗干净，再用清水冲洗、风干、称量其腐蚀后剩余质量。腐蚀前后的质量差，即为 200 个样本 10 批次为期共 300 d 的各腐蚀阶段质量损失数据，如图 4-3 所示。

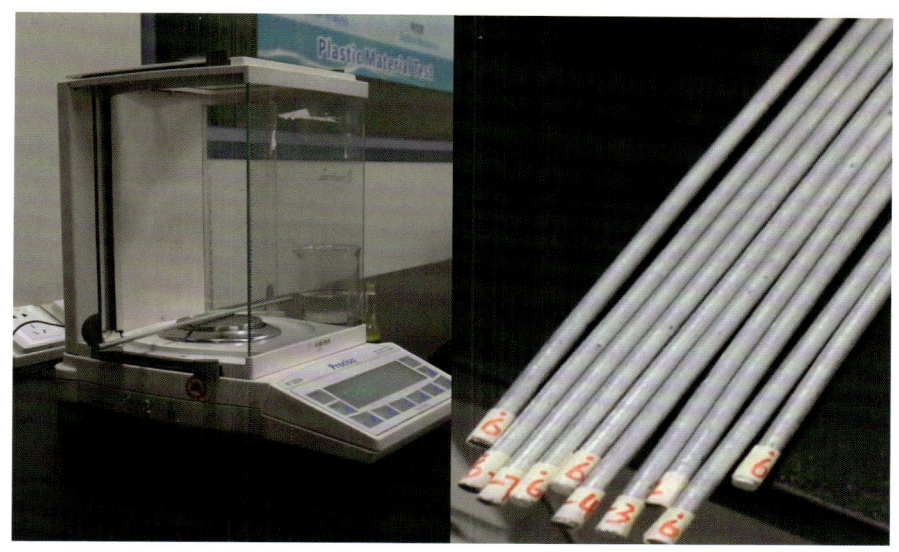

图 4-2　钢丝腐蚀前称重和编号

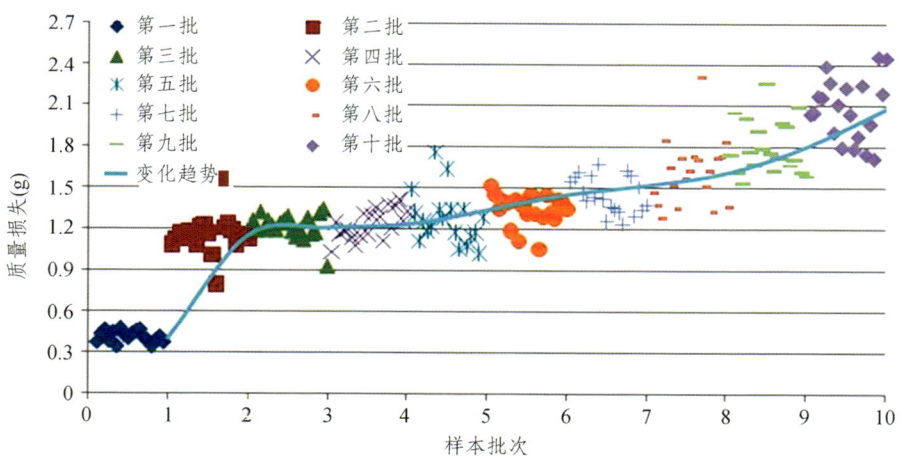

图 4-3　镀锌高强钢丝 10 批次 200 根样本质量损失分布图

从图 4-3 可以直观地看出，质量损失量随着腐蚀时间的持续而不断增大，前期腐蚀质量损失较少，数据较为集中，随着腐蚀时间的增长，质量损失变大，数据离散程度也有所增大。

为了考察样本质量损失的分布规律，对每一批次的样本数据进行 K-S 分布检验，在置信度为 95% 的检验条件下，得到的结果如表 4-1 所示。

表 4-1　镀锌高强钢丝各批次质量损失分布 K-S 检验结果

样本质量损失/g	样本均值	标准差	显著性	检测结果
第一批	0.41	0.05	0.861	接受原假设
第二批	1.16	0.12	0.349	接受原假设
第三批	1.21	0.09	0.868	接受原假设
第四批	1.23	0.10	0.907	接受原假设
第五批	1.27	0.13	0.538	接受原假设
第六批	1.34	0.11	0.795	接受原假设
第七批	1.45	0.13	0.885	接受原假设
第八批	1.61	0.24	0.658	接受原假设
第九批	1.80	0.20	0.532	接受原假设
第十批	2.08	0.23	0.995	接受原假设

由显著性结果可以判断，各批次钢丝的质量损失，均服从正态分布的原假设，将其中第五批的数据分布频率直方图和正态分布曲线作图如图 4-4 所示。

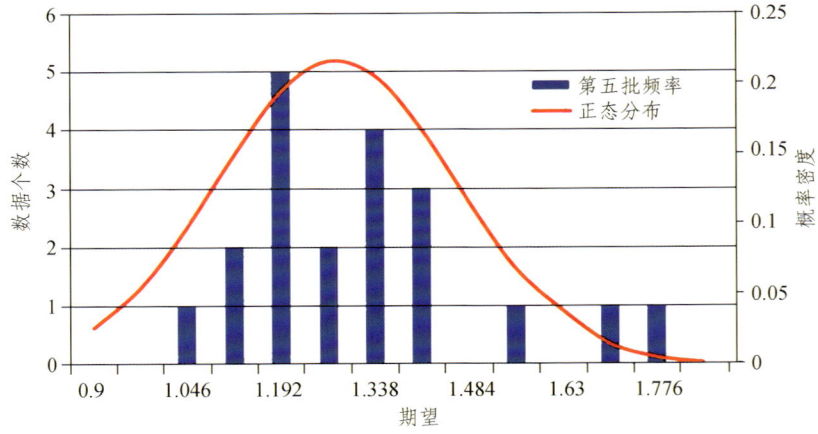

图 4-4　第五批镀锌高强钢丝质量损失正态分布图

由图 4-4 中次要纵坐标为期望为 1.278 g，标准差为 0.184 的正态分布函数在各样本点处的概率密度值，由 K-S 假设检验和直方图可以看出，第五批的质量损失，置信度为 95%，显著性为 0.538，分布服从正态分布。

选用正态分布来描述各批次钢丝的质量损失，由于第一批次质量损失小且数据集中，作图后的频率分布较为集中，作图效果影响其他批次的分析，因此仅作出第 2~10 批次的正态分布图，如图 4-5 所示。

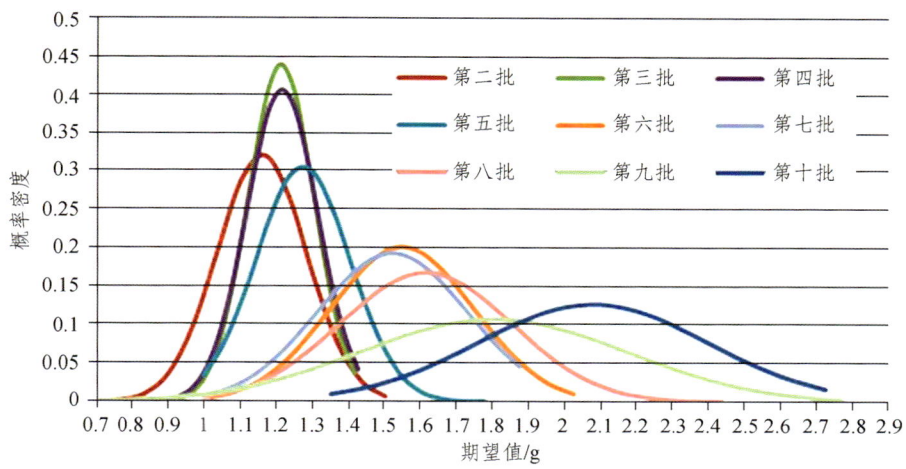

图 4-5　九批次镀锌高强钢丝样本质量损失概率分布图

由图 4-5 可以看出，镀锌高强钢丝的腐蚀导致的质量变化基本都服从正态分布，腐蚀前期质量损失小，数据分布相对集中。腐蚀后期，发生氧化锌的缓慢腐蚀，质量损失逐渐变大的同时，数据的分布也相对分散。正态分布的样本，可以用均值来作为样本的代表，如图 4-6 所示。

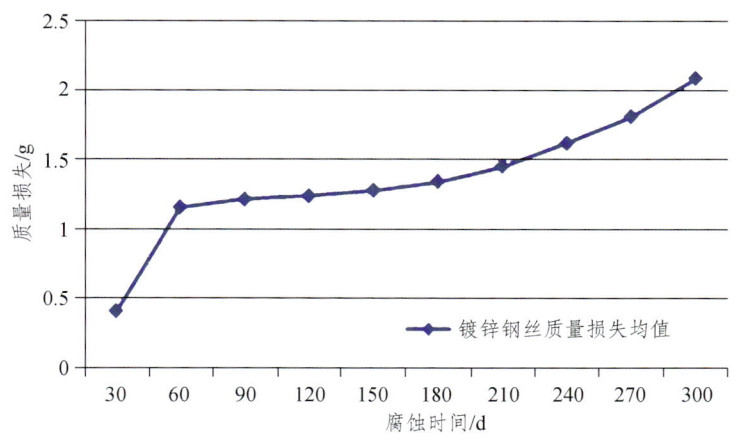

图 4-6　镀锌高强钢丝腐蚀质量损失均值随时间的变化过程

由腐蚀质量损失均值可以看出，钢丝在整个腐蚀过程中出现了三个不同阶段：① 锌的快速氧化阶段：该阶段试验用的钢丝试件在外层都有镀锌层保护，一开始由于锌是比钢丝基体活跃的金属，锌很快发生腐蚀，因此出现了第一阶段的明显质量变化；② 氧化锌的缓慢腐蚀阶段：金属锌发生氧化生产的白色氧化锌质地紧密，对钢丝基体形成了保护，这一阶段的腐蚀速率变缓，持续到了第 6 批的腐蚀周期；③ 钢丝基体大面积腐蚀阶段：在第 7 个腐蚀周期时，腐蚀进入到内层钢丝基体大面积参与腐蚀阶段，镀锌层几乎已经消耗完毕，出现了一个质量损失的大变化。对比图 4-1 镀锌高强钢丝腐蚀外观图可以知道，由质量损失均值得到的这三个明显的腐蚀阶段，与腐蚀外观的改变是相对应的。

2. 腐蚀直径损失

由于钢丝的抗拉强度与其剩余的最小直径有着密切关系，因此除了使用质量损失来评价钢丝的腐蚀程度，其直径损失则可以更明显地表现其剩余承载力与腐蚀程度的关系。采用精度为 0.01 mm 的螺旋测微仪分别对 60 个镀锌和未镀锌高强钢丝未腐蚀的样本钢丝进行直径测量，如图 4-7 所示。

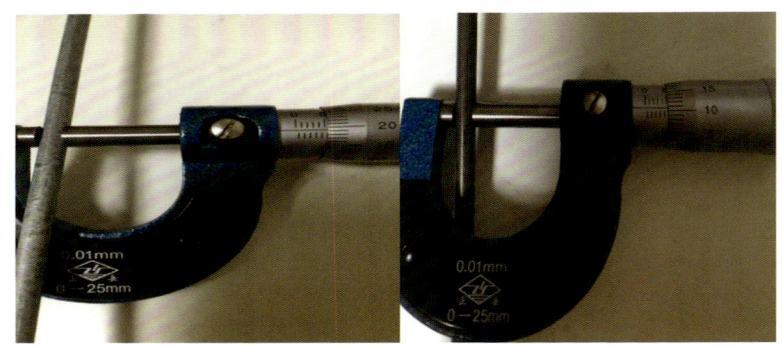

图 4-7　镀锌和未镀锌高强钢丝腐蚀前直径测量

由于同一批次的钢丝直径值变化小，镀锌高强钢丝以测量均值 5.198 mm 的近似值来表示其腐蚀前直径 5.20 mm。未镀锌高强钢丝以均值 5.1 mm 来表示其腐蚀前直径。

每根样本经过实验设定的腐蚀周期后，将腐蚀产物洗净，由于钢丝的直径影响着其抗拉强度，其直径最小处就是其抗拉强度最低的位置，为了得到经历各腐蚀周期后钢丝的最小直径，每根样本钢丝选取三个局部腐蚀区域进行腐蚀后直径的测量，在测量前将局部腐蚀区域的腐蚀产物彻底刮除，然后使用螺旋测微仪测量该处直径，取三个位置直径的平均值代表该样本钢丝腐蚀后的最小剩余直径，将腐蚀前和腐蚀后的直径相减，计算其直径改变量，为了便于看出镀锌高强钢丝腐蚀前后直径损失随着腐蚀时间的发展趋势，将测量数据作图如图 4-8 所示。

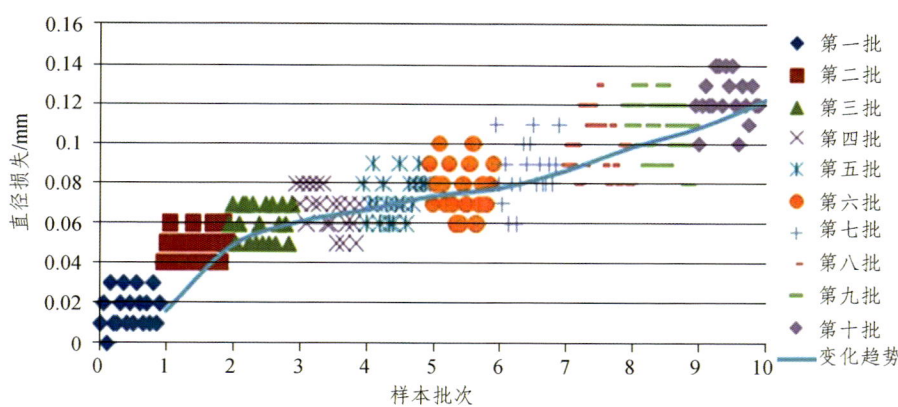

图 4-8　镀锌高强钢丝 10 批次 200 根样本钢丝直径损失分布图

由图 4-8 可以看出，镀锌高强钢丝由于镀锌层的保护，其直径变化与其质量损失一样大致呈现了三个阶段，第 1 批到第 2 批时，出现了大的变化；之后发生平稳的直径损失，第 2~6 批钢丝的直径变化率都不显著；第 7 批开始后直径损失率变大，这样的变化与质量损失趋势一样是由于镀锌高强钢丝发生基体与镀锌层同时腐蚀导致的。由于直径损失量较质量损失小，且测量受到精度的限制，所得数据分布集中。

为了考察样本直径损失的分布规律，对各批次样本数据进行 K-S 假设检验，结果如表 4-2 所示。

表 4-2　镀锌高强钢丝各批次直径损失分布 K-S 检验结果

样本直径损失/mm	样本均值	标准差	显著性	检测结果
第一批	0.016	0.008 5	0.106	接受原假设
第二批	0.049	0.007 0	0.123	接受原假设

续表

样本直径损失/mm	样本均值	标准差	显著性	检测结果
第三批	0.061	0.008 9	0.140	接受原假设
第四批	0.067	0.010 0	0.316	接受原假设
第五批	0.074	0.010 1	0.507	接受原假设
第六批	0.078	0.012 1	0.461	接受原假设
第七批	0.087	0.014 2	0.549	接受原假设
第八批	0.099	0.014 8	0.551	接受原假设
第九批	0.109	0.013 5	0.532	接受原假设
第十批	0.123	0.012 2	0.225	接受原假设

由表 4-2 可以看出，十批次的样本直径损失测量值，在置信度为 95% 的假设检验下，均服从正态分布，将其中第五批次的直径损失做直方图和正态分布曲线如图 4-9 所示。

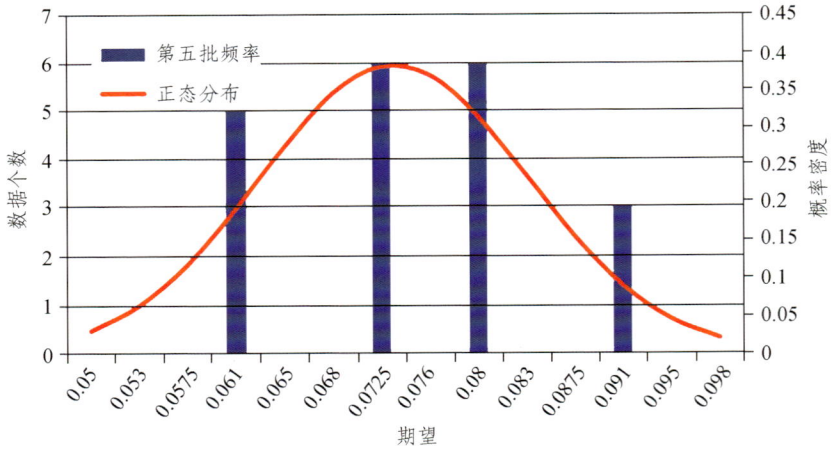

图 4-9　第五批镀锌高强钢丝直径损失正态分布

图 4-9 中次要纵坐标轴是期望为 0.074 mm，标准差为 0.015 的正态分布函数在各样本点的概率密度值，由 K-S 假设检验和直方图可以看出，第五批的直径损失分布服从正态分布，置信度为 95%，显著性为 0.507。各批次的直径损失数据都相对集中，因此选用正态分布来描述各批次钢丝的质量损失如图 4-10 所示。

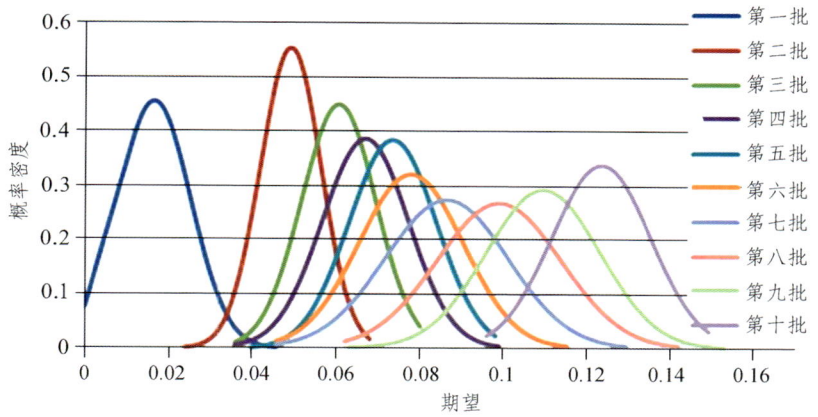

图 4-10　镀锌高强钢丝各批次钢丝直径损失概分布率图

由图 4-10 可以看出，镀锌高强钢丝的腐蚀导致的直径变化服从正态分布，与质量损失数据相比，腐蚀测量得到的数据更集中，这是因为镀锌高强钢丝腐蚀发展缓慢，直径损失数值较质量损失小，且直径损失测量采用的测量仪器精度低于质量损失的测量，因此直径测量前期的测量数据较集中。服从正态分布的样本，均值可以代表每个腐蚀时间段内的样本取值，如图 4-11 所示。

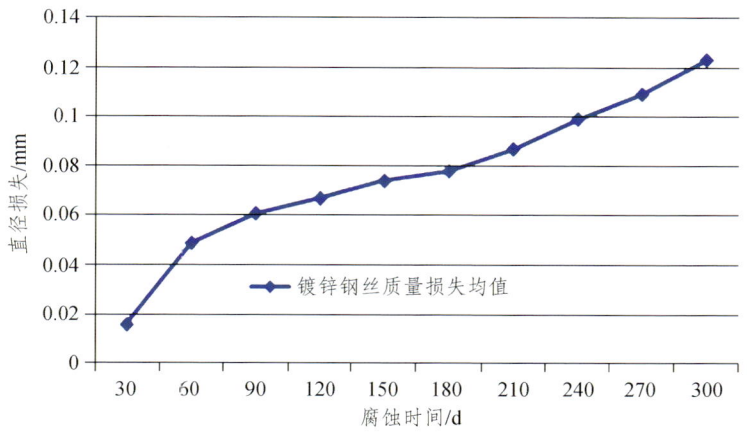

图 4-11　镀锌腐蚀直径损失随时间变化均值图

由图 4-11 可以看出，样本钢丝直径均值的变化与其质量均值的变化走势相吻合，钢丝直径变化的转折可以看作是钢丝在整个腐蚀过程中的三个不同阶段。实验用的钢丝试件在外层都有镀锌层保护，一开始由于锌是比钢丝基体活跃的金属，因此出现了第一阶段的明显变化；之后氧化锌对钢丝基体形成了保护，这一阶段的腐蚀速率变缓，持续到了第6批的腐蚀周期；在第7个腐蚀周期时，镀锌层几乎已经消耗完毕，腐蚀进入到内层钢腐蚀阶段，因此又出现了一个直径损失的大变化。这一过程与腐蚀外观的改变以及腐蚀质量损失的变化也是相对应的。

4.1.2 局部腐蚀指标及统计量变化

对于桥梁的实际现场检查，称量剩余直径和剩余质量都是非常难以实现的，只能取出腐蚀钢丝后再进行测量，这样对缆索结构都会造成二次伤害，而且由于很多桥梁没有腐蚀前的数据做对比，也不能得到预期的结果。而局部腐蚀区域的测量则相对容易，因此本文还选用局部腐蚀区域纵向尺寸这一指标对各个腐蚀阶段的样本钢丝进行考察和统计。

测量设备采用精度为 0.001 mm 的海克司康接触式激光坐标测量仪对局部腐蚀区域拍照，并测量其区域尺寸，数据保留小数点后两位，测量示意图如图 4-12 所示。

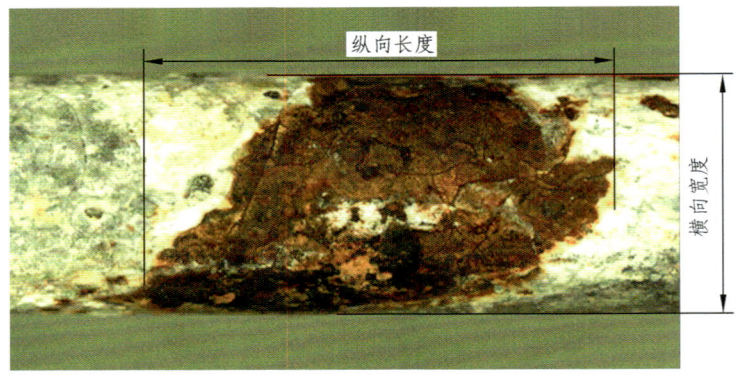

图 4-12　镀锌高强钢丝局部腐蚀区域纵向尺寸测量示意图

局部腐蚀区域的尺寸分为纵向长度、横向宽度、腐蚀区域径向深度三个指标。然而由于钢丝是圆柱体，腐蚀区域覆盖钢丝表面，测量横向宽度测不准确，且当腐蚀区域包裹住钢丝表面时，横向尺寸就为钢丝周长，无论腐蚀如何扩展，横向尺寸都不会发生改变，因此横向尺寸没有参考意义；腐蚀区域径向深度可以较好地描述出腐蚀对钢丝局部区域的影响，但在实验测量的实际操作中发现，径向尺寸非常小，且测量难度极高，要求被测物表面有未腐蚀的原始深度参考点，且必须保证待测量钢丝笔直无任何弯曲，而实验用钢丝是由盘条钢丝切短而得到，并不能做到钢丝笔直无任何弧度的弯曲。因此本文仅选用了纵向长度这一尺寸来考察局部腐蚀区域随腐蚀程度的变化。测量时首先观察整根钢丝局部腐蚀区域的尺寸，选择三个尺寸较大的区域，分别测量该区域的纵向长度，并以三个测量值的均值来代表该钢丝局部腐蚀区域的尺寸。

由腐蚀外观的变化和均匀腐蚀的统计量可以看出，镀锌高强钢丝的腐蚀由基体的微小点腐蚀逐渐扩大，基体腐蚀逐渐集中在局部区域，出现明显腐蚀斑，各阶段的局部腐蚀细节如图4-13所示。

（a）镀锌高强钢丝第1批腐蚀外观局部细节图

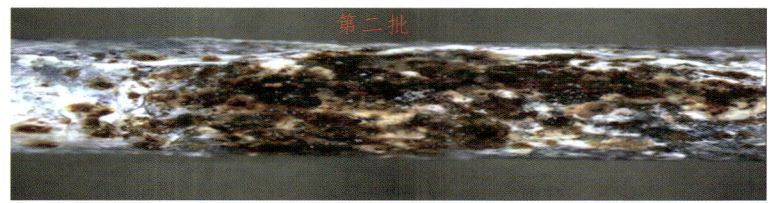

（b）镀锌高强钢丝第2批腐蚀外观局部细节图

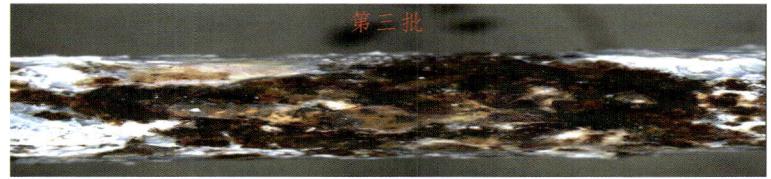

（c）镀锌高强钢丝第3批腐蚀外观局部细节图

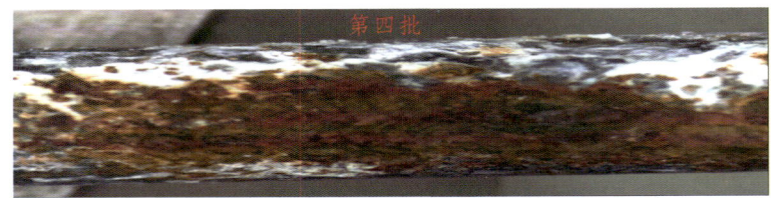

（d）镀锌高强钢丝第4批腐蚀外观局部细节图

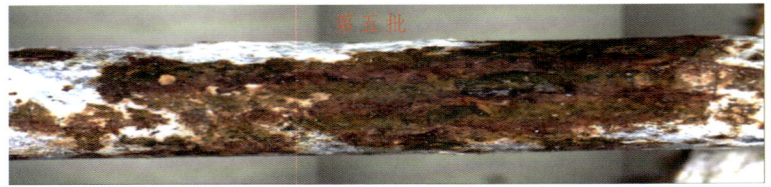

（e）镀锌高强钢丝第5批腐蚀外观局部细节图

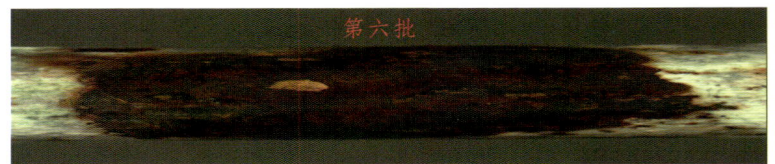

（f）镀锌高强钢丝第6批腐蚀外观局部细节图

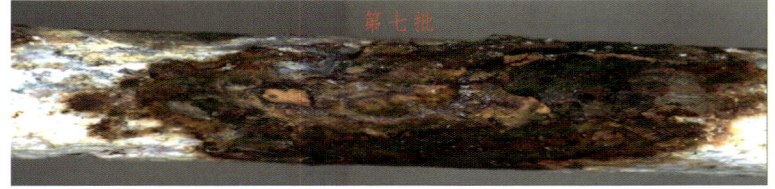

（g）镀锌高强钢丝第7批腐蚀外观局部细节图

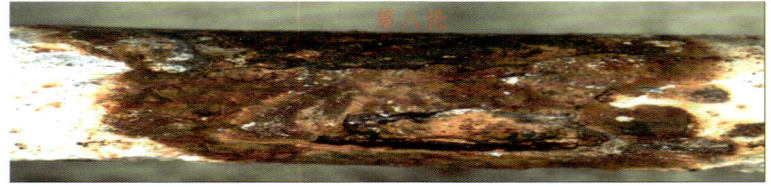

（h）镀锌高强钢丝第8批腐蚀外观局部细节图

(i) 镀锌高强钢丝第 9 批腐蚀外观局部细节图

(j) 镀锌高强钢丝第 10 批腐蚀外观局部细节图

图 4-13 镀锌高强钢丝各腐蚀阶段样钢丝外观本局部细节图

从钢丝整体的外观图 4-1 可以看出腐蚀区域在钢丝上的分布是随机无规律的，但是局部腐蚀区域的尺寸是在明显发生改变的，钢丝表面的腐蚀从第二批次开始出现局部的集中，从微小的点腐蚀，逐渐扩大到某一区域的局部腐蚀，因此可以测量局部腐蚀的尺寸来表征腐蚀表面点蚀特征，每批次选 10 根钢丝进行测量，每根样本钢丝测量三个局部腐蚀区域纵向尺寸，取均值后得到的数据如图 4-14 所示。

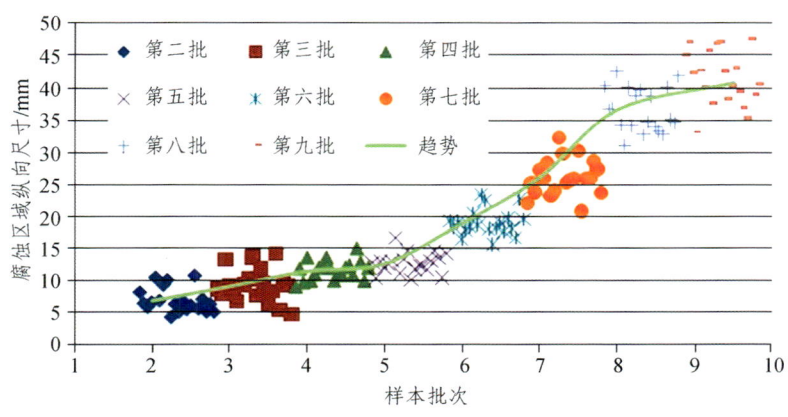

图 4-14 镀锌高强钢丝局部腐蚀区域纵向尺寸测量值

在第 1 批次的样本中,没有出现明显的局部腐蚀,因此测量数据为 0;第 2、3 批样本的数据较为离散,因为没有形成明显的局部腐蚀,只是细微的腐蚀点相对集中的某一区域的尺寸,该区域内,散布着零星的腐蚀点,因此数据忽大忽小,较为离散;从第 4 批样本开始,钢丝出现明显的局部褐色腐蚀区域,其区域的横向尺寸逐渐包裹钢丝表面的圆周,纵向尺寸也在不断增大;直到第 10 批次时钢丝表面的镀锌层已经全部耗损完,出现覆盖整根钢丝的褐色基体锈蚀,表现为钢丝机体的均匀腐蚀,因此没有测量其局部腐蚀区域尺寸。由于第 1 批钢丝没有发生局部腐蚀,第 2、3 批钢丝的局部腐蚀区域不明显导致测量数据不稳定,从图中的数据趋势线来看,镀锌高强钢丝的腐蚀三阶段中的第一个阶段划分并不明显,但第 2、3 阶段与其质量损失、直径损失一样,可以从图中明显地辨认出来。因此对于局部腐蚀区域尺寸的发展,也可以认为其符合 3 个阶段的划分。

为了考察样本局部腐蚀区域纵向尺寸的分布规律,对数据进行分布假设检验,由于前 3 批次没有出现成片的局部腐蚀区域,因此不对其数据进行正态分析,从第 4 批开始,计算每一组中出现的数据数量,得到 K-S 假设检验结果如表 4-3 所示。

表 4-3　镀锌高强钢丝各批次腐蚀区域尺寸分布 K-S 检验结果

样本腐蚀区域尺寸/mm	样本均值	标准差	显著性	检测结果
第四批	11.34	1.65	0.945	接受原假设
第五批	12.56	1.58	0.823	接受原假设
第六批	18.99	2.04	0.562	接受原假设
第七批	26.09	2.91	0.747	接受原假设
第八批	36.63	3.39	0.644	接受原假设
第九批	41.58	4.18	0.909	接受原假设

由表 4-3 可以看出,第四批到第九批次的样本腐蚀区域尺寸测量值,在置信度为 95% 的假设检验下,均服从正态分布,将其中第五批次的直径损失做直方图和正态分布曲线如图 4-15 所示。

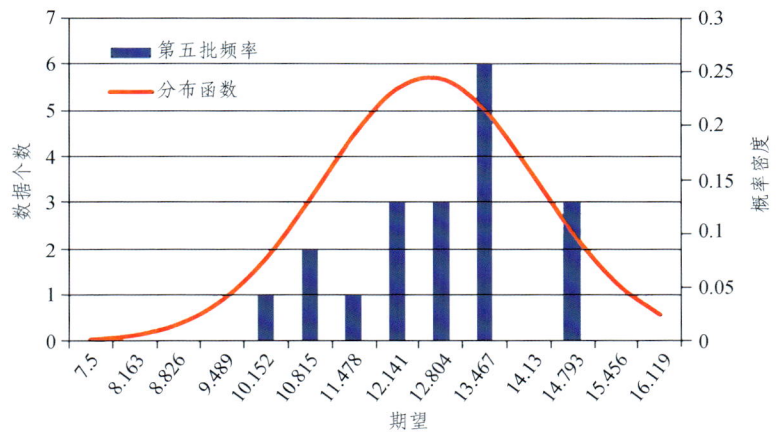

图 4-15　镀锌高强钢丝第五批局部腐蚀区域尺寸正态分布

图 4-15 中次要纵坐标是期望为 12.54 mm，标准差为 1.62 的正态分布函数在各样本点处的概率密度值。由 K-S 假设检验和直方图可以看出，第四批的局部腐蚀区域尺寸分布服从正态分布，置信度为 95%，显著性为 0.823。从数据测量图 4-14 可以看出，各批次的测量数据都相对集中，因此选用正态分布来描述各批次钢丝的质量损失如图 4-16 所示。

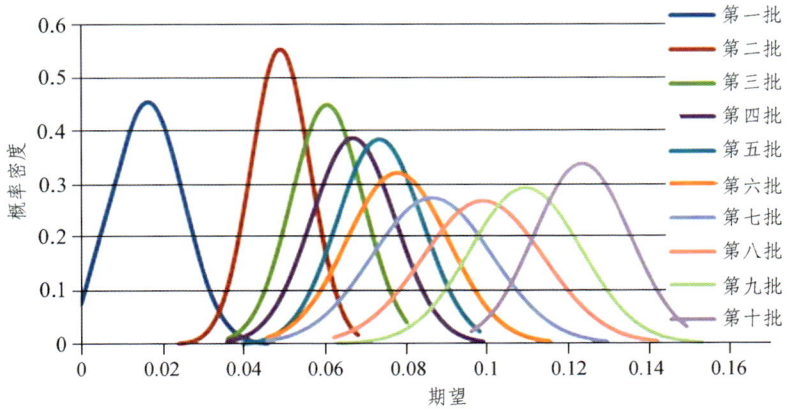

图 4-16　镀锌高强钢丝局部腐蚀区域尺寸分布统计图

由图 4-16 可以看出，镀锌高强钢丝的腐蚀导致的局部腐蚀区域纵向尺寸变化服从正态分布。在前期腐蚀时间较短的工况下，局部腐蚀区域的尺寸较小，且数据分布较集中改变。第 4 批次以后，钢丝镀锌层中已经出现大面积的基体腐蚀，腐蚀区域的尺寸分布逐渐变大。做均值图如

图 4-17 所示。

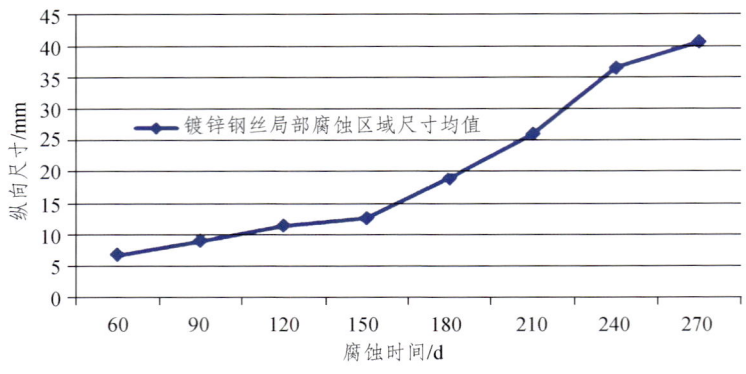

图 4-17 局部腐蚀区域纵向尺寸随时间变化规律

由腐蚀区域纵向尺寸的均值变化可以看出，镀锌高强钢丝由于镀锌层的保护，其腐蚀区域的发展变化与其质量损失、直径损失一样，第 1 批到第 2 批时，出现了大的变化（第一批没有出现明显的局部腐蚀特征，因此测量的数据为 0）；之后腐蚀区域的纵向尺寸发生平稳发展；第 6 批开始后局部腐蚀区域尺寸变大，直至第 10 批出现全面的基体腐蚀。

4.1.3 承载力特征及统计量变化

钢丝承载力特征是评估其剩余承载力和使用寿命的最重要指标，为了建立腐蚀评估体系，在已经得到腐蚀外观特征值分布的数据后，需要获得与各个腐蚀外观相对应的承载力指标值，建立从外观到力学性能的桥梁。两者之间通过局部腐蚀、均匀腐蚀指标等更具体地将腐蚀外观分级，只要能判断腐蚀外观所处的腐蚀级别，就能得知相应的承载力性能，为实桥检测提供参考数据。

采用电子万能拉伸试验仪对各批次的腐蚀钢丝进行单轴拉伸，拉伸设备和夹具如图 4-18 所示。

通过对镀锌高强钢丝样本的单轴拉伸，发现其在极限强度、破断力、延伸率等指标上都有变化，因此记录各腐蚀阶段样本钢丝的上述三个承载力指标。对各批次样本钢丝进行张拉测量和统计分析其应力应变曲线如图 4-19 所示。

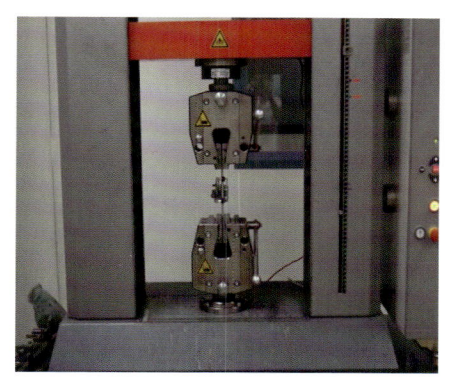

图 4-18 拉伸仪和夹具

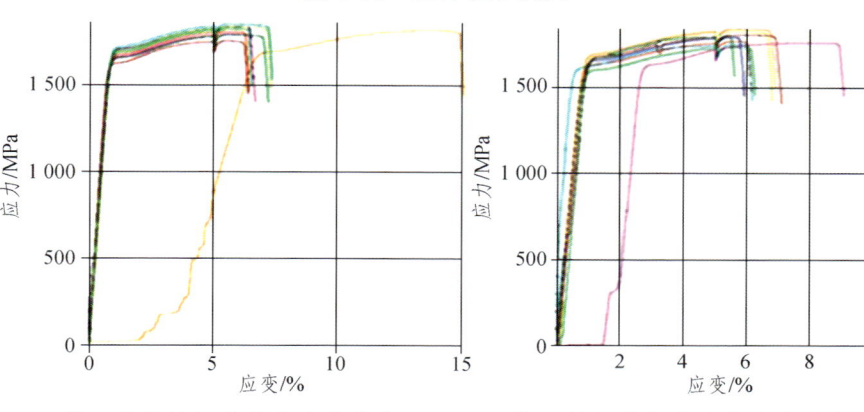

第 2 批镀锌钢丝应力应变曲线　　　　第 3 批镀锌钢丝应力应变曲线

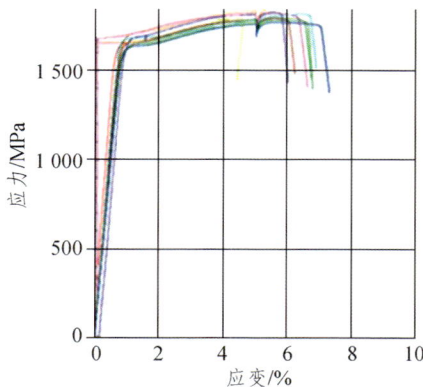
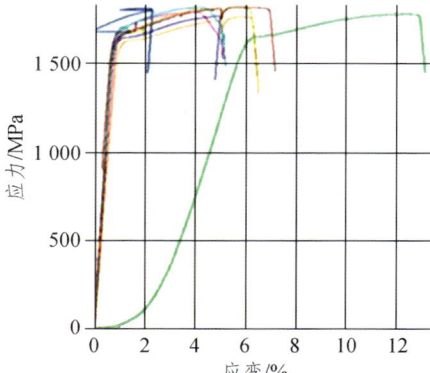

第 4 批镀锌钢丝应力应变曲线　　　　第 5 批镀锌钢丝应力应变曲线

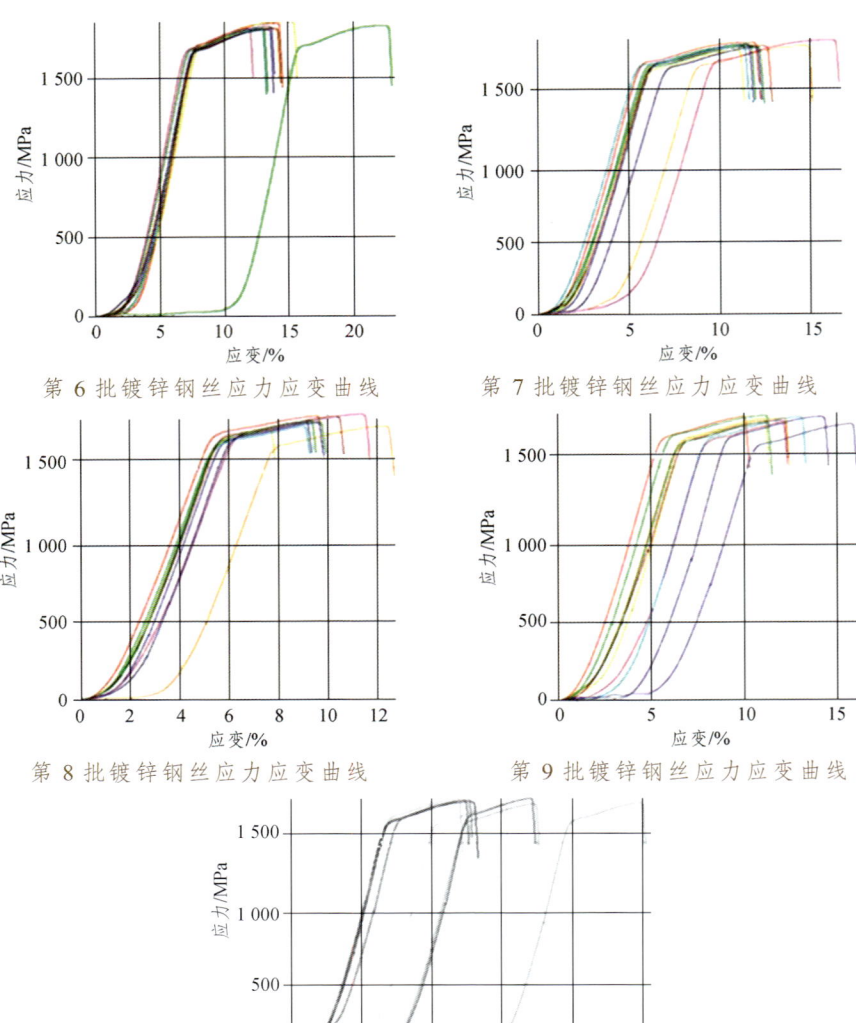

图 4-19　镀锌高强钢丝单轴拉伸应力应变曲线图

注：图中横坐标所表示的应变值并不准确，这是因为：一方面测量应变的延伸计在测量过程中多次因为强大的破断力而震坏，导致了无法进行准确的应变测量；另一方面，因为锈蚀的钢丝表面粗糙不平顺，且在拉伸过程中夹具对钢丝的夹持变得困难，钢丝出现了明显的打滑现象，因此在应力应变图中得到的应变值并不准确。

由单轴拉伸的应力应变曲线可以看出，前 5 批钢丝出现明显的屈服平台，其强化段较长，断裂时属于延性断裂，断口出现明显颈缩，断裂纹路从钢丝中心呈放射状向四周扩散。前 5 批钢丝的样本曲线之间的离散程度很小，数据均匀，对比起腐蚀外观可以看出，前 5 批钢丝都处于外表的氧化锌腐蚀过程，未出现严重的基体腐蚀，可以认为这一阶段对钢丝基体没有发生较大影响。从第 6 批开始样本的应力应变曲线出现了明显的变化，虽然同样出现了屈服平台，但超过其极限强度就发生瞬间的断裂，颈缩段几乎没有。对比腐蚀外观同样可以看出，第 6 批次以后的钢丝基体逐渐发生腐蚀，对钢丝的性能产生了影响，且从第 6~10 批钢丝的应力应变图看出，在拉伸前期，应力不变而应变明显增大，出现了明显的打滑现象。

为了得到钢丝在拉断后发生的伸长率，对每根测试样本都进行了单独的破断延伸率测量，如图 4-20 所示。

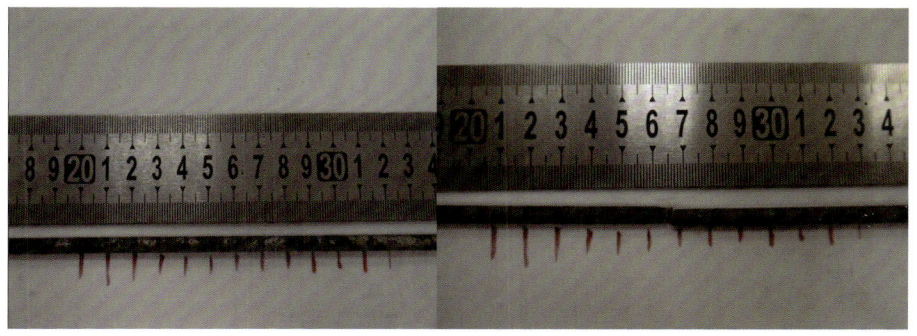

图 4-20　拉伸前标距长度和拉伸后标距长度

在每个样本开始测量之前，都在其中部标距了 10 cm 的长度，钢丝拉断后，将断口紧密靠近，再次测量两个标距点之间的长度，前后之差与初始长度 10 mm 的比值 $\delta = \Delta l / l_0$ 即为钢丝的延伸率，测量得到屈服强度、极限强度、最大拉力和延伸率。其中极限强度为名义极限强度，其变化趋势与极限破断力一致。$\delta_{2\%}$ 为 0.2% 的极限应变对应的应力，由于镀锌钢丝应力应变曲线上出现了明显的屈服平台，也称为名义屈服强度。而延伸率为实际测量得到的延伸长度与原始长度之比，随着腐蚀增加，截面收缩率截面面积变小，延伸率下降。为了便于分析，将上述指标的测量值,作图如图 4-21 所示。

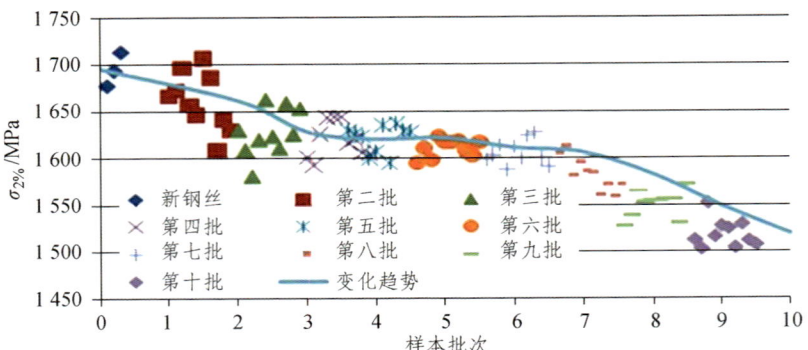

(a)镀锌高强钢丝 10 批次样本屈服强度测量数据分布图

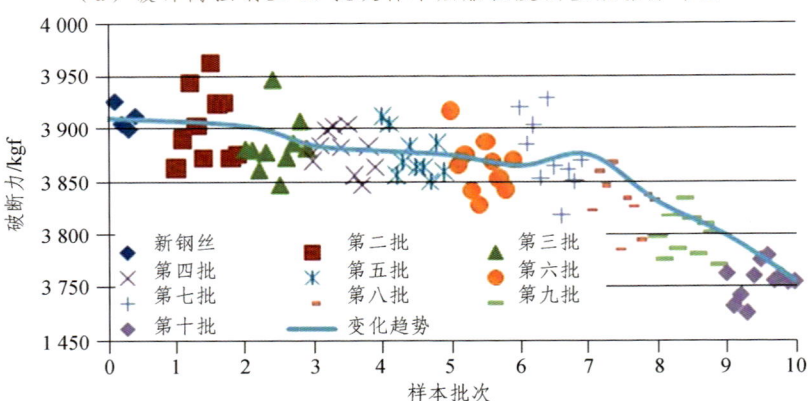

(b)镀锌高强钢丝 10 批次样本破断拉力测量数据分布图

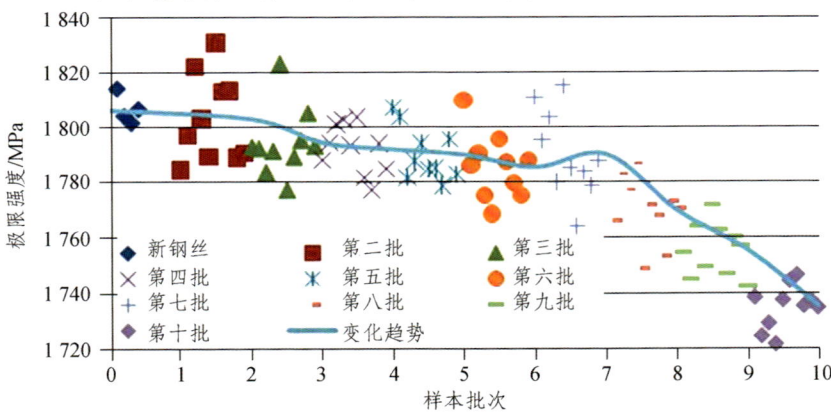

(c)镀锌高强钢丝 10 批次样本极限强度测量数据分布图

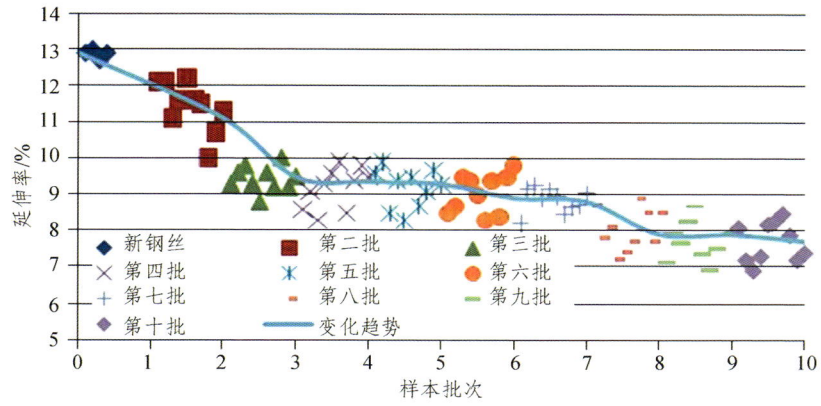

（d）镀锌高强钢丝 10 批次样本延伸率测量数据分布图

图 4-21　镀锌高强钢丝单轴拉伸强度指标测量分布图

由测量数据分布图可以看出，每一批钢丝的样本数据都相对较集中，四个指标都出现了随着腐蚀时间增长而降低的明显趋势，且与外观指标一样，都呈现了明显的三阶段变化趋势。其中极限强度采用的是名义极限强度，其分布与破断力一致，不单独分析极限强度的特征。同样，对屈服强度、破断力、延伸率三个指标做 K-S 假设检验，经 K-S 假设检验结果都服从正态分布，在此不再赘述，将各批次各指标的正态分布作图如下 4-22 所示。

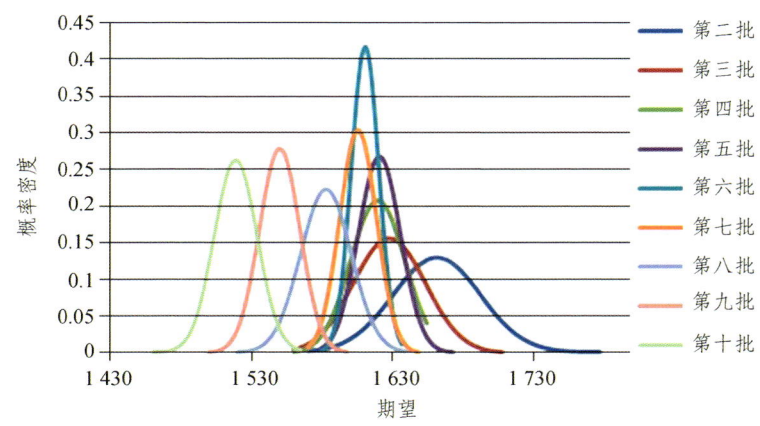

（a）镀锌高强钢丝各腐蚀周期 $\delta_{2\%}$ 正态分布曲线

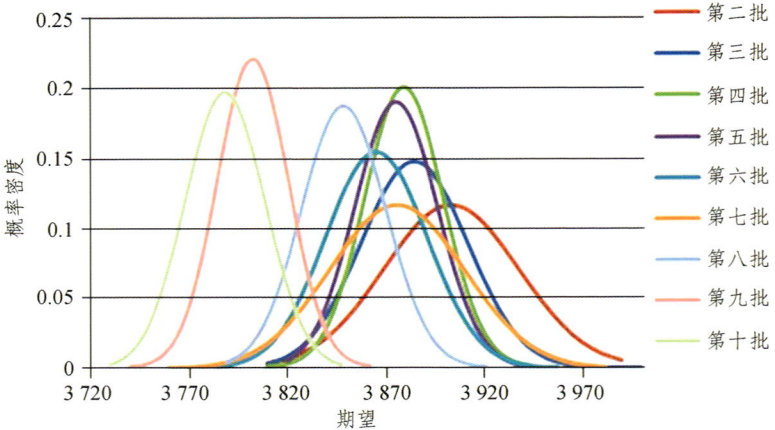

(b)镀锌高强钢丝各腐蚀周期破断力正态分布曲线

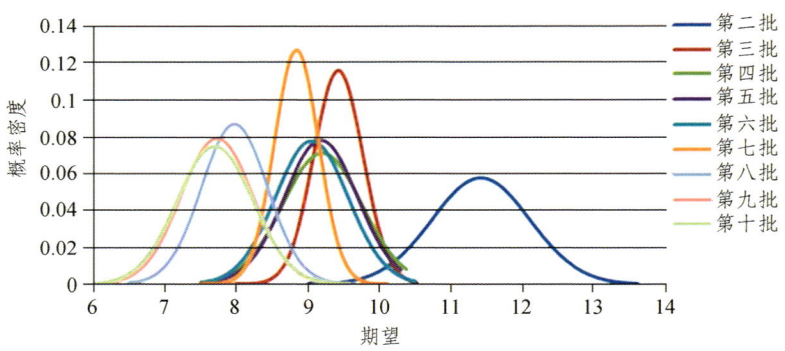

(c)镀锌高强钢丝各腐蚀周期延伸率正态分布曲线

图 4-22　镀锌高强钢丝各腐蚀周期承载力性能正态分布曲线

由上述正态分布曲线可以看出，镀锌高强钢丝 $\delta_{2\%}$ 和破断力两个指标的期望值变化较小，说明腐蚀对镀锌高强钢丝力学性能的影响较小，但是其延伸率期望值变化大，腐蚀导致钢丝的延伸性降低明显。同时承载力指标的数据较为集中，这与单轴拉伸曲线所得的结论一致，因此将十批的上述 3 个指标的均值变化作出曲线，如图 4-23 所示。

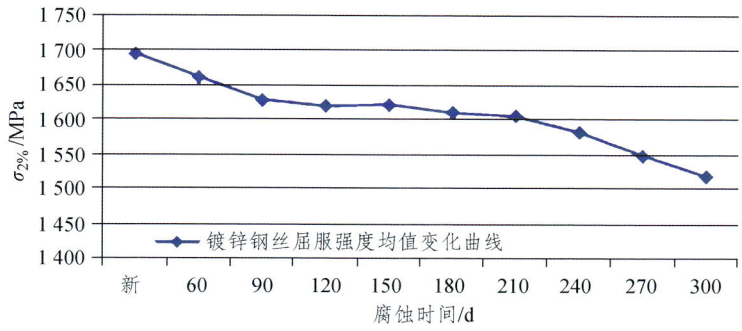

（a）镀锌高强钢丝屈服强度均值随时间变化图

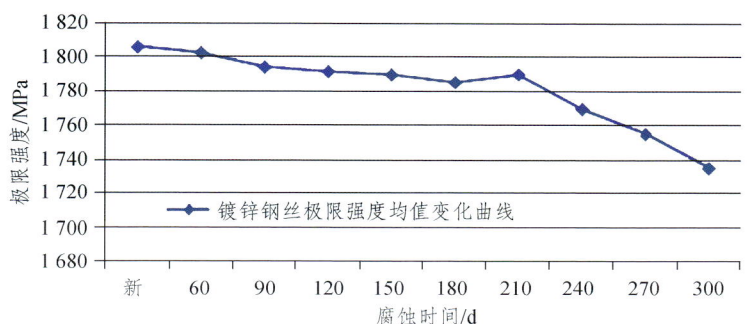

（b）镀锌高强钢丝极限强度均值随时间变化图

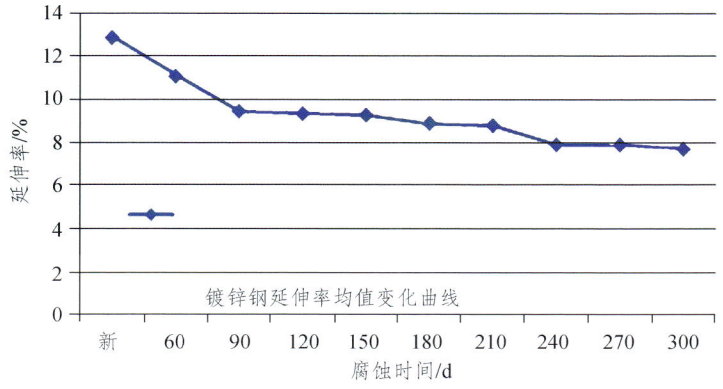

（c）镀锌高强钢丝延伸率均值随时间变化图

图 4-23　镀锌高强钢丝承载力指标均值随时间变化图

由图 4-23 可以看出，镀锌高强钢丝的延伸率、$\delta_{2\%}$ 不断降低，其变化速率大致可以分成三个阶段：前 90 天左右为快速降低阶段，这一阶段刚好对应了新钢丝镀锌层开始出现腐蚀，并慢慢出现腐蚀斑点的时间；第二阶段到第 180 天左右，这一阶段为缓慢降低阶段，对应了钢丝镀锌层腐蚀发展阶段，腐蚀斑点慢慢扩大，逐渐连成片，这一阶段钢丝基体尚未大面积暴露，对钢丝的性能影响平稳；第三阶段直到第 300 天，可以看出这一阶段腐蚀速率明显变快，钢丝承载力性能降低明显，这对应了钢丝基体的腐蚀发生。其中极限强度和破断力在第 6~8 批次出现增大的波动，在应力应变曲线上对应了钢丝在这一阶段屈服平台缩短，强化阶段消失的特征，钢丝变脆且强度略微增大；到第 9、10 批次时强度降低，延展性减小。

4.1.4　镀锌高强钢丝腐蚀前后金相和硬度变化

为了考察腐蚀对钢丝基体物理特性的影响，对腐蚀前样本以及第 10 批次腐蚀后的样本进行了金相和硬度检查，镀锌高强钢丝腐蚀前后金相图片如图 4-24 所示。

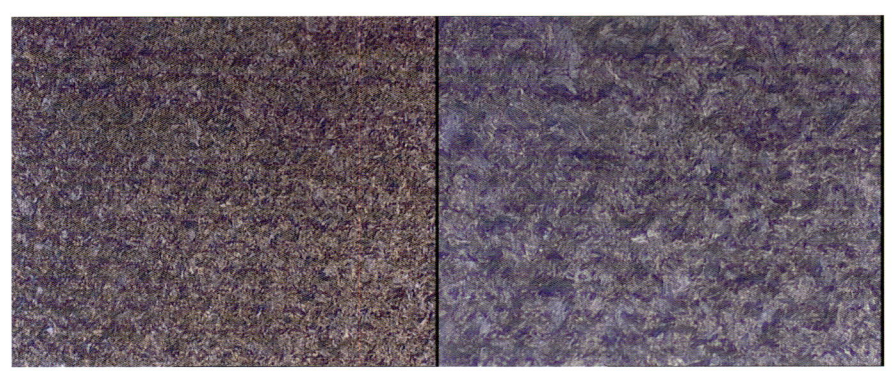

（a）镀锌高强钢丝腐蚀前金相　　（b）镀锌高强钢丝腐蚀 300 d 后金相

图 4-24　镀锌高强钢丝腐蚀前后金相对比图

由金相图可以看到，高强钢丝是合金钢，腐蚀前后均为索氏体（92%）和片状珠光体及少量条状渗碳体在晶界，可见腐蚀对金属基体的金相并没有发生明显的改变。

同时还对腐蚀前后的镀锌高强钢丝采用静压法测量了其洛式硬度 HRC，每个样本取四个点进行静压，得到的洛式硬度值如表 4-4 所示。

表 4-4　镀锌高强钢丝腐蚀前后洛式硬度测量值

HRC	未腐蚀镀锌高强钢丝	腐蚀后镀锌高强钢丝
测点 1	49	50
测点 2	48	49
测点 3	49	49
测点 4	50	50
均值	49	49.5

由洛式硬度测量可以看出，腐蚀前后的镀锌高强钢丝并没有发生变化，因此认为腐蚀不影响钢丝的硬度。

4.2　未镀锌高强钢丝各腐蚀阶段研究

由镀锌高强的腐蚀可以看出，直到全部 10 批样本 300 d 的加速腐蚀，也没有出现钢丝基体的严重腐蚀，钢丝承载力降低很少。由于大跨度桥梁的设计使用寿命长达 100 年，镀锌层腐蚀耗损完毕后，发生钢丝基体的腐蚀，为了更深刻地探索当缆索钢丝基体全面腐蚀后腐蚀特征等的变化，缩短实验时间，在镀锌高强钢丝腐蚀的同时，本研究还使用了未镀锌高强钢丝进行加速腐蚀试验。

4.2.1　腐蚀外观特征

由于未镀锌高强钢丝加速腐蚀的速率较大，因此对十批次样本划分成了两种不同的腐蚀周期的试验，分别研究钢丝机体腐蚀前期和后期的腐蚀特征变化。钢丝直径为 5.10 mm 的未镀锌高强钢丝（直径值为 60 根样本钢丝测量均值 5.101 3 的近似值），长度为 40 mm，抗拉强度为 1 770 MPa。前 5 批钢丝为短周期腐蚀，每个腐蚀周期为 10 d，每批次采用 20 根样本，腐蚀时间为 10 d、20 d、30 d、40 d、50 d。剩余的 5 批钢丝为长周期腐蚀，从腐蚀第 50 天后腐蚀周期加长为 20 天，腐蚀时间分别为 70 d、90 d、110 d、130 d、150 d。腐蚀外观如图 4-25 所示。

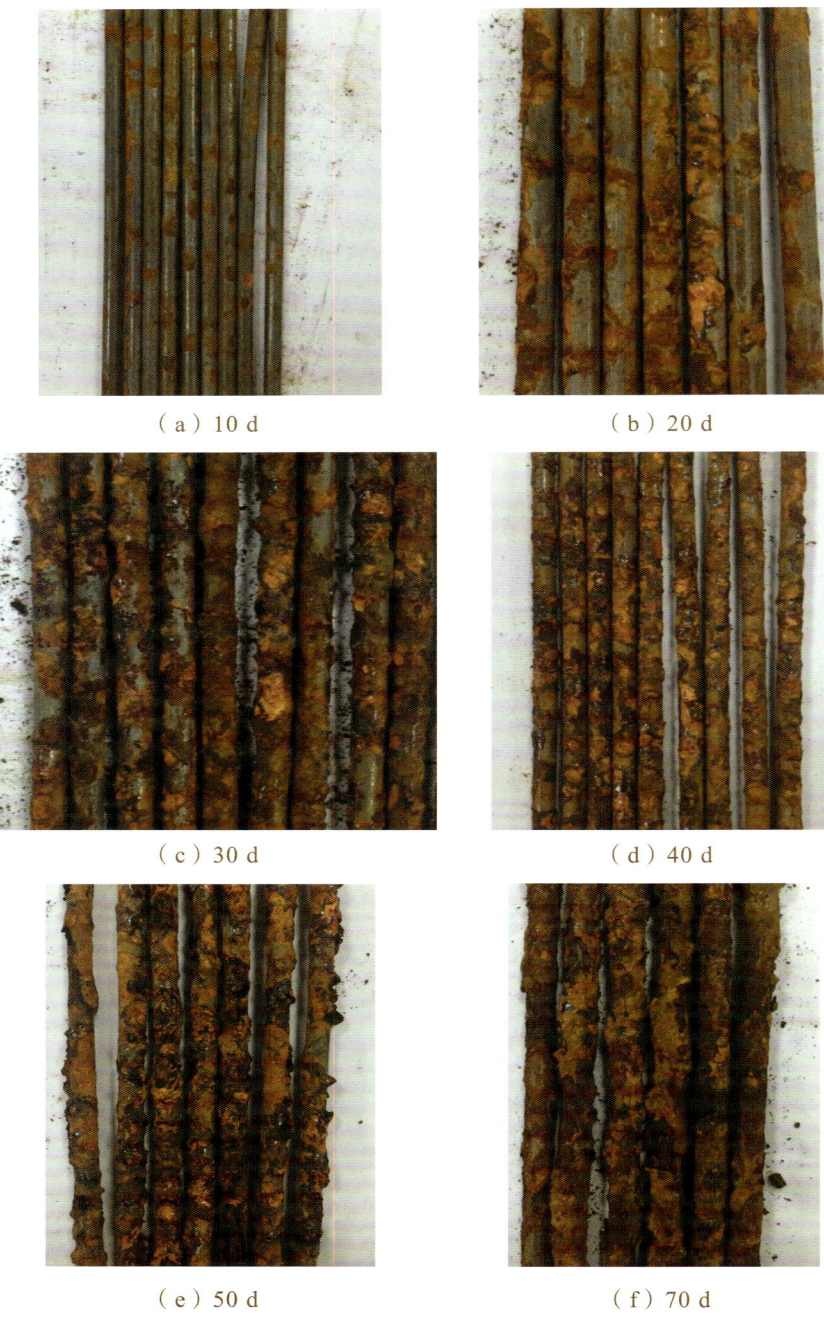

(g) 90 d　　　　　　　　(h) 110 d

(i) 130 d　　　　　　　　(j) 150 d

图 4-25　未镀锌高强钢丝各阶段腐蚀外观图

由上述图片可以看出，短周期虽然腐蚀时间仅有 50 d，但未镀锌高强钢丝的腐蚀状况已非常严重，其腐蚀发展过程同样是从局部小区域出现腐蚀，发展到覆盖整根钢丝的全面腐蚀。腐蚀产物为红褐色铁的氧化物，其氧化物与镀锌高强钢丝发生腐蚀的氧化锌不同，产物酥松对钢丝基体不能起到防护作用，前期的短周期腐蚀产物难以剥离，使得钢丝直径明显增大，腐蚀发展至 30 d 后，几乎全部覆盖钢丝表面。

由长周期腐蚀可以看出，从外观上钢丝出现严重的腐蚀，基体发生均匀腐蚀，已经很难分辨各个周期的外观特征；腐蚀产物蓬松易剥落，轻轻放在纸上都会掉落腐蚀产物；钢丝基体裸露，直径和质量都减小。为了衡量腐蚀发展的程度，与镀锌高强钢丝一样，采用质量损失、直径损失、单轴拉伸数据等来描述各阶段的腐蚀程度以及剩余承载力。

4.2.2 均匀腐蚀指标及统计量变化

依据本书第 2.3.2 中介绍的平均腐蚀量化指标，对 10 个批次的未镀锌高强钢丝质量损失及直径损失进行测量，如下所述。

1. 腐蚀质量损失

与镀锌高强钢丝一样，腐蚀前对每一个长度为 40 cm 的未镀锌高强钢丝样本进行丙酮除油、砂子打磨、清水洗净后自然风干，对每一个样本进行编号，采用 Precisa 高精密分析天平进行质量称重，称量精度为 0.001 g，读取数据时保留两位小数，样本均值为 48.56 g。使用盐雾加速腐蚀，腐蚀后采用弱酸和超声震动清洗，再用清水冲洗、风干、称量其腐蚀后剩余质量。腐蚀前后的质量差，即为 200 个样本 10 批次为期共 150 d 的各腐蚀阶段质量损失数据，为了便于观察质量损失随着腐蚀时间的变化趋势，将上述测量数据作图如图 4-26 所示。

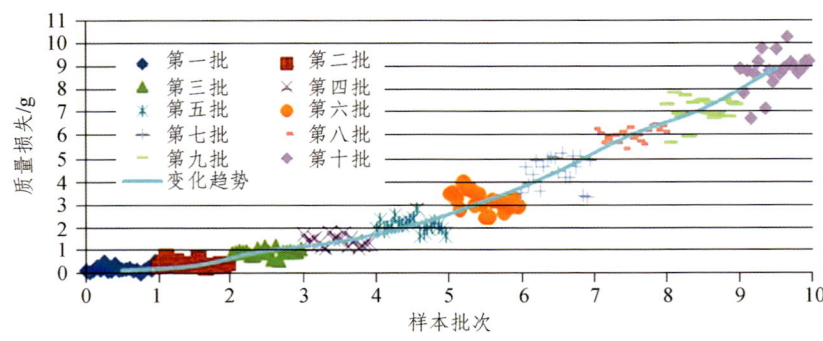

图 4-26 未镀锌高强钢丝质量损失

由图 4-26 可以看出，未镀锌高强钢丝的质量损失呈现明显的逐渐增大趋势，由于未镀锌高强钢丝的耐腐蚀性能低，且后期发生的腐蚀是均匀腐蚀，腐蚀产物易剥落，导致的质量损失变化范围较大，因此每个批次的数据变化量与总的质量损失对比之下数据相对集中。其次，图中还可以看出，前 5 批短周期腐蚀质量损失速度小，随着腐蚀时间的增大，腐蚀量变大，对每一批质量损失进行 K-S 假设检验，得到结果如表 4-5 所示。

表 4-5 未镀锌高强钢丝各批次质量损失 K-S 假设检验结果

样本腐蚀区域尺寸/g	样本均值	标准差	显著性	检测结果
第 1 批	0.159	0.04	0.749	接受原假设
第 2 批	0.363	0.09	0.230	接受原假设
第 3 批	0.962	0.15	0.593	接受原假设
第 4 批	1.416	0.20	0.998	接受原假设
第 5 批	2.113	0.28	0.990	接受原假设
第 6 批	3.152	0.41	0.999	接受原假设
第 7 批	4.451	0.63	0.627	接受原假设
第 8 批	6.029	0.31	0.848	接受原假设
第 9 批	7.140	0.33	0.213	接受原假设
第 10 批	8.907	0.23	0.791	接受原假设

由显著性结果可以判断，各批次钢丝的质量损失，均服从正态分布的原假设，将其中第六批的数据正态分布作图如下 4-27 所示。

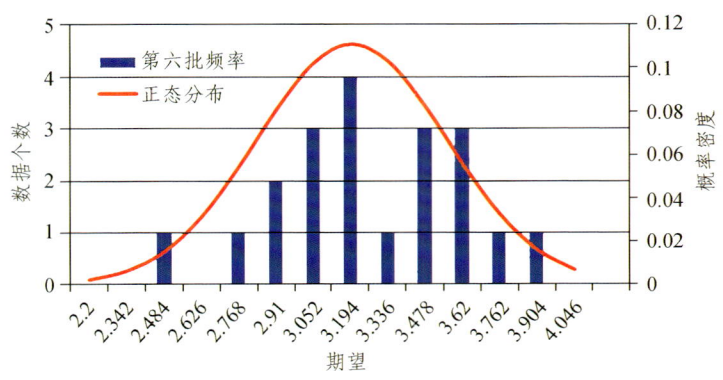

图 4-27 未镀锌第六批质量损失正态分布图

图 4-27 中次要纵坐标是期望为 3.152 g，标准差为 0.41 的正态分布函数在样本值处的概率密度值。由 K-S 假设检验和直方图可以看出，第六批的质量损失分布服从正态分布，置信度为 95%，显著性为 0.230。从图 4-26 可以看出，各批次的质量损失数据都相对集中，因此选用正态分布来描述各批次钢丝的质量损失如图 4-28 所示。

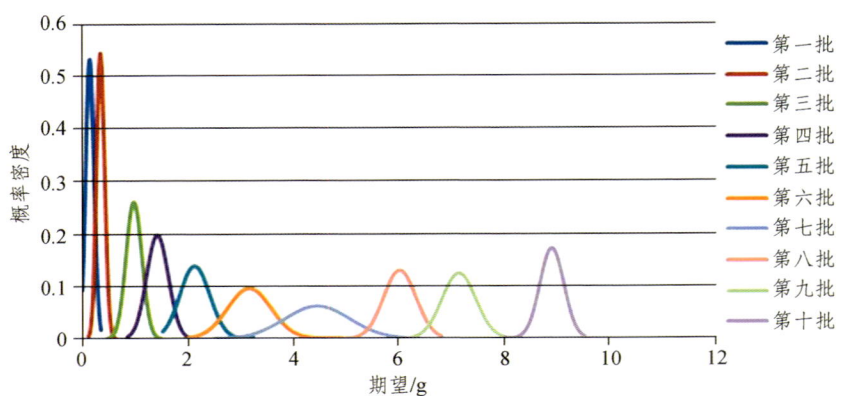

图 4-28　未镀锌高强钢丝各批次质量损失概率分布图

由于未镀锌高强钢丝前两批样品腐蚀较轻，质量损失很小，因此测量数据较为集中，符合正态分布。随着腐蚀的发展，腐蚀产物逐渐增多，质量损失期望加大，但是对腐蚀产物的去除变得不易，导致数据离散程度也随之增大。到第 8 批次后，腐蚀严重，质量损失期望明显增大，腐蚀产物疏松，轻易就可以剥落，因此又出现数据集中的现象。

从表 5-13 可以看出，未镀锌高强钢丝的质量损失均值持续增大，前期钢丝未发生全面的均匀腐蚀，锈蚀产物难以彻底去除，导致测量数据变异系稍大；腐蚀后期，钢丝发生全面腐蚀，腐蚀产物疏松易剥落，测量的数据更准确。为了更清晰地看到腐蚀对钢丝质量的改变，将表中的均值作图如 4-29 所示。

从均值图可以看出，未镀锌高强钢丝腐蚀导致的质量损失情况比镀锌高强钢丝严重很多，其腐蚀过程没有明显的阶段划分，质量损失一直呈线性增长。

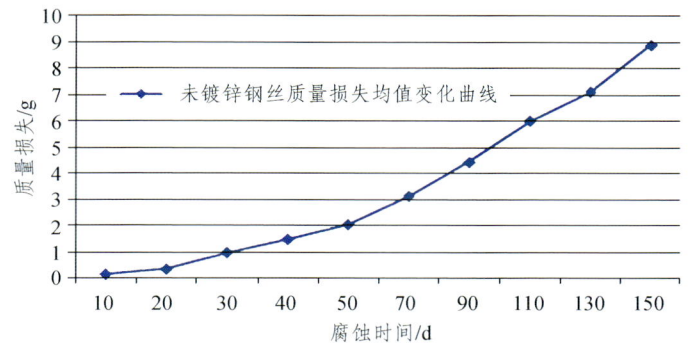

图 4-29 未镀锌高强钢丝腐蚀质量损失随时间变化规律

2. 腐蚀直径损失

与镀锌高强钢丝一样，由于钢丝的抗拉强度与其剩余的最小直径有着密切关系，因此除了使用质量损失来评价钢丝的腐蚀程度，其直径损失可以更明显地表现剩余承载力与腐蚀程度的关系。

未镀锌高强钢丝未腐蚀前的直径采用精度为 0.01 mm 的螺旋测微仪测量 60 根样本的测量均值为 5.10 mm，如图 5-7 所示。每根样本经过腐蚀周期后，将腐蚀产物洗净，测量每一根样本中局部腐蚀位置处三个直径，取其平均值代表该样本钢丝的最小剩余直径。第一批钢丝由于没有发生严重的腐蚀，钢丝基体几乎没有受到影响，在测量直径时，由于腐蚀产物的附着，使得局部区域腐蚀后的直径反而大于腐蚀前的直径，因此出现了负值。将直径损失数据作图如图 4-30 所示。

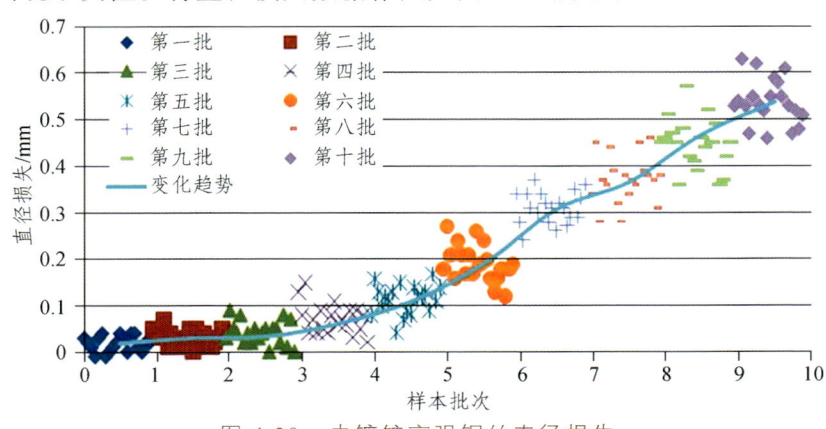

图 4-30 未镀锌高强钢丝直径损失

由图 4-30 可以看出，未镀锌高强钢丝直径损失与其质量损失一样，呈现明显的逐渐增大趋势，其中第一批次出现了负数，这是因为未镀锌高强钢丝刚开始腐蚀时腐蚀产物不易清洗，附着在钢丝表面，使得钢丝直径反而增大。第 1～10 批样本的直径损失变化范围较大，因此每个批次的数据在总的直径损失对比之下数据相对集中。其次，图中还可以看出，前 5 批短周期腐蚀直径损失速度小，随着腐蚀时间的增大，腐蚀量变大。对每一批钢丝的直径损失做 K-S 假设检验，如表 4-6 所示。

表 4-6　未镀锌高强钢丝各批次直径损失 K-S 假设检验结果

样本腐蚀区域尺寸/mm	样本均值	标准差	显著性	检测结果
第 1 批	0.018	0.017	0.911	接受原假设
第 2 批	0.029	0.016	0.672	接受原假设
第 3 批	0.032	0.015	0.449	接受原假设
第 4 批	0.060	0.016	0.271	接受原假设
第 5 批	0.108	0.024	0.856	接受原假设
第 6 批	0.189	0.027	0.897	接受原假设
第 7 批	0.305	0.037	0.991	接受原假设
第 8 批	0.364	0.020	0.630	接受原假设
第 9 批	0.466	0.027	0.857	接受原假设
第 10 批	0.546	0.037	0.463	接受原假设

由表 4-6 显著性结果可以判断，各批次钢丝的直径损失，均服从正态分布的原假设，将其中第 6 批的数据正态分布作图如图 4-31 所示。

由 K-S 假设检验和直方图可以看出，第 6 批的直径损失分布服从正态分布，置信度为 95%，显著性为 0.672。从数据测量图 4-31 可以看出，各批次的质量损失数据都相对集中，因此选用正态分布来描述各批次钢丝的质量损失如图 4-32 所示。

与镀锌高强钢丝相比，未镀锌高强钢丝的直径损失分布值规律性较强，前期（第 1～5 批）直径损失较小，期望值变化不大，且数据集中，后期随着腐蚀程度加重，腐蚀产物剥落，直径损失期望变大，变异系数变小，可以用均值代替每一批次钢丝直径。

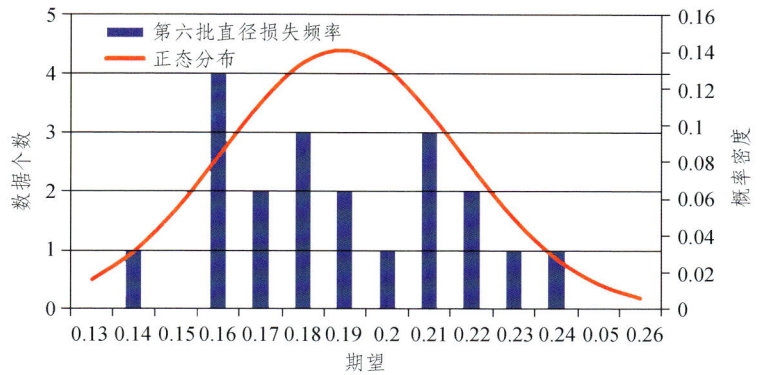

图 4-31　未镀锌高强钢丝第 6 批直径损失正态分布图

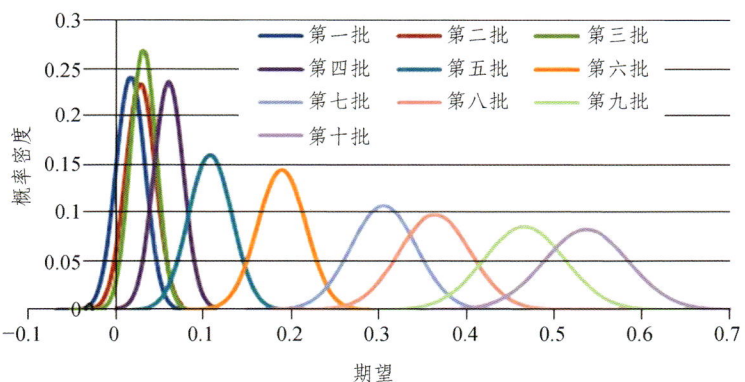

图 4-32　未镀锌高强钢丝各批次直径损失概率分布图

由表 5-13 中的均值统计量可以看出，未镀锌高强钢丝直径损失大于镀锌高强钢丝的直径损失，其腐蚀速率远远大于镀锌高强钢丝；未镀锌高强钢丝产生的腐蚀产物在前期腐蚀阶段不容易冲洗干净，导致前 5 批钢丝测量数据波动较大，而后期的波动变小，是因为后期腐蚀产物蓬松，容易剥落，使得对钢丝直径的测试变得相对稳定。作均值图如 4-33 所示。

由分析可以看出，均匀腐蚀指标对未镀锌高强钢丝的腐蚀过程刻画得比较清晰，每一批次的钢丝质量和直径都存在递增的变化，从腐外观上也可以看出来，未镀锌高强钢丝发生的是遍布整个钢丝的均匀腐蚀。

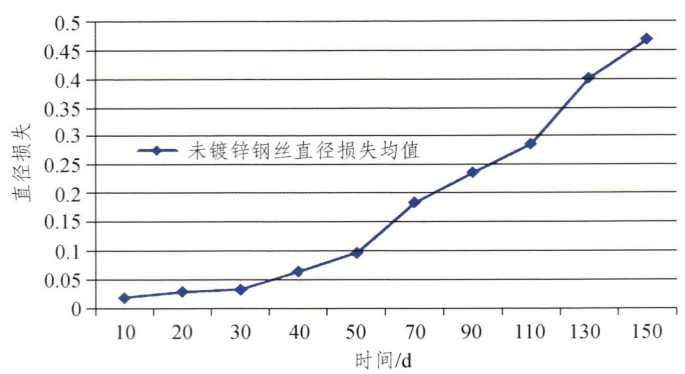

图 4-33　未镀锌高强钢丝直径损失随时间变化规律

4.2.3　局部腐蚀指标及统计量变化

由腐蚀钢丝外观图可以看出，未镀锌高强钢丝只是在钢丝腐蚀的前期出现了局部的腐蚀，到第 3 批后钢丝表面发生全面的均匀腐蚀，由于腐蚀产物疏松，在完全干燥后易剥落，因此研究其局部腐蚀指标没有意义。本研究仅给出腐蚀前四期的局部腐蚀细节及统计量。前 4 批局部腐蚀细节如图 4-34 所示。

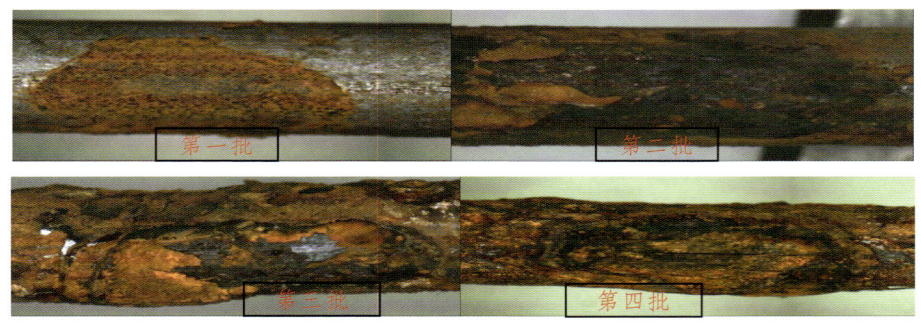

图 4-34　未镀锌高强钢丝前四批腐蚀局部细节图

从图片可以看出，未镀锌高强钢丝从第二批开始，就出现很明显的腐蚀坑，此后钢丝发生均匀腐蚀，腐蚀局部的差异用肉眼无法分辨，仅表现为质量损失和直径损失的明显差异，由于未镀锌高强钢丝发生的局部腐蚀时间较短，对整个寿命期间的影响较小，因此不进行详细分析。

4.2.4 承载力特征及统计量变化

与镀锌高强钢丝一样，为了得到各个腐蚀阶段对应的钢丝剩余承载力指标，对 10 个批次 100 根的未镀锌高强钢丝样本进行单轴拉伸，得到其应力应变曲线，以及极限破断力、极限强度、延伸率三个承载力指标的测量数据，其单轴拉伸应力-应变曲线和承载力特征数据如图 4-35 所示。

由图 4-35 可以看出，未镀锌高强钢丝没有出现明显的屈服平台，在进行拉伸时同样发现钢丝腐蚀易打滑，在第五第六批次时腐蚀产物增多，导致打滑现象尤为明显，因此在后续的拉伸过程中对钢丝夹持处进行了打磨，得到的曲线相对集中，但仍可以明显地看出其承载力指标的下降。与镀锌高强钢丝一样，图中的应变值不准确，为了得到钢丝破断后的延伸率，对拉伸前的钢丝进行了 10 cm 的长度进行标距，钢丝拉断后再次测量这标距长度，前后之差与原始长度之比即为破断延伸率，统计其极限强度、破断力、延伸率三个指标，其中极限强度为名义极限强度，其变化趋势与极限破断力一致。为了便于分析，将上述指标的测量值，作图如图 4-36 所示。

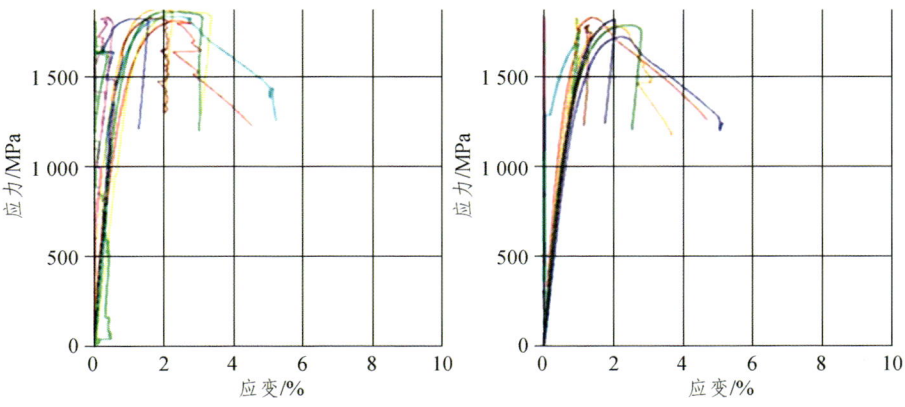

（a）第 1 批未镀锌钢丝应力应变曲线　（b）第 2 批未镀锌钢丝应力应变曲线

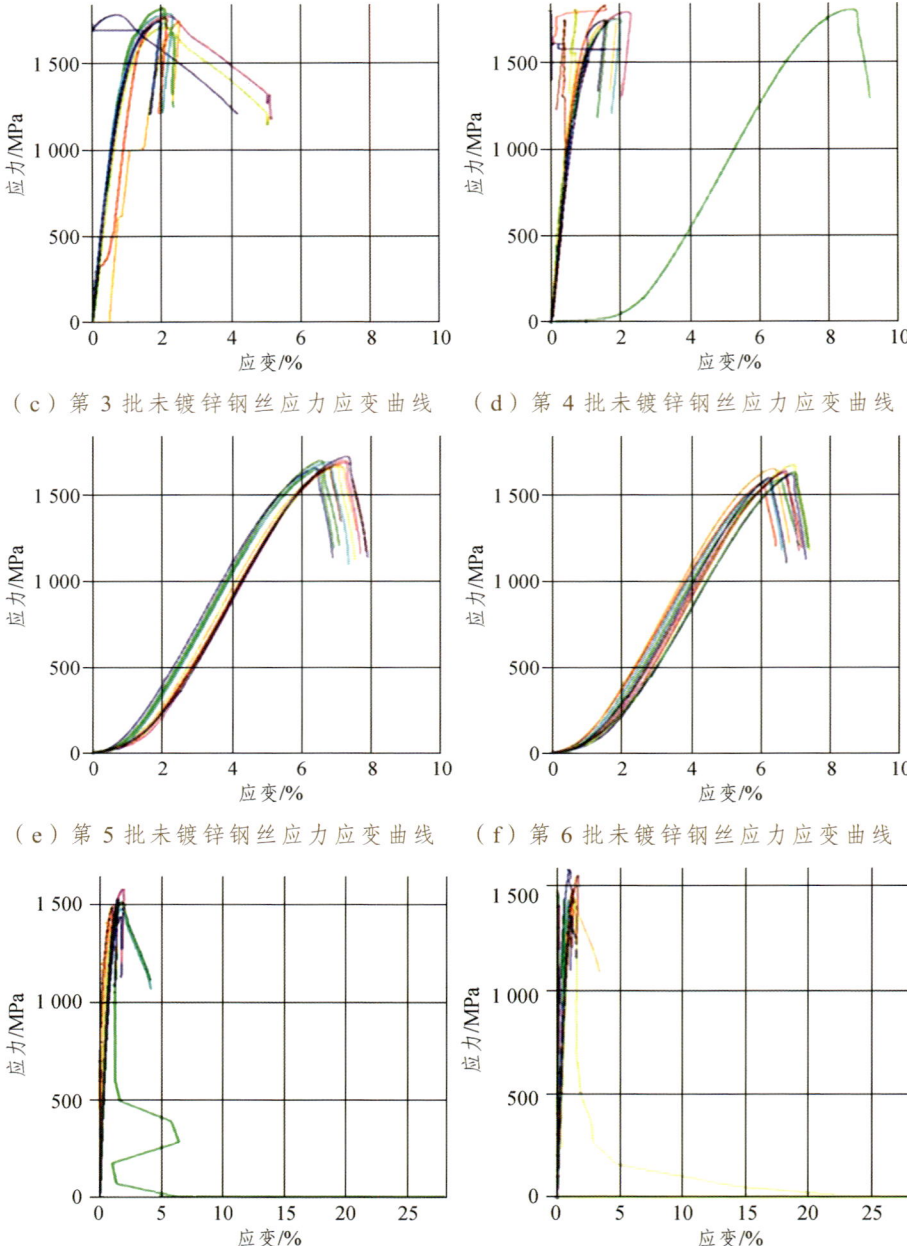

（c）第 3 批未镀锌钢丝应力应变曲线　　（d）第 4 批未镀锌钢丝应力应变曲线

（e）第 5 批未镀锌钢丝应力应变曲线　　（f）第 6 批未镀锌钢丝应力应变曲线

（g）第 7 批未镀锌钢丝应力应变曲线　　（h）第 8 批未镀锌钢丝应力应变曲线

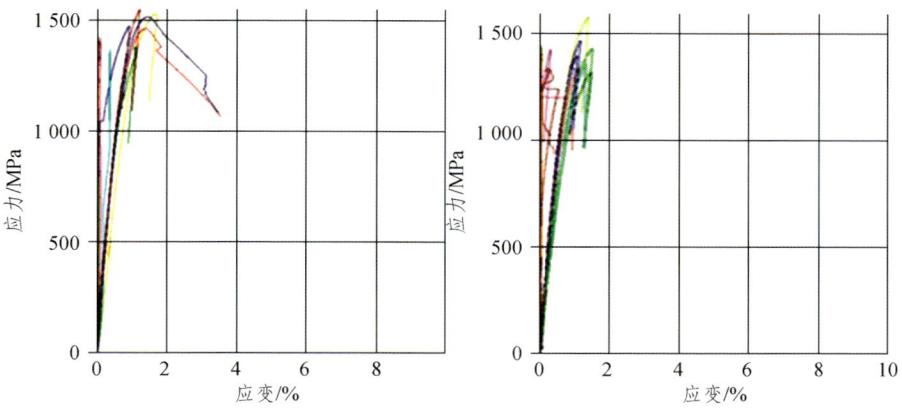

(i) 第 9 批未镀锌钢丝应力应变曲线　　(j) 第 10 批未镀锌钢丝应力应变曲线

图 4-35　未镀锌高强钢丝各腐蚀阶段单轴拉伸应力应变曲线

注：图中横坐标所表示的应变值并不准确，这是因为：一方面测量应变的延伸计在测量过程中多次因为强大的破断力而震坏，导致了无法进行准确的应变测量；另一方面，因为锈蚀的钢丝表面粗糙不平顺，且在拉伸过程中夹具对钢丝的夹持变得困难，钢丝出现了明显的打滑现象，因此在应力应变图中得到的应变值并不准确。第 7 批以后将夹具处的钢丝表面进行了打磨，避免了打滑现象。

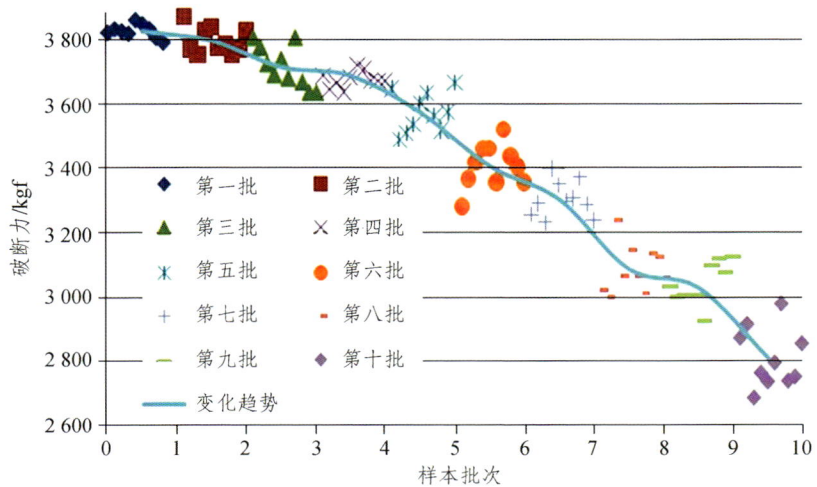

(a) 未镀锌高强钢丝 10 批次 100 根样品破断力测量分布图

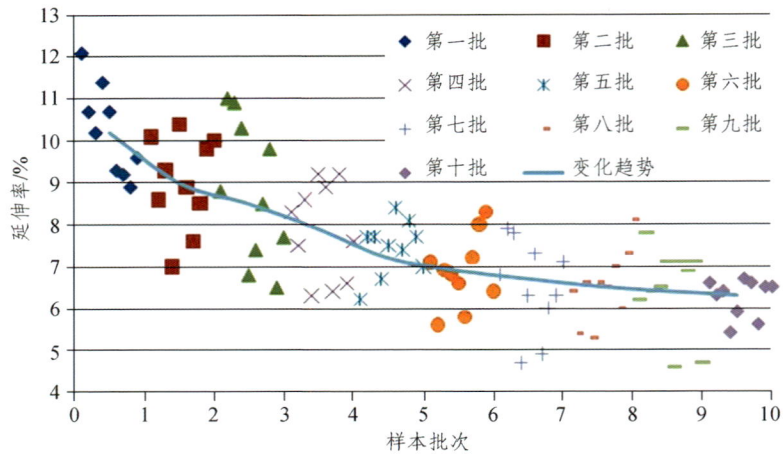

（b）未镀锌高强钢丝 10 批次 100 根样品延伸率测量分布图

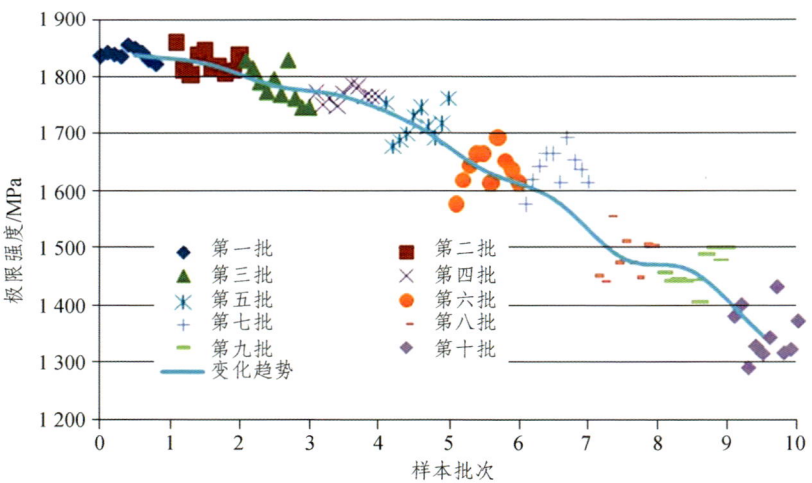

（c）未镀锌高强钢丝 10 批次 100 根样品极限强度测量分布图

图 4-36　未镀锌高强钢丝 10 批次样本承载力特征值

由图 4-36 可以看出随着腐蚀的发展，未镀锌高强钢丝的极限强度、破断力、延伸率都逐渐降低，采用的极限强度为名义极限强度，其分布与破断力一致，将上述极限强度、破断力和延伸率进行 K-S 分布假设检验，将各批次的最大拉力和延伸率指标做正态分布如图 4-37 所示。

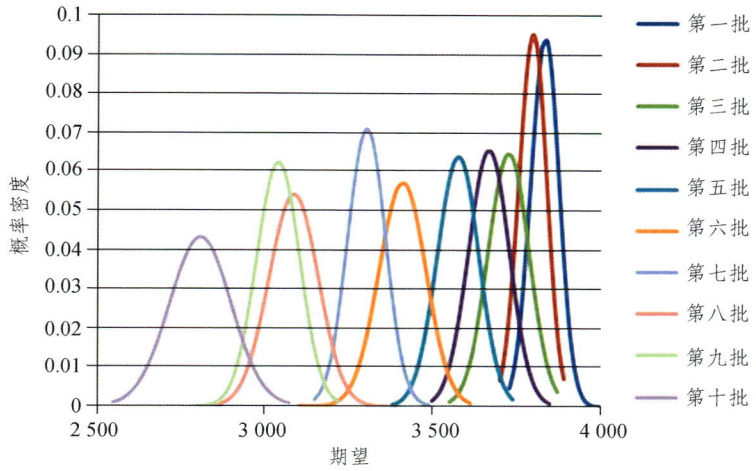

（a）未镀锌高强钢丝各腐蚀周期破断力正态分布曲线

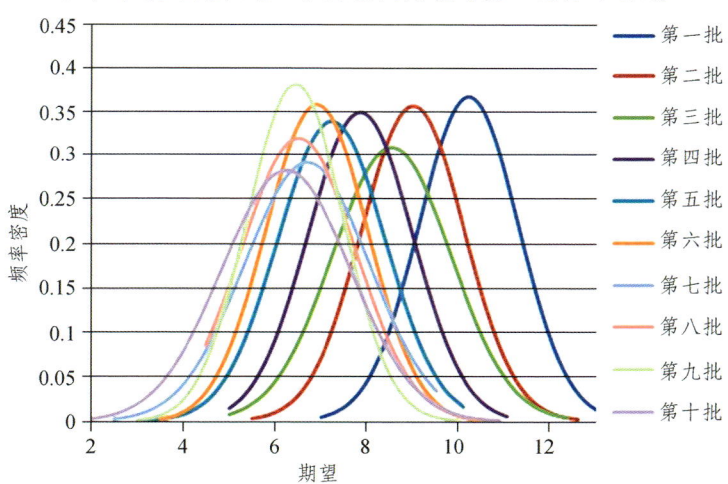

（b）未镀锌高强钢丝各腐蚀周期延伸率正态分布曲线

图 4-37 未镀锌高强钢丝各腐蚀周期样本钢丝承载力性能正态分布图

由图 4-37 可以看出，未镀锌高强钢丝的破断力和延伸率分布都服从正态分布的规律，破断力和延伸的期望值都减小较多，数据分布集中，可见对于未镀锌高强钢丝，腐蚀对其承载力性能的影响较为显著。将上述承载力指标均值作为每一批次钢丝的代表值，分别做出其均值随着腐蚀时间的变化图如图 4-38 所示。

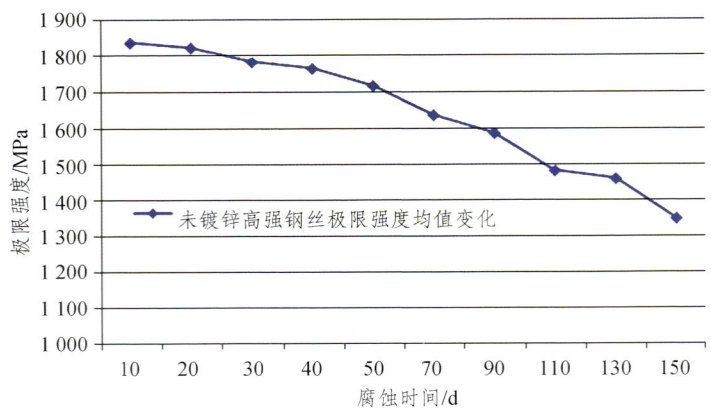

（a）未镀锌高强钢丝极限强度均值随时间变化曲线

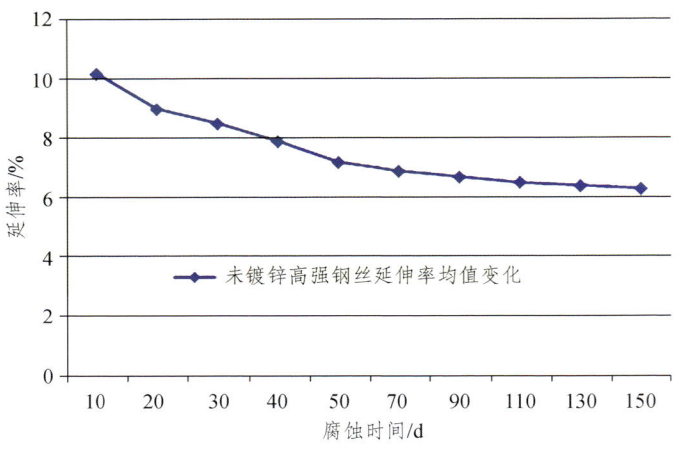

（b）未镀锌高强钢丝延伸率均值随时间变化曲线

图 4-38　未镀锌高强钢丝承载力指标均值随时间变化图

由均值图可以看出，承载力指标一直呈现下滑趋势，没有出现明显的速率分段，说明其腐蚀的发展几乎是匀速的，对其腐蚀阶段的划分，只能依据其强度值的大小进行划分。

4.2.5　未镀锌高强钢丝腐蚀前后金相和硬度变化

为了考察腐蚀对钢丝基体物理特性的影响，对腐蚀前样本以及第 10

批次腐蚀后的样本进行了金相和硬度检查,未镀锌高强钢丝腐蚀前后金相图片如图4-39所示。

(a)未镀锌高强钢丝腐蚀前金相

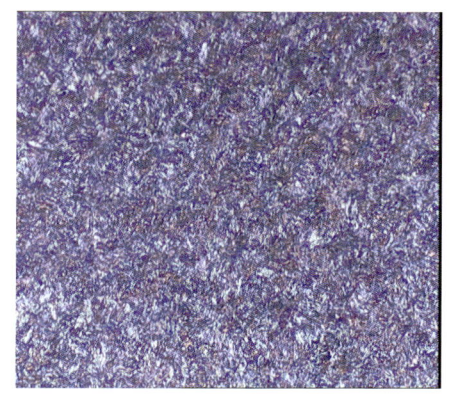
(b)未镀锌高强钢丝腐蚀150天后金相

图4-39 未镀锌高强钢丝腐蚀前后金相对比图

由金相图可以看到,与镀锌高强钢丝一样,均属于索氏体(92%)和片状珠光体及少量条状渗碳体在晶界,可见腐蚀对金属基体的金相并没有发生改变。

同时还对腐蚀前后的未镀锌高强钢丝采用静压法测量了其洛式硬度HRC,每个样本取四个点进行静压,得到的洛式硬度值如表4-7所示。

表4-7 未镀锌高强钢丝腐蚀前后洛式硬度测量值

HRC	未腐蚀未镀锌高强钢丝	腐蚀后未镀锌高强钢丝
测点1	46	47
测点2	48	49
测点3	47	48
测点4	48	47
均值	47.2	47.7

由洛式硬度测量可以看出,腐蚀前后的未镀锌高强钢丝并没有发生变化,因此认为腐蚀不影响钢丝的硬度。

4.3 高强度钢丝腐蚀阶段划分

依据钢丝剩余直径和剩余承载的变化特征,将钢丝从崭新到腐蚀断裂共划分为 8 个阶段,便于对镀锌高强度钢丝的腐蚀程度及剩余承载力分级,将剩余直径、破断拉力和延伸率汇表,如表 4-8 所示。

表 4-8 钢丝腐蚀程度与剩余承载力特征值对照表

样本批次	剩余质量/g	剩余直径/mm	破断拉力/kgf	延伸率/%
1	49.31	5.184	3 910.97	12.9
2	48.56	5.151	3 903.29	11.1
3	48.51	5.139	3 884.64	9.47
4	48.48	5.133	3 879.37	9.35
5	48.47	5.126	3 875.24	9.29
6	48.34	5.122	3 865.30	8.9
7	48.20	5.113	3 875.70	8.8
8	48.10	5.101	3 830.84	7.9
9	47.92	5.091	3 799.49	7.89
10	47.64	5.077	3 755.57	7.7
11	47.14	5.04	3 690.51	7.9
12	46.44	4.922	3 576.45	7.2
13	45.40	4.911	3 408.016	6.9
14	44.11	4.795	3 304.04	6.7
15	42.53	4.736	3 086.52	6.5
16	41.42	4.634	3 039.32	6.4
17	39.65	4.564	2 809.89	6.3

表中前 10 批次的数据为镀锌高强度钢丝第 1~10 批次的测量数据值,镀锌层耗损完后钢丝进入基体的腐蚀,第 11~17 批次为基体腐蚀的测量数据。将钢丝剩余质量、剩余直径、破断强度、延伸率四个指标作图,可以看出钢丝各阶段腐蚀的特征变化,如图 4-40 所示。

由图 4-40(a)(c)可以看出,在镀锌层腐蚀阶段,钢丝的腐蚀程度指标和承载力指标都呈现出明显的三阶段特征,而从图 4-40(b)(d)可以看出，在基体腐蚀阶段腐蚀程度指标和承载力指标都没有出现明显的阶段性特征。结合腐蚀外观照片，以及钢丝腐蚀局部照片特征，并依据上述指标将钢丝腐蚀划分为 8 个腐蚀等级：

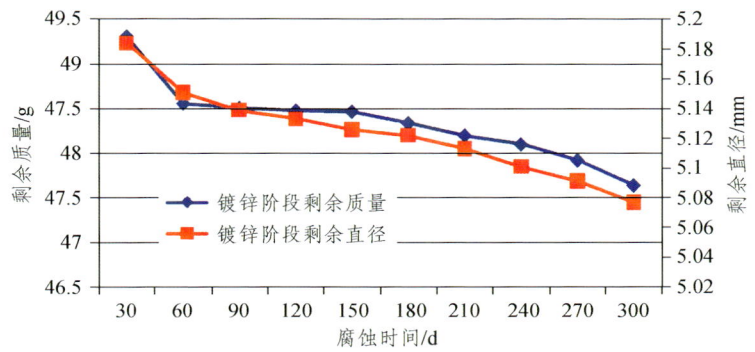

（a）镀锌层腐蚀阶段钢丝腐蚀程度指标均值变化图

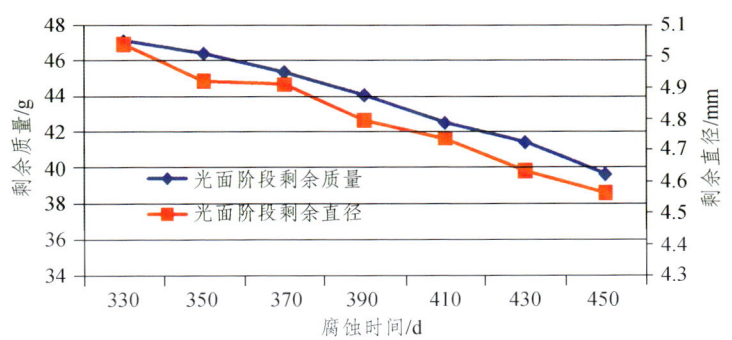

（b）基体腐蚀阶段钢丝腐蚀程度指标均值变化图

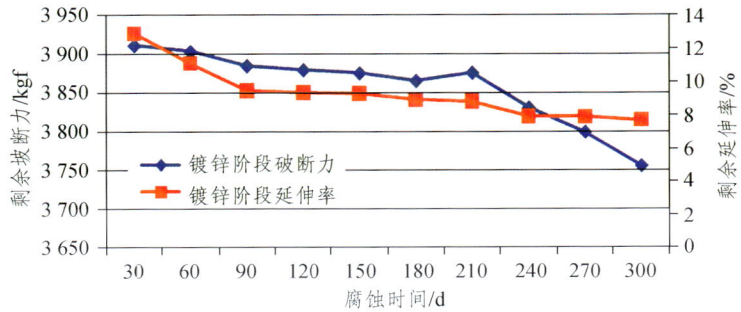

（c）镀锌层腐蚀阶段钢丝承载力指标均值变化对比图

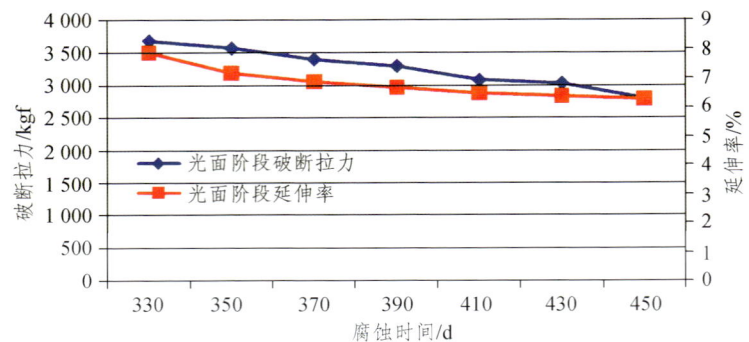

（d）基体腐蚀阶段钢丝承载力指标均值变化对比图

图 4-40　钢丝各阶段腐蚀程度和剩余承载力指标均值变化图

第 1 级：钢丝完好，无腐蚀，表面泛着金属光泽，极限强度无降低。

第 2 级：钢丝表面出现镀锌层腐蚀的白色产物，但表面依然出现金属光泽，氧化锌可方便地用清水洗去，质量、直径损失微小，承载力特征不改变，对应镀锌高强度钢丝第 1 批腐蚀。

第 3 级：钢丝表面覆盖白色氧化锌，并伴有钢丝基体的局部针尖状腐蚀，腐蚀未连成片，成点状分布，镀锌层开始失效，对应镀锌高强度钢丝第 2~3 批腐蚀。

第 4 级：钢丝基体腐蚀加重，表面褐色腐蚀斑连成片，氧化锌以及腐蚀区域难以用清水洗净，基体的腐蚀减小了局部直径。外观对应镀锌高强度钢丝第 4~7 批腐蚀。

第 5 级：氧化锌层几乎耗损完毕，暴露大片的褐色基体腐蚀的区域，基体腐蚀处的腐蚀产物蓬松，较容易剥落，钢丝表面出现凹陷区域，直径变小，外观对应镀锌高强度钢丝第 8~10 批腐蚀。

第 6 级：基体中度腐蚀阶段，该阶段钢丝表面覆盖了褐色腐蚀产物，未腐蚀区域不易看到，腐蚀产物使得钢丝表面粗糙不平，不易清洗和剥落，钢丝局部直径变小明显。单轴拉伸曲线出现脆性特征，对应未镀锌高强度钢丝腐蚀外观第 3~6 批次。

第 7 级：重度腐蚀阶段，该阶段钢丝已经发生完全覆盖全钢丝的均匀腐蚀，腐蚀产物干燥后疏松且极易脱落，钢丝直径普遍减小，单轴拉伸曲线达到极限强度后突然断裂（对应未镀锌高强度钢丝腐蚀外观 7~10 批次）。

第 8 级：断丝，钢丝直径损失大于 20%，发生断丝。

对于上述腐蚀阶段，对应的腐蚀外观图片如图 4-41 所示。

图 4-41 各腐蚀级别钢丝对应的腐蚀外观图片

各级腐蚀外观对应的腐蚀程度量化指标及剩余承载力指标如表 4-9 所示。

表 4-9 镀锌高强度钢丝腐蚀等级对应的腐蚀程度及承载力指标

腐蚀阶段	质量损失率 /g	直径损失率 /mm	破断力损失率 /kgf	延伸率损失率 /%
第 1 阶段	≈0.00	≈0.00	无变化	无变化
第 2 阶段	≤0.8%	≤0.5%	≤0.2%	≤5%
第 3 阶段	0.8%~2.6%	0.5%~1.5%	0.2%~0.7%	5%~26%
第 4 阶段	2.6%~3.6%	1.5%~2.0%	0.2%~1.2%	26%~34%
第 5 阶段	3.6%~4.5%	2.0%~2.5%	1.2%~2.0%	34%~42%
第 6 阶段	4.5%~7.2%	2.5%~4%	2.0%~18%	42%~45%
第 7 阶段	7.2%~20%	4%~20%	18%~25%	45%~50%
第 8 阶段	≥20%	≥20%	≥25%	≥50%

由图 4-41 就可以判断悬索桥主缆用高强度钢丝从全新到严重腐蚀各个腐蚀阶段对应的钢丝腐蚀外观，将钢丝腐蚀分为 8 个阶段。查找表 4-9 就可以得到各个腐蚀阶段所对应的腐蚀程度变化指标，以及剩余承载力性能指标，对钢丝的剩余承载力评估提供了量化的依据。

4.4 高强钢丝实际服役环境与加速腐蚀实验环境之间的换算

4.4.1 高强钢丝实际服役环境简化

桥梁的服役环境随着四季交替而发生变化，不同桥位处的地理特征不同，这都导致了桥梁的实际服役环境具有多类型多变化的特征。又由于缆索体系都有外层防护，在外防护的相对密封环境中，缆索钢丝的服役环境与外环境相比有所差别，例如在缆索的底部和顶部由于受到日照条件不同，其温度和相对湿度的分布不尽相同，可见要详细讨论主缆内各部位钢丝各时间段内的服役环境是非常困难的。在本章中对这些缆内的环节细节不做详细探讨（第 6 章给出详细的算例），仅假设主缆内环境维持整个寿命期间不改变，且与普遍的大气环境相同。以此假设为基础，主要考虑温度、相对湿度、拉力、NaCl 浓度、pH 值五个因素,将盐雾加速腐蚀环境中得到的实验结果与实际服役环境的计算结果进行换算,其取值如表 4-10 所示。

表 4-10　简化的高强钢丝服役环境取值表

腐蚀因素	拉力	NaCl 浓度	pH 值	温度	相对湿度
取值	800 MPa	0.3%	6	25 ℃	99%
持续时间	全寿命	全寿命	全寿命	全寿命	全寿命

这样取值的依据为,悬索桥大多修筑在江河、海洋、高山峡谷等环节,相对湿度往往偏大,因此相对湿度值取 99%。海洋环境中,大气的 NaCl 浓度约为 0.1%~0.3%;大气环境的 pH 值大致为 6~7。主缆内四季温度变化较大,从 0~50 ℃ 都会有,简化取其中间值 25 ℃。由于本书之前的实验环境是温度为 25 ℃,浸入在 NaCl 溶液中的实验条件,因此采用本书之前的拟合公式时,对温度、相对湿度计算关系不再进行重复计算。对镀锌高强钢丝按第 4 章的腐蚀速率计算关系,将拉力=800 MPa、pH=6、NaCl 浓度=0.3%带入拟合公式 3-2,得到的腐蚀速率约为 0.009 8 mm/a。同理得到未镀锌高强钢丝在拉力=800 MPa,pH=6,NaCl 浓度=0.3%得到的腐蚀速率约为 0.014 9 mm/a。

4.4.2　盐雾加速腐蚀环境腐蚀速率

由腐蚀外观指标中的质量损失、直径损失、腐蚀区域尺寸以及剩余承载力特征值都可以看出,镀锌高强钢丝的盐雾腐蚀明显是分阶段进行的,每一个阶段对应的腐蚀速率也不尽相同,将质量损失和直径损失两个重要的刻画腐蚀速率的指标变化曲线作图如 4-42 所示。

由图 4-42 可以看出,镀锌高强钢丝的腐蚀速率大致分为三个阶段,第 1 阶段为 0~60 d,该阶段为镀锌层快速氧化阶段;第 2 阶段为 60~150 d,氧化锌的缓慢腐蚀阶段;第 3 阶段为 150~300 d,钢丝的腐蚀和氧化锌的耗损同时发生,则三个阶段的腐蚀速率计算分别如表 4-11 所示。

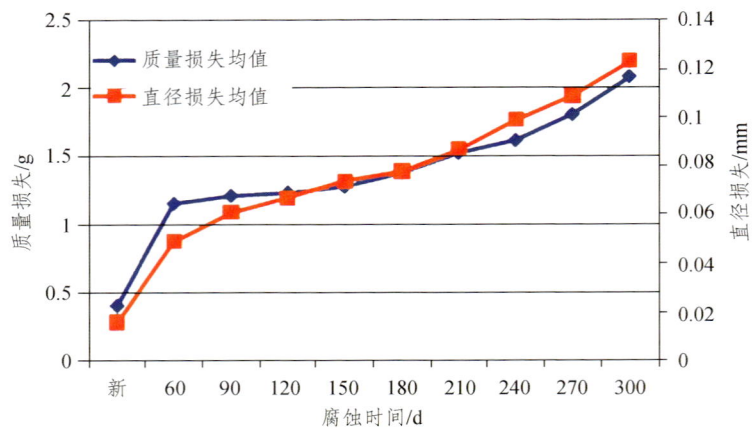

图 4-42 镀锌高强钢丝盐雾加速腐蚀质量和直径损失变化均值图

表 4-11 镀锌高强钢丝三阶段腐蚀速率表

腐蚀阶段	第一阶段	第二阶段	第三阶段
腐蚀时间/d	60	90	150
直径损失/mm	0.049	0.025	0.049
腐蚀速率/(mm/a)	0.298	0.102	0.119

表 4-11 中的直径损失量为实际腐蚀天数中发生的直径损失，可以看出第 1 阶段的速率较大，对应的均值变化曲线的斜率也较大；第 2 阶段腐蚀速率明显变缓，这是因为氧化锌的阻碍作用；第 3 阶段腐蚀速率加快，生成的氧化锌并不是非常致密的，可以为外界介质渗入提供通道，随着腐蚀，锌转化成氧化锌，氧化锌破损脱落，失去了对基体保护，且钢丝基体参与腐蚀，这与均值变化曲线的斜率改变一致。在进行倍率换算时，由于镀锌高强钢丝第一阶段的腐蚀发生时间较短，主要是第二阶段的锌腐蚀和第三阶段的基体腐蚀，因此取三者的平均值作为加倍腐蚀的平均速率：0.173 mm/a。

同理可以得到未镀锌高强钢丝的腐蚀速率变化，将其质量损失和直径损失均值作图如 4-43 所示。

由图 4-43 可以看出，曲线的斜率没有出现如镀锌高强钢丝一样的明显分级，前 50 d 的斜率虽然较后 100 d 稍大，但这是因为腐蚀时间缩短的原因，因此认为未镀锌高强钢丝的腐蚀速率没有发生改变，直接选择用第 150 天的直径损失进行速率计算，得到盐雾腐蚀条件下，未镀锌高强钢丝的腐蚀速率为 1.329 mm/a。

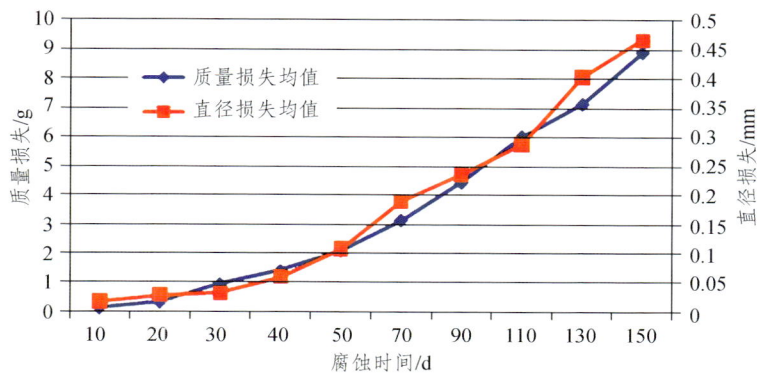

图 4-43　未镀锌高强钢丝盐雾加速腐蚀质量和直径损失变化均值图

由于钢丝为圆柱体，其腐蚀深度的发展是沿着钢丝圆周发生的，直径损失量是两倍的腐蚀深度值，如图 4-44 所示。

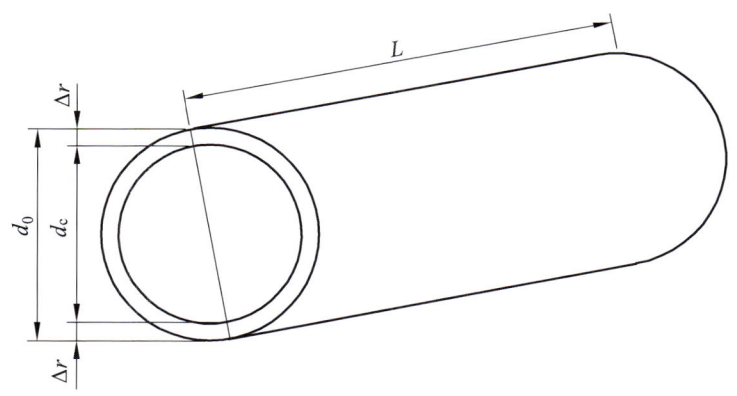

图 4-44　腐蚀深度速率与钢丝直径关系示意图

因此在将盐雾实验测量得到的直径损失换算成以 mm/a 为单位的腐蚀深度速率时，需要将直径的损失换算为半径的损失，即 1/2 倍直径损失速率，即镀锌高强钢丝和未镀锌高强钢丝盐雾加速腐蚀速率分别为 0.086 mm/a 和 0.664 mm/a。

4.4.3 加速腐蚀加倍倍率计算

采用拟合公式计算得钢丝腐蚀速率为瞬时速率，而采用盐雾加速腐蚀得到的速率是钢丝在一段时间内发生的平均腐蚀速率。两者的区别在于测量时间，瞬时速率与平均速率所测量的时间范围相对于钢丝整个服役寿命而言都是短暂的，因此可以认为两者是相等的，这样就能够对比得到盐雾加速腐蚀的加倍倍率，其中镀锌高强钢丝的盐雾腐蚀速率分为三个阶段，为了得到其整个盐雾加速腐蚀期间的平均速率，取三者的均值，则加倍倍率如表 4-12 所示。

表 4-12　加速腐蚀加倍倍数换算表

	镀锌高强钢丝	未镀锌高强钢丝
模拟服役环境腐蚀速率	0.009 8 mm/a	0.014 9 mm/a
模拟盐雾加速腐蚀环境	—	0.542 mm/a
实际盐雾加速腐蚀环境	0.086 mm/a	0.664 mm/a
实际加倍倍数	8.75 倍	44.5 倍

为了验证拟合的腐蚀速率计算关系与实际腐蚀速率之间的差异，在表中进行了模拟盐雾加速腐蚀环境下的腐蚀速率计算，将盐雾实验环境值：温度=30 ℃、相对湿度=99%、NaCl 浓度=5%、pH 值=6.5、拉力=0 MPa 的未镀锌钢丝盐雾实验条件，带入到拟合公式 3-10 和 4-1 中计算得到未镀锌钢丝在盐雾环境中按照拟合的腐蚀速率计算关系计算得到的理论腐蚀速率为 0.523 mm/a，这一计算的结果与实际腐蚀速率 0.664 mm/a 相差 18.3%，这是因为实际的盐雾加速环境与建立腐蚀速率计算关系的实验环境与氧接触的条件并不完全一致，因此存在这样的差异是可以接受的。对于镀锌钢丝，由于其温湿度腐蚀速率计算关系的计算关系没有建立，因此不进行计算。

计算结果仅是作为加倍倍数的参考，因为盐雾腐蚀加速实验与钢丝侵入 NaCl 溶液的腐蚀环境有差异，在溶液中由于与氧的接触更小，因此比在大气加速环境中腐蚀速率小，但考虑到高强钢丝并非直接接触大气，因此可以采用这一理论值。由上述计算值可以看出，镀锌高强钢丝在盐雾实验中腐蚀一年，相当于在模拟的服役环境中服役 8.75 年，而未镀锌高强钢丝更易被腐蚀，加倍倍率更大，在盐雾环境中腐蚀一年相当于实际环境服役 44.5 年。由于任何一种模拟腐蚀环境都无法完全做到与实际服役环境一致，因此上述加倍倍率，仅是大致的计算倍率。

4.5 小　结

本章采用中性盐雾腐蚀加速实验，对钢丝的实际腐蚀环境进行加倍模拟。分别对镀锌高强钢丝、未镀锌高强钢丝进行了为期 300 d 和 150 d 的腐蚀实验，通过对质量损失、直径损失、腐蚀区域尺寸 3 个腐蚀程度的指标，以及屈服强度、极限强度、极限破断力、延伸率等承载力指标的测量，建立了不同腐蚀阶段钢丝腐蚀外观与腐蚀程度和剩余承载力之间的对应关系，最终得到下述结论：

（1）镀锌高强钢丝腐蚀分为明显的 3 个阶段：第 1 阶段为锌的快速氧化阶段；第 2 阶段为氧化锌的缓慢腐蚀并伴随钢丝基体零星腐蚀的阶段；第 3 阶段为氧化锌耗损完毕，钢丝基体的大面积腐蚀阶段。其腐蚀过程是均匀腐蚀和局部腐蚀同时发生发展的过程。

（2）镀锌高强钢丝前期的应力应变曲线出现明显的塑形特征，有明显屈服平台，随着腐蚀的发展，镀锌高强钢丝极限强度和延伸率都发生了降低，且应力应变曲线向着脆性断裂发展。其中第 10 批钢丝较新钢丝极限强度均值降低仅为 3.2%，而延伸率均值降低了 40.1%，镀锌高强钢丝的腐蚀主要影响了其延伸率。

（3）未镀锌高强钢丝的腐蚀没有出现明显的腐蚀阶段划分，但是腐蚀速率远远大于镀锌高强钢丝，导致钢丝的质量、直径、承载力指标都发生较大的降低。其腐蚀的发展是由局部腐蚀到全面腐蚀的发展特点，前期腐蚀产物难以清除，后期的腐蚀产物疏松易剥落，剥落后导致钢丝表面出现细小凹坑缺陷。

（4）未镀锌高强钢丝的应力-应变呈现脆性材料特性，没有明显的屈服平台，腐蚀对钢丝承载力特征影响较大，到腐蚀严重的后期，钢丝超过其极限强度后发生脆断。其中第 10 批钢丝样本较第 1 批钢丝样本极限强度均值降低为 27.7%，延伸率均值降低了 38.2%。腐蚀同样严重影响了未镀锌高强钢丝的强度和延伸率。

（5）依据钢丝的质量损失和直径损失，将镀锌高强钢丝腐蚀速率划分为 3 个阶段，未镀锌高强钢丝腐蚀速率则认为保持不变。在此基础之上换算盐雾加速腐蚀和实际服役环境腐蚀之间的加倍关系为：镀锌高强钢丝平均加倍倍率为 8.75 倍，未镀锌高强钢丝平均加倍倍率为 44.6 倍，这对盐雾加速腐蚀实验的工程应用提供了依据。

5 缅甸某在役悬索桥开缆检查及评估

5.1 桥梁概况

该桥于 2002 年前夕建成通车，主缆由 37 股索股组成，预制平行钢丝索由直径为 5.2 mm 的镀锌高强度钢丝组成。主缆钢丝采用标准强度为 1 600 MPa 的普通低松弛高强度钢丝，实际弹性模量为 1.96×10^5 MPa。主缆空隙率：索夹内为 18%，索夹外为 20%，主缆缠丝为直径 4 mm 的高强度钢丝，标准强度 550 MPa，主缆对恒活载的安全系数为 2.5。

该桥主缆原设计防护体系采用的具体形式为："环氧富锌底漆+MaxiFlex 腻子+缠丝+MaxiFlex 腻子+MaxiFlex 防水漆+聚氨酯面漆"的形式。其中环氧富锌底漆 75 μm、腻子 2~3 mm、缠丝（直径 4 mm 的高强度钢丝）、腻子 1~2 mm、水漆 640 μm、聚氨酯防紫外线面漆 375 μm。这样的防护体系在运营了 13 年后，于 2015 年进行了二次防护，二次防护的具体方案为：原主缆防护体系+界面漆+密封剂+高强玻璃纤维布+密封剂+聚氨酯面漆的体系。

该桥交通量很大，计划于运营 30 年时进行大修，为了确保大修后桥梁运营安全，在 2019 年 12 月对该桥主缆的腐蚀情况进行开缆检测，查看主缆内部腐蚀状况，评估其剩余承载力。

5.2 开缆检测

5.2.1 开缆检测步骤及过程

本次开缆位置选择在两个主缆跨中节段最低点处进行开缆检测，并在边跨进入锚碇之前各一处去除主缆外层防护，设置检查窗以便对该处位置的主缆腐蚀进行观察，开缆位置如图 5-1 所示。

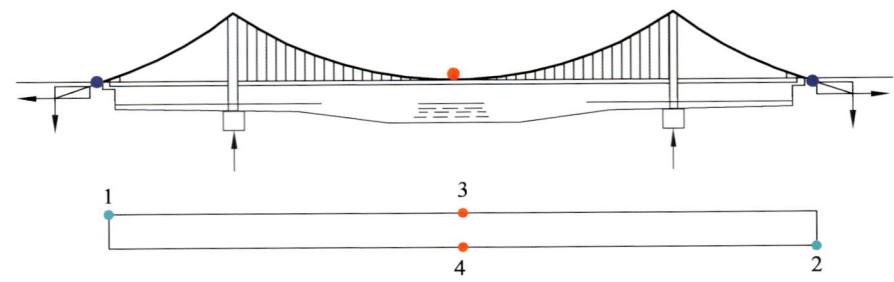

图 5-1 主缆开缆检测位置示意图

在 3、4 号位进行了开缆检测,1、2 号位置设置了观察窗。对 3、4 号位置的开缆检测按图 5-2 所述步骤进行。

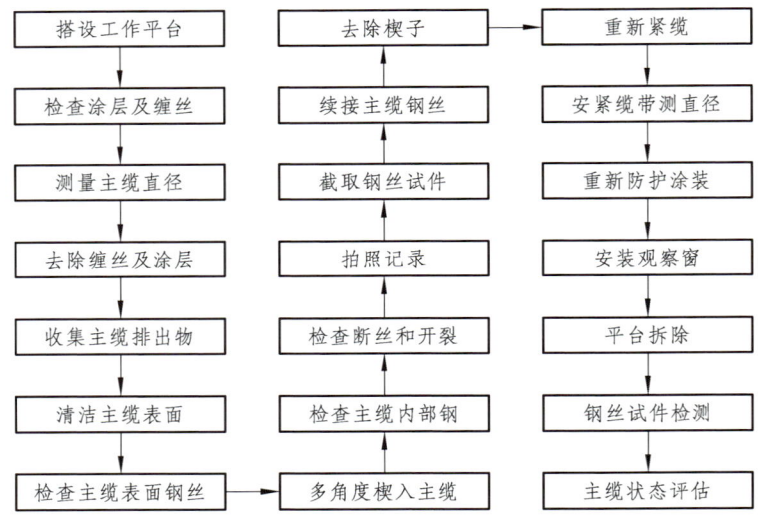

图 5-2 主缆开缆检测流程图

按照上述流程图,对主缆跨中节段两个检测点进行开缆检测,开缆过程中的现场照片如图 5-3。

由图 5-3 能够看出,主缆跨中节段外涂装层防护良好,没有出现明显的破损开裂,去除最外层涂装后缠丝状态良好,还能看到金属光泽,缆内没有液体渗出来。切开缠丝后能够看见主缆最外层均发生了明显的腐蚀,腻子上附着着钢丝的铁锈,楔入主缆的过程中可以观察到目前主缆钢丝的腐蚀情况存在下述特征:

（a）开缆之前

（b）去除主缆防护涂层

（c）切断主缆缠丝

（d）剥去主缆缠丝层

（e）缠丝出现局部腐蚀

（f）剥去外层腻子的主缆钢丝

（g）木楔子楔入主缆　　　　　　（h）楔口内钢丝腐蚀

图 5-3　现场开缆图片

（1）主缆缠丝部位涂层与原设计和维修相符，表观密封性能良好；

（2）主缆缠丝的腐蚀率很低，少数位置出现局部腐蚀，大部分缠丝还有明显的金属光泽，缠丝处于较好状态；

（3）主缆最外层钢丝腐蚀比较严重且沿主缆周长全面腐蚀，镀锌层全部腐蚀耗损完毕，基体出现大面积的局部点腐蚀坑，且各个位置差异不大；

（4）主缆顶部位置 7~10 层左右钢丝全部发生基体点腐蚀，底部位置 2~3 层左右钢丝全部发生基体点腐蚀，侧面位置处 2 层左右钢丝全部发生基体点腐蚀；

（5）中间层钢丝腐蚀程度稍弱，出现白色镀锌腐蚀粉末，尚处于镀锌层腐蚀阶段；

（6）主缆内层钢丝状态良好，可见金属光泽，未发生腐蚀；

（7）开缆位置处未发现断丝，且没有发生钢丝开裂的情况。

在进行开缆工作后，对缆内钢丝的腐蚀进行分级，对每一级的钢丝进行样本提取，并对钢丝腐蚀特征及剩余抗力特征进行实验室测量。每级腐蚀钢丝提取 1 根长度为 3 m 的样本钢丝，将取出的每根钢丝裁断为 10 根。

5.2.2　钢丝样本分级

根据缆内钢丝的腐蚀情况，并参考 NCHRP-534 报告对钢丝腐蚀阶段的相关规定：

1级腐蚀——钢丝上出现氧化锌斑点；

2级腐蚀——整个钢丝上都是白色氧化锌；

3级腐蚀——覆盖钢丝30%的长度为7~16 cm的棕色锈迹；

4级腐蚀——覆盖钢丝大于30%的长度为7~16 cm的棕色锈迹。

参考NCHRP-534报告中给出的Hopwood和haven桥的4个级别的钢丝腐蚀图片（图5-4），将该桥主缆中提取出的钢丝分为4个腐蚀级别，每级腐蚀钢丝提取1根长度为3 m的样本钢丝，将取出的每根钢丝裁断为10根长度为30 cm样品，4级腐蚀的图片如图5-5所示。

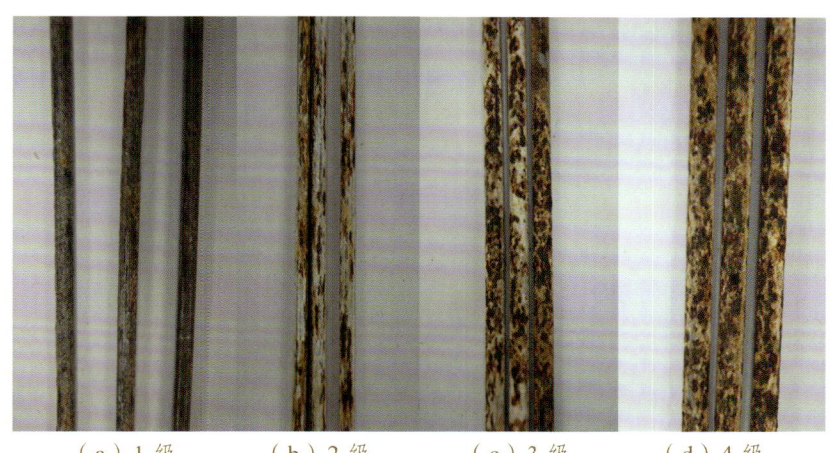

（a）1级　　　（b）2级　　　（c）3级　　　（d）4级

图5-4　该桥主缆钢丝腐蚀分级

图5-5　4级钢丝对比

由图 5-5 中钢丝的腐蚀外观可以看出：

1 级腐蚀钢丝零星分布白色镀锌腐蚀，基体几乎没有发生腐蚀，依然有金属光泽；

2 级腐蚀钢丝表面出现了大量的白色氧化锌粉末并伴随着局部的褐色钢丝基体腐蚀；

3 级钢丝基体腐蚀加重，出现局部点腐蚀坑，但仍可见较明显的白色镀锌粉末；

4 级钢丝全部覆盖褐色基体腐蚀，密布点状腐蚀坑，出现严重的基体腐蚀。

依据上述 4 级分级，采用内窥镜深入主缆内部，拍摄各个楔口中最内层钢丝到最外层钢丝的腐蚀外观照片，并对缆内钢丝腐蚀的分布进行统计。

5.3　腐蚀钢丝分布统计

该桥的每根主缆由 37 股索股组成，每根预制平行钢丝索由 127 根直径为 5.2 mm 的镀锌高强度钢丝组成，则主缆共有 4 699 根镀锌高强度钢丝。

在进行主缆钢丝腐蚀分布统计之前，假设主缆各层钢丝均是无交错、无重叠的平行钢丝，通过主缆整形后各层钢丝均构成同心圆。在对现场主缆进行开缆检测时，每隔45度楔入一个楔口，同一截面打开 8 个角度的主缆，每个楔口分为左右两个楔入面，则主缆共分为 16 个扇区，如图 5-6 所示。

每个楔口均楔入到主缆最中心位置，采用内窥镜对楔口处左右两侧的钢丝进行拍照，左侧区域钢丝代表如图 5-7 所示。

分别记录各楔口左右两侧的各层钢丝腐蚀等级，将主缆钢丝腐蚀分布图作图如图 5-8 所示。

假定每个楔口左右两边各层钢丝的腐蚀等级代表了其各自 1/16 扇区内同层钢丝的腐蚀状态，则统计得到的上下游钢丝各级钢丝数目如表 5-1 所示。

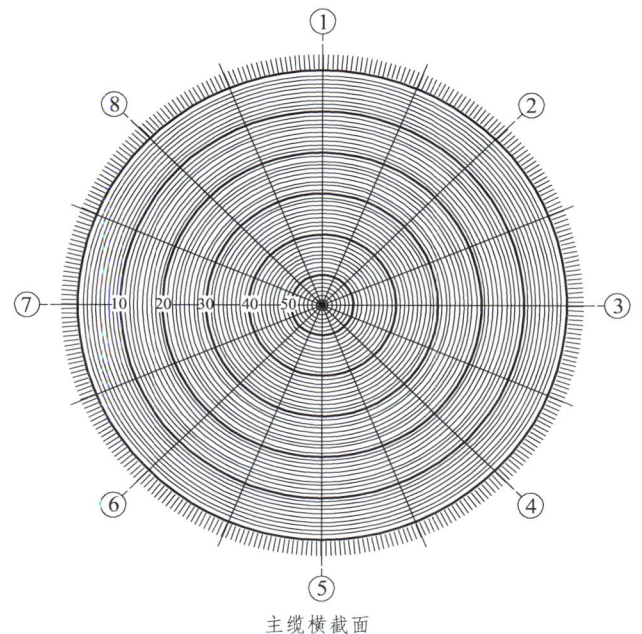

主缆横截面

图 5-6 主缆横截面楔入口示意图

(a) 上游 0 度楔口内层钢丝图片　　(b) 上游 0 度楔口外层钢丝图片

图 5-7 楔口处各层钢丝现场照片

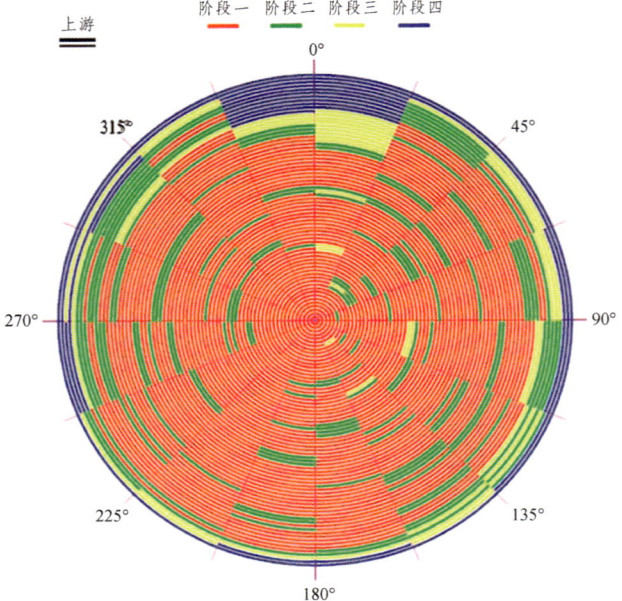

（a）上游主缆跨中截面腐蚀分布图

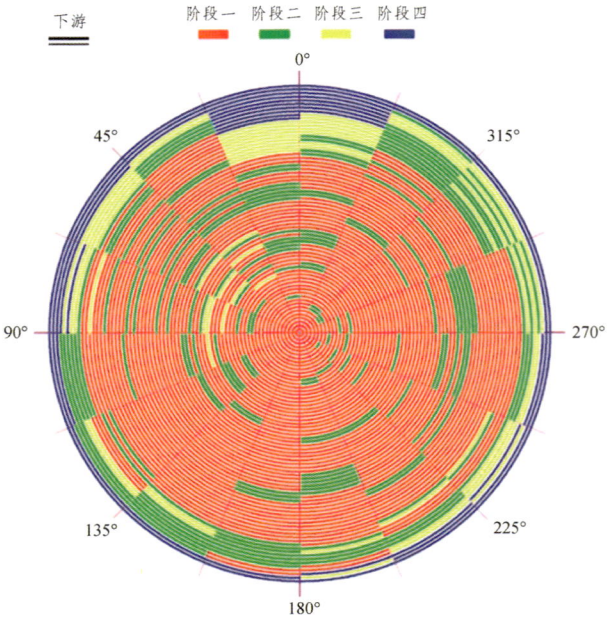

（b）下游主缆跨中截面腐蚀分布图

图 5-8 上下游主缆跨中截面钢丝腐蚀分布图

表 5-1　上下游跨中截面各级钢丝数目统计表

	腐蚀 1 级	腐蚀 2 级	腐蚀 3 级	腐蚀 4 级
上游跨中截面	3 016	911	338	434
所占比例	64.2%	19.4%	7.2%	9.2%
下游跨中截面	2 795	1 001	442	461
所占比例	59.5%	21.3%	9.4%	9.8%

注：对于各腐蚀级别钢丝的数量统计是建立在楔口左右两边可以观察到的钢丝代表了其各自 1/16 扇区内的所有钢丝腐蚀情况，因此统计出的结果会与实际主缆内的腐蚀存在一定偏差。

由上下游跨中截面主缆钢丝腐蚀分布可以看出下述特点：

（1）环绕主缆最外层一周的钢丝，均发生了 4 级的腐蚀。

（2）整个主缆的腐蚀分布均呈现出外部严重，内部轻微腐蚀的特征，主缆中心区域钢丝的几乎都是 1 级腐蚀，偶尔有零星的 2 级腐蚀情况出现。

（3）上下游主缆都存在顶部区域腐蚀较其他区域严重，4 级腐蚀的分布大概 9~10 层；两侧位置腐蚀稍轻，4 级腐蚀的分布大概 3~4 层；底部位置腐蚀最轻，4 级腐蚀的分布大概 1~2 层。这样的分布一方面说明主缆中的水分并没有渗透主缆在底部聚集，因此底部并没有出现突出的腐蚀状况，外界进入的水汽大部分汇于主缆顶部使得顶部区域 10 层以内钢丝腐蚀严重；另一方面说明顶部区域由于受到阳光直射，导致温度高于其他区域，腐蚀速率也明显大于其他区域。

（4）下游截面腐蚀情况略严重于上游截面，导致这一现象的主要原因是下游区域受到海风的影响较上游更严重一些，海风中的氯离子和水分等渗入主缆的情况较上游更多。

5.4　样本钢丝的实验室检测

5.4.1　腐蚀外观的检测和测量

每级腐蚀钢丝提取 1 根长度为 3 m 的样本钢丝，将取出的每根钢丝裁断为 10 根长度为 30 cm 样品。对于每一级的样品抽取三个进行表面腐蚀的检测。如图5-9所示。

本次检测的技术依据：ASME Y14.5-2009。

检测地点、环境条件：温度为（20±3）℃，相对湿度为40%~80%。

本次测量所用测量设备：非接触式坐标测量机，精度 $U1XY=\pm(2.0+L/333)$ μm，$U2XY=\pm(2.5+L/250)$ μm，$U1Z=\pm(3.0+L/250)$ μm，$U2Z=\pm(2.0+L/250)$ μm。

检测样本整体图片：

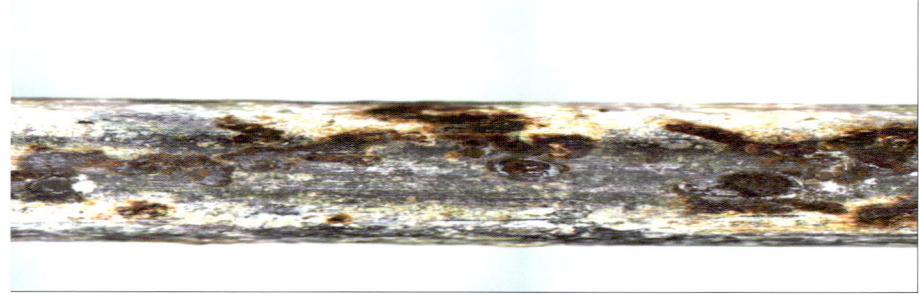

（a）1级腐蚀—8号样本

（b）1级腐蚀—9号样本

（c）1级腐蚀—10号样本

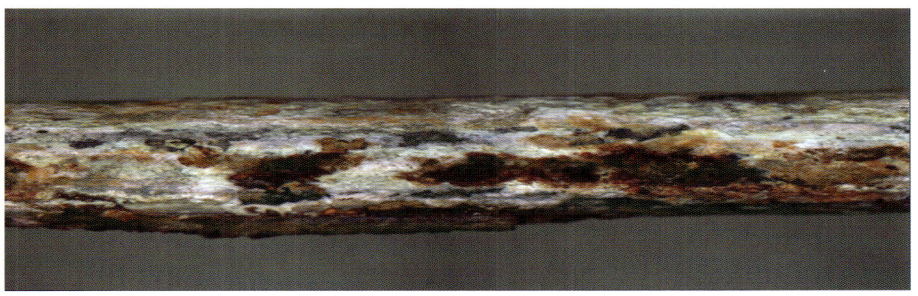

(d) 2级腐蚀—8号样本

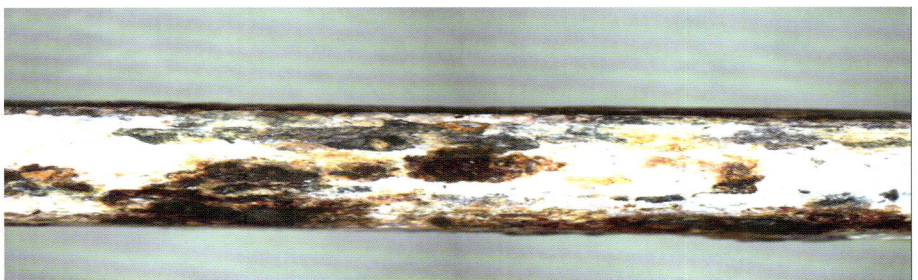

(e) 2级腐蚀—9号样本

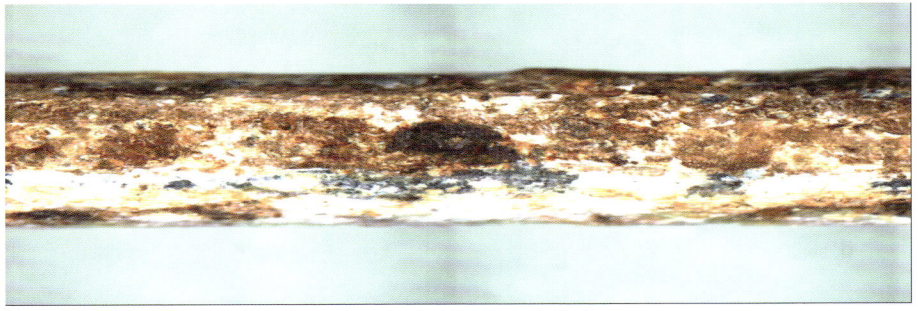

(f) 2级腐蚀—10号样本

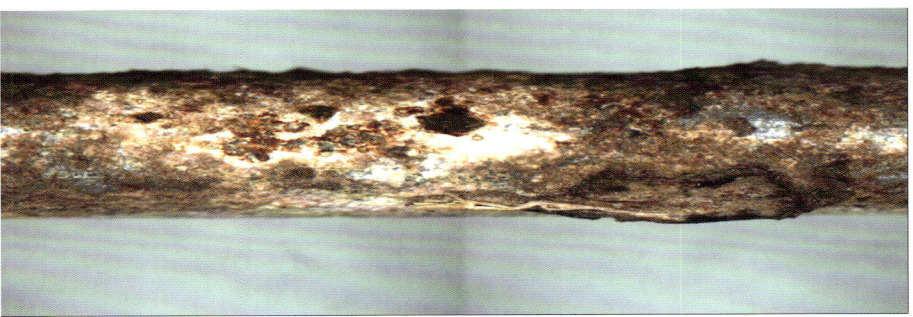

(g) 3级腐蚀—8号样本

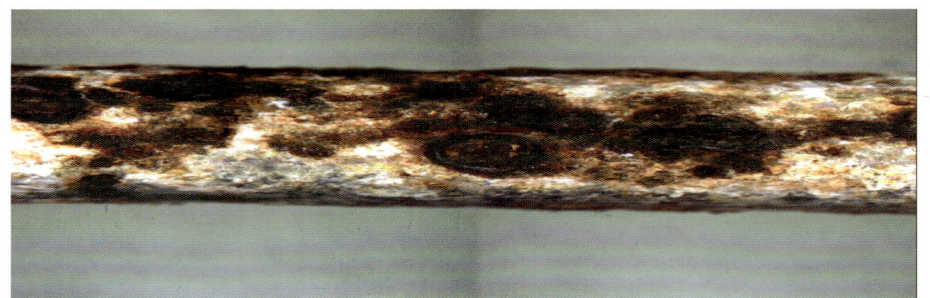

(h)3级腐蚀—9号样本

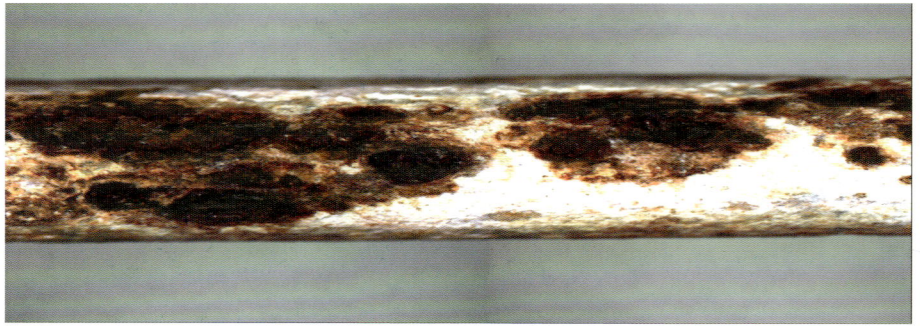

(i)3级腐蚀—10号样本

(j)4级腐蚀—8号样本

(k)4级腐蚀—9号样本

(1) 4级腐蚀—10号样本

图 5-9 各级钢丝腐蚀区域细节图

每个样本中取三个腐蚀斑进行宽度和长度的测量，结果如图 5-10～图 5-21 和表 5-2～表 5-13 所示。

图 5-10 1级腐蚀—8号样本上的 3 个腐蚀斑

表 5-2 1-8号样本腐蚀斑宽度和长度测量结果（单位：cm）

检测方式	样本编号：1-8（下游-180°-东-8）			标记
	1	2	3	
OMM	0.859 7	1.380 9	1.177 8	长度
OMM	0.854 6	1.063	0.927 6	宽度

图 5-11　1 级腐蚀—9 号样本上的 3 个腐蚀斑

表 5-3　1-9 腐蚀样本腐蚀斑宽度和长度测量结果（单位：cm）

检测方式	样本编号：1-9（下游-180°-东-7）			标记
	1	2	3	
OMM	1.109 9	0.875 3	1.511 2	长度
OMM	0.886 2	0.688 1	1.453 8	宽度

图 5-12　1 级腐蚀—10 号样本上的 3 个腐蚀斑

表 5-4 1-10 腐蚀样本腐蚀斑宽度和长度测量结果（单位：cm）

检测方式	样本编号：1-10（下游-0°-东-15）			标记
	1	2	3	
OMM	0.724 0	1.229 7	0.823 3	长度
OMM	0.573 2	0.854 5	0.599 6	宽度

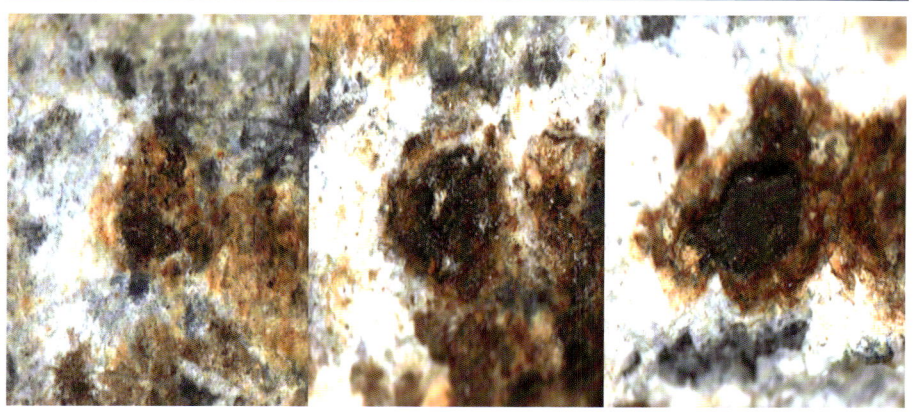

图 5-13 2 级腐蚀—8 号样本上的 3 个腐蚀斑

表 5-5 2-8 腐蚀样本腐蚀斑宽度和长度测量结果（单位：cm）

检测方式	样本编号：2-8（上游-180°-东-14）			标记
	1	2	3	
OMM	0.734 7	1.208 8	1.250 7	长度
OMM	0.750 7	0.813 1	0.719 1	宽度

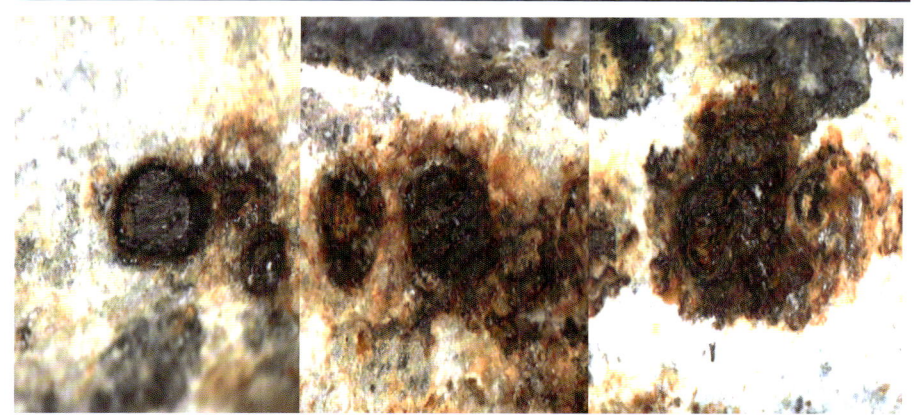

图 5-14 2 级腐蚀—9 号样本上的 3 个腐蚀斑

表 5-6　2-9 腐蚀样本腐蚀斑宽度和长度测量结果（单位：cm）

检测方式	样本编号：2-9（上游-180°-东-6）			标记
	1	2	3	
OMM	0.974 4	0.974 4	1.177 6	长度
OMM	0.541 9	0.693 2	1.209 1	宽度

图 5-15　2 级腐蚀—10 号样本上的 3 个腐蚀斑

表 5-7　2-10 腐蚀样本腐蚀斑宽度和长度测量结果（单位：cm）

检测方式	样本编号：2-10（上游-180°-12）			标记
	1	2	3	
OMM	1.932 8	1.870 2	1.23	长度
OMM	1.662 4	1.1	0.964 1	宽度

图 5-16　3 级腐蚀—8 号样本上的 3 个腐蚀斑

表 5-8　3-8 腐蚀样本腐蚀斑宽度和长度测量结果（单位：cm）

检测方式	样本编号：3-8（下游-180°-东-12）			标记
	1	2	3	
OMM	1.573 5	1.141 4	1.135 8	长度
OMM	0.860 8	0.932 8	0.934	宽度

图 5-17　3 级腐蚀—9 号样本上的 3 个腐蚀斑

表 5-9　3-9 腐蚀样本腐蚀斑宽度和长度测量结果（单位：cm）

检测方式	样本编号：3-9（下游-180°-东-18）			标记
	1	2	3	
OMM	1.813	1.281 7	1	长度
OMM	1.365 1	0.813 3	0.745 9	宽度

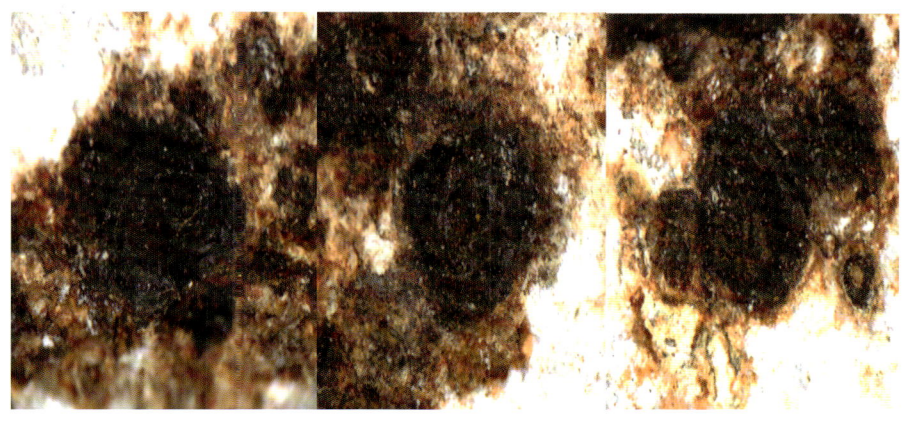

图 5-18　3 级腐蚀—10 号样本上的 3 个腐蚀斑

表 5-10 3-10 腐蚀样本腐蚀斑宽度和长度测量结果（单位：cm）

检测方式	样本编号：3-10（下游-180°-东-19）			标记
	1	2	3	
OMM	1.630 8	1.396 5	1.193 3	长度
OMM	1.047 4	0.985 1	1.188 2	宽度

图 5-19 4 级腐蚀—8 号样本上的 3 个腐蚀斑

表 5-11 4-8 腐蚀样本腐蚀斑宽度和长度测量结果（单位：cm）

检测方式	样本编号：4-8（下游-0°-东-9）			标记
	1	2	3	
OMM	1.875 4	2.187 6	1.375 4	长度
OMM	1.334 2	1.146 5	0.990 3	宽度

图 5-20 4 级腐蚀—9 号样本上的 3 个腐蚀斑

表5-12 4-9腐蚀样本腐蚀斑宽度和长度测量结果(单位:cm)

检测方式	样本编号:4-9(下游-0°-东-16)			标记
	1	2	3	
OMM	2.156 3	1.870 1	1.969 5	长度
OMM	1.501 3	1.099 5	1.303 1	宽度

图5-21 4级腐蚀—10号样本上的3个腐蚀斑

表5-13 4-9腐蚀样本腐蚀斑宽度和长度测量结果(单位:cm)

检测方式	样本编号:4-10(下游-90°-东-18)			标记
	1	2	3	
OMM	1.578 9	2.485 1	1.490 1	长度
OMM	0.938 2	1.474 8	0.927 8	宽度

检测结论:由整体外观图片来看,钢丝的腐蚀发展是局部腐蚀与整体腐蚀共同发展的过程:

1级腐蚀的图片中就出现了浅层的局部点腐蚀,这样的局部腐蚀边界相对清晰,腐蚀中心部位仍然可见金属光泽。

2级腐蚀的图片中局部腐蚀加深,中心部位出现褐色腐蚀产物,在局部腐蚀周围明显可见镀锌层腐蚀产生的白色氧化锌,说明钢丝的整体腐蚀也在进一步发展。

3级腐蚀的图片中,局部腐蚀边界较清晰,内部出现深褐色基体腐蚀,在腐蚀斑点外围也出现了褐色基体腐蚀,此时的钢丝进行到了镀锌耗损完毕开始基体腐蚀的阶段。

4级腐蚀的图片中,局部腐蚀边界向外扩张,中心区域出现更深的基体腐蚀。局部腐蚀渐渐连接成片,向着钢丝的全面基体腐蚀发展。

腐蚀斑尺寸测量结果如图 5-22、图 5-23 所示。

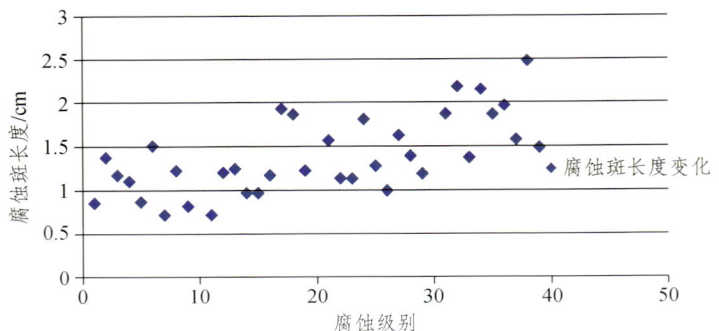

图 5-22　腐蚀斑长度变化散点图

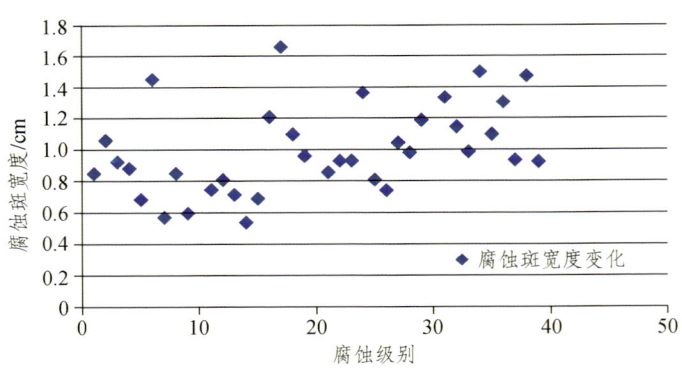

图 5-23　腐蚀斑宽度变化散点图

由图 5-22 和图 5-23 可以看出,随着腐蚀等级的增加,腐蚀斑在长度方向出现了明显的增大趋势,而宽度方向虽然也出现了增大,但是其增大的斜率较小。这是由于在长度方向,腐蚀斑可以沿着整个主缆钢丝长度方向发展,而在宽度方向,限制于钢丝直径的限制,发展有限。但是从总体趋势上仍然可见，腐蚀斑在未来会渐渐连成一片，导致主缆全面腐蚀，减小钢丝直径。

5.4.2 截面形貌分析

为了方便观察锈层界面，将 4-11 号样本以及 4-12 号样本用手锯分别锯下两段 1 cm 左右的试样，在锯的过程中尽量减少震动以防破坏锈层，然后用环氧树脂：邻苯：乙二胺按照 100：12.8：7.8 的比例混匀后进行封样。封样结束后，将要观察的表面用 SiC 砂纸打磨至 1500#，接着将磨好的样品放在超声波中进行清洗去除表面污渍。

为了观察锈层的微观形貌及测量锈层厚度，采用 3D 共聚焦显微镜进行观察其横截面的微观形貌，如图 5-24 所示。

（a1） （a2）

（a3） （a4）

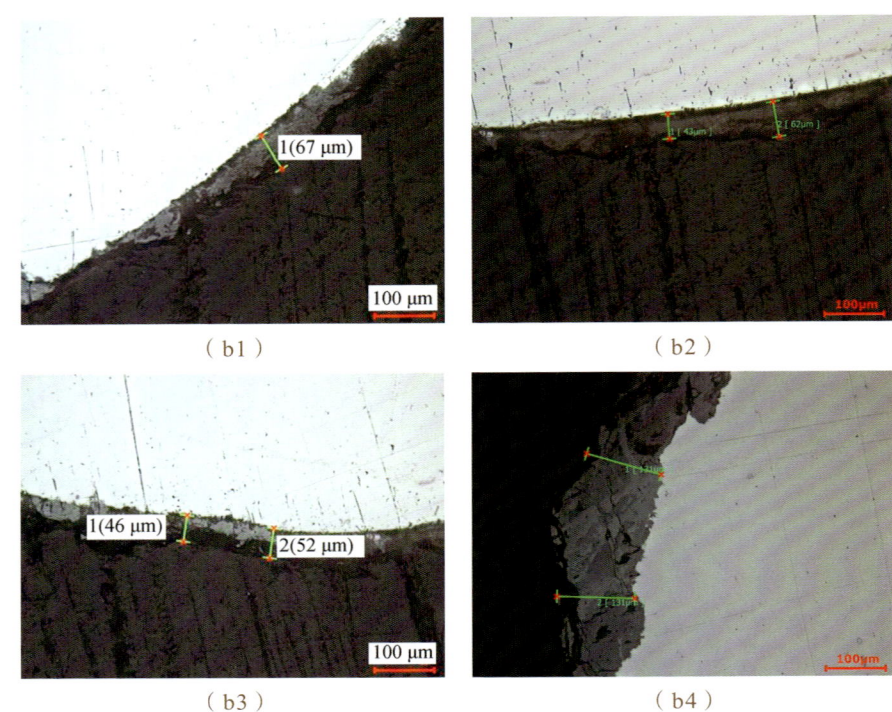

图 5-24 钢丝横截面锈层 3D 共聚焦显微镜图

图 5-24 中 a1~a4 是 4-11 号样品的横截面微观形貌，可以看出样品锈层平均厚度大约是 100 μm 左右，但有部分区域出现了锈蚀坑，其锈层比较厚超过了 200 μm；也有部分区域锈层较薄，只有平均锈层的一半左右。观察整个锈层截面，发现锈层已经全部覆盖基体。图 5-24 中 b1~b4 是 4-12 号样品的横截面微观形貌，从图中可以看出，4-12 样品的平均锈层厚度大约是 50 μm 左右，比 4-11 样的锈层厚度减少了一半。同时，4-12 一样也有局部腐蚀坑区域锈层较厚达到 135 μm。由于测量锈层厚度制样过程复杂并容易导致锈层脱落，测量值波动较大，但 4 阶段腐蚀样本钢丝的锈层厚度均为 50~150 μm，镀锌层耗损完毕。

为了进一步分析试样表面腐蚀产物微观形貌，对其进行 SEM 微观形貌观察。分别在 4-11 号、4-12 号样本的制样中选取 3 个点进行锈层结构观察及成分分析，同一个样本上的三点恰好将圆圈三等分（彼此成 120°角），如图 5-25 所示。

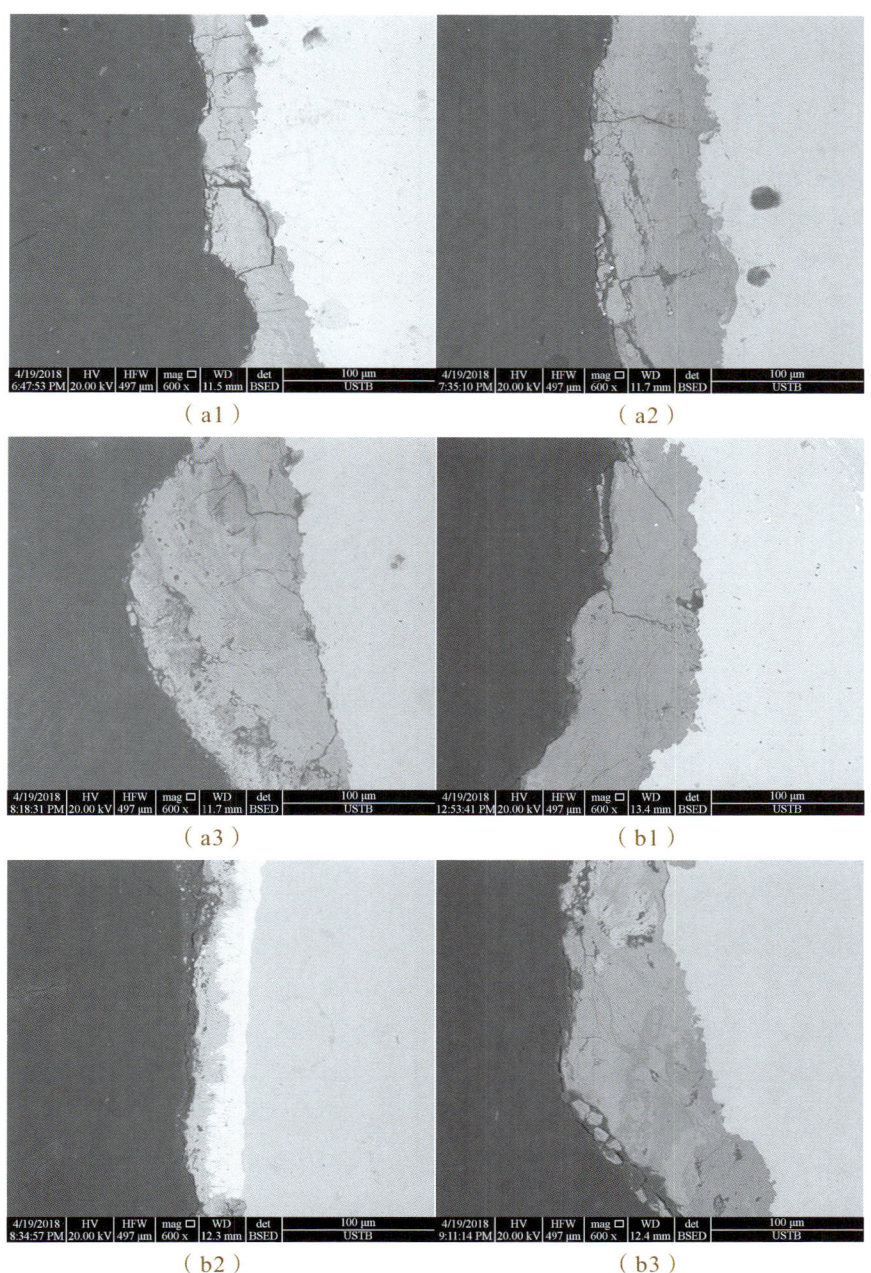

图 5-25 钢丝横截面锈层 SEM 微观形貌图

从 SEM 微观形貌可以看出试样锈层比较厚，同时存在大量的裂纹，有些裂纹甚至贯穿了锈层，这可能导致锈层的脱落，使得基底失去保护，与外界直接接触。

5.4.3 钢丝成分分析

测试设备：电感耦合等离子体发射光谱仪（ICP-OES），型号：Agilent720。

测试环境：温度为 15~35 ℃；相对湿度为 40%~80%。

测试方法：用合适无机酸完全溶解一根一级腐蚀的样品，测试参考 US EPA6010D：2014；用 ICP-OES 分析。

测试结果如表 5-14 所示。

表 5-14 检测钢丝成分表

钢丝 ID	Al	Ca	Cr	Cu	Fe
1-2	0.009 2%	0.036 4%	0.022 0%	0.004 4%	97.11%
钢丝 ID	K	Mg	Mn	Na	Ni
1-2	0.022 8%	0.008 0%	0.619 6%	0.006 8%	0.014 6%
钢丝 ID	Si	Zn	S	P	C
1-2	0.212 6%	1.73%	0.006 2%	0.009 1%	0.802%

对比钢丝的原始成分，如表 5-15 所示。

表 5-15 钢丝成分检测原始资料表

化学成分						镀锌量/	均匀性硫
C	Si	Mn	P	S	Cu		
—	—	—	—	—	—	391.7	合格
—	—	—	—	—	—	343.3	合格
—	—	—	—	—	—	368.9	合格
—	—	—	—	—	—	329.4	合格
—	—	—	—	—	—	354.5	合格
—	—	—	—	—	—	377.4	合格
0.83%	0.26%	0.78%	0.014%	0.010%	<0.05%	374.8	合格

该桥在修建时采用了三种钢丝,但是并没有三种钢丝分别的原始成分及拉伸资料,对比资料不足,有很多元素含量在原始数据中并没有体现,且在进行主缆安装时,三种钢丝在主缆内的位置并没有标记,因此导致检测时无法分辨出所提取出的钢丝是何种批次的钢丝。由于钢丝的原始检测数据有限,通过对有记录的元素进行对比,各主要元素的含量成分与原始检查记录相差不大,并没有发生明显改变。

5.4.4 钢丝表面腐蚀产物成分测量

采用 3 级、4 级腐蚀样本钢丝进行腐蚀产物的成分分析,样本测量位置如图 5-26 所示。

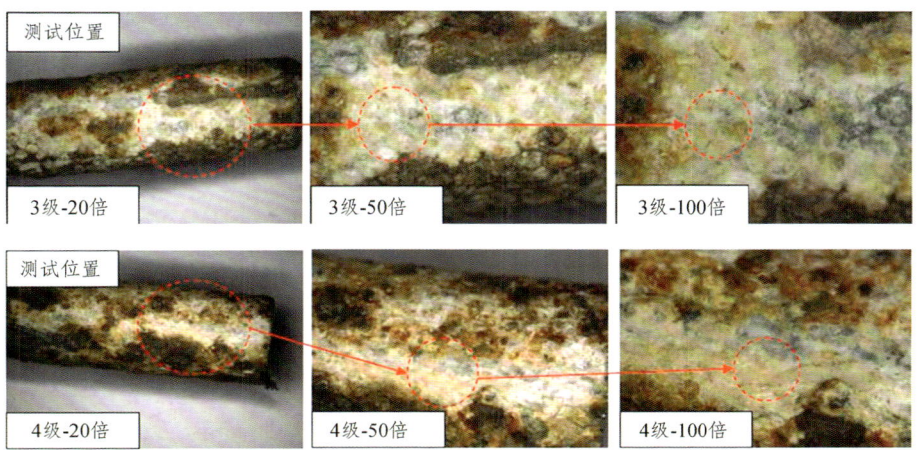

图 5-26 腐蚀产物样本测量位置图

实验设备:SEM(HITACHI)/EDS(HORIBA)。

实验条件:加速电压 15 kV,工作距离 15 mm。

分析方法:将待测样品镀铂金(Pt)30 s 后直接放入 SEM 真空室中,按照 SOP 进行形貌观察与成分分析。

测试环境:温度为(23±10)°C;相对湿度为 25%~85% RH。

实验结果如图 5-27~图 5-30 和表 5-16、表 5-17 所示。

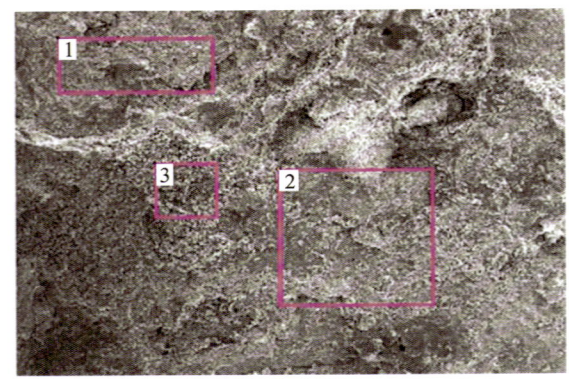

图 5-27　第 3 级腐蚀钢丝样本表面三个 EDS 成分分析区域（100 倍）

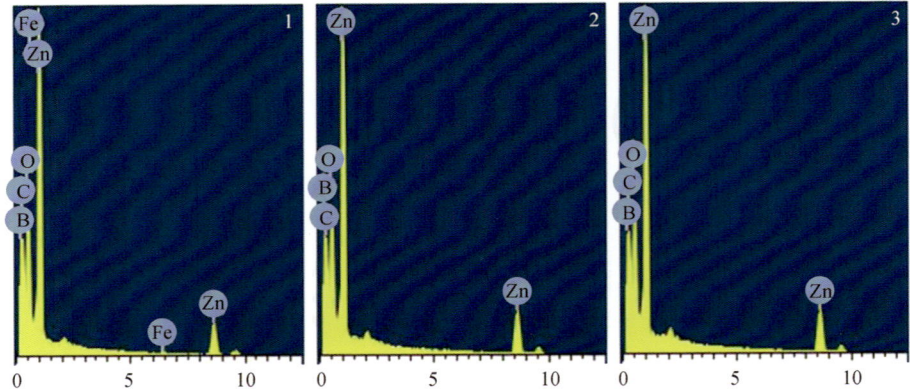

图 5-28　3 级腐蚀三个区域的 EDS 能谱图

表 5-16　EDS 3 级腐蚀样本腐蚀产物成分测试结果

Spectrum	B	C	O	Fe	Zn	Total
1	39.93%	20.57%	14.24%	0.44%	24.82%	100.00%
2	40.57%	18.83%	15.10%	—	25.50%	100.00%
3	35.83%	22.08%	16.61%	—	25.48%	100.00%

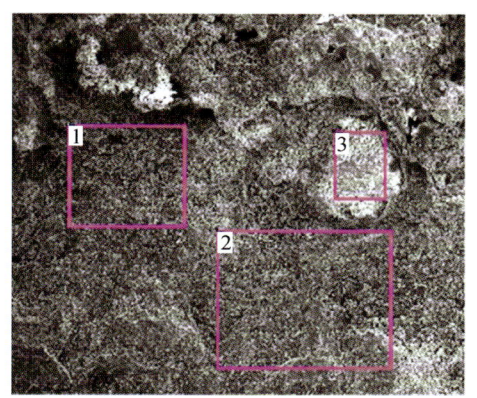

图 5-29 第 4 级腐蚀钢丝样本表面三个 EDS 成分分析区域（100 倍）

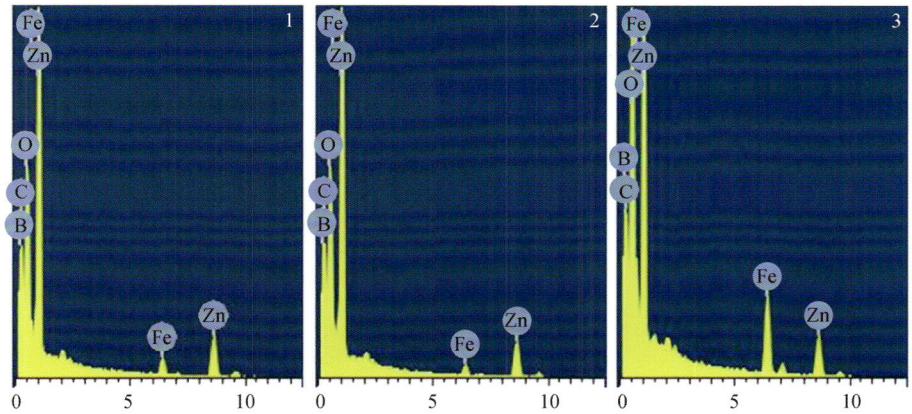

图 5-30 4 级腐蚀三个区域的 EDS 能谱图

表 5-17 EDS 4 级腐蚀样本腐蚀产物成分测试结果

Spectrum	B	C	O	Fe	Zn	Total
1	34.90%	18.82%	18.82%	4.32%	23.14%	100.00%
2	36.37%	17.33%	19.38%	2.70%	24.22%	100.00%
3	34.38%	13.43%	21.31%	12.57%	18.31%	100.00%

结论：表中 B、C、O 分别为硼、碳、氧三种非金属元素，由表可以

看出 3 级腐蚀中局部发生 Fe 的氧化腐蚀，大部分发生了锌的氧化腐蚀，因此 3 级腐蚀样本中铁的含量较少，而 4 级腐蚀中全部发生铁和锌的氧化腐蚀。

5.4.5 腻子成分分析

从现场检查的情况可以看出，上下游主缆的最外层钢丝都发生了第 4 阶段的严重腐蚀，而现场主缆中并没有水分渗出，考虑最外层钢丝是否是因为与防护腻子紧密接触而导致的普遍腐蚀。因此对腻子的成分进行化学分析，分析样本如图 5-31 所示。

图 5-31　防护腻子样本

分析设备：

傅里叶变换红外光谱分析（FTIR）、气相色谱质谱分析（GCMS）、逸出气体-质谱分析（EGA-MS）、热裂解-气相色谱质谱分析（Py-GCMS）、热失重分析（TGA）、电感耦合等离子体发射光谱分析（ICP-OES）。

检测结果如图 5-32～图 5-36 所示。

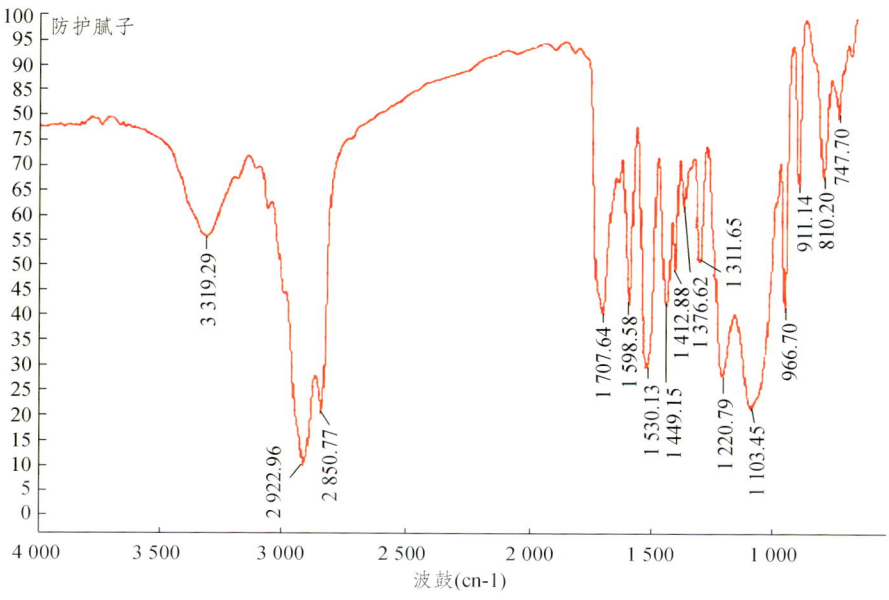

图 5-32　防护腻子 FTIR（红外光谱）分析图

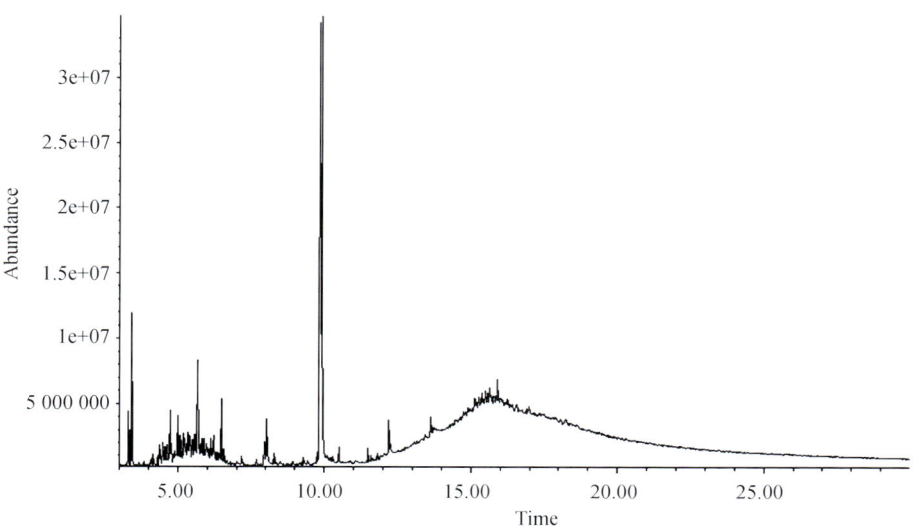

图 5-33　防护腻子溶剂萃取气相色谱-质谱联用仪（GCMS）分析图

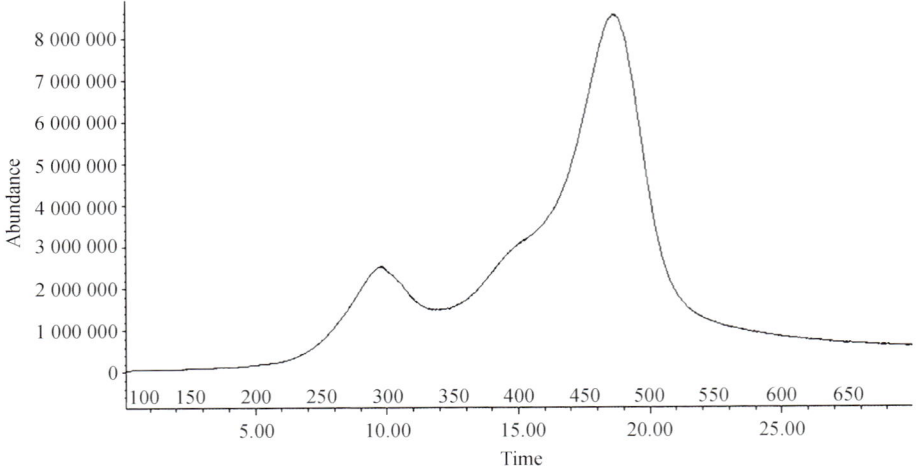

图 5-34 防护腻子逸出气体分析与质谱联用（EGA-MS）分析图

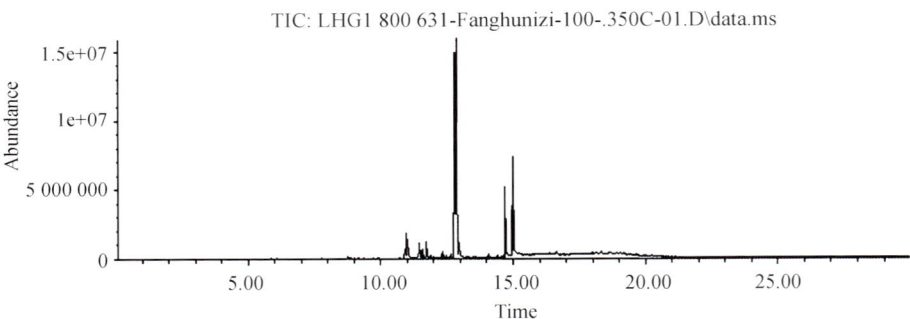

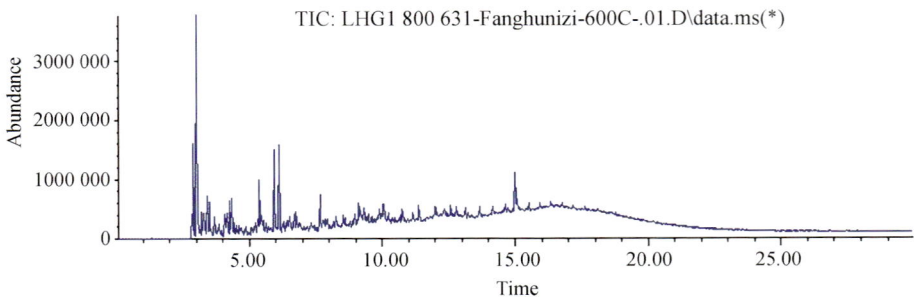

图 5-35 防护腻子热裂解-气相色谱质谱联用（Py-GCMS）分析图

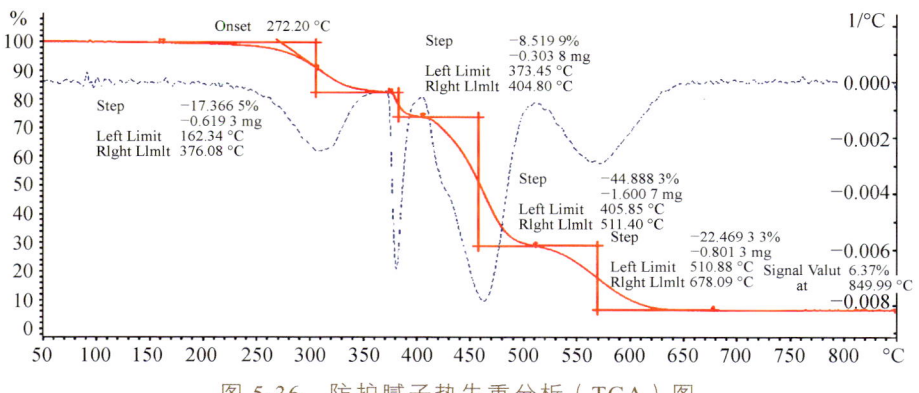

图 5-36 防护腻子热失重分析（TGA）图

防护腻子成分分析结果见表 5-18。

表 5-18 防护腻子成分检测结果表

序号	成分名称	CAS#	含量范围/%	备注
1	顺丁橡胶（BR）	—	55~60	橡胶主体
2*	聚烯烃	—	5~8	—
3	聚二甲基硅氧烷橡胶	—	3~5	—
4*	2-硫醇基甲基苯并咪唑或盐	—	8~10	防老剂
5	二氨基二苯甲烷	101-77-9	3~5	防老剂 MDA
6*	长链脂肪烃	—	1~2	润滑剂
7*	炭黑	—	8~10	填料
8*	氧化锌	1314-13-2	5~7	填料
9*	氧化铁	1332-37-2	2~3	—

结论：经过化验表明腻子不是聚氨酯材料，而是以顺丁橡胶为主体的混合高分子聚合物。从腻子成分中并没有发现明显的导致钢丝腐蚀的成分，炭黑成分的含量较高对橡胶的力学性能有利，但是会影响腻子层的电阻率。

5.4.6 钢丝相关液体成分分析

在开缆过程中主缆内并没有收集到水分，仅收集到一两滴水滴，现场测量得到这水滴的 pH 为 5，如图 5-37 所示。

图 5-37　现场采集到的水滴 pH 值

由于现场水滴太少无法进行其他检测，因此在进行化学检测时采用了两种液体进行分析：现场收集的雨水以及将样本钢丝用超纯水进行浸泡 1 h 后得到的液体，如下图 5-38 所示。

（a）浸泡的样本钢丝

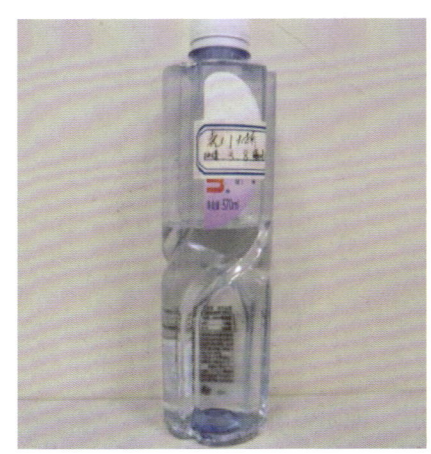
（b）收集的雨水

图 5-38　液体检测样本

对上述两种液体的成分测量结果如下。

测试方法：将第 3 级腐蚀的 7 根样本钢丝用 200 mL 超纯水浸泡 1 h，取液体直接测试。

测试参考：GB/T 6682—2008 分析实验室用水规格和试验方法；
　　　　　IPC-TM-650-2.3.28 B：2011 用 IC 分析。

测量环境：温度为 15～35 ℃；相对湿度为 40%～80%。

测量设备：pH 计（EUTECH），精度 0.01；
　　　　　离子色谱仪（ICS 1100）。

测量结果如表 5-19 所示。

表 5-19　液体成分测量结果表

测量液体	pH 值（25 ℃）	Cl^-/（mg/kg）	SO_4^{2-}/（mg/kg）
样本浸泡液	7.26	4.099 1	1.288 0
雨水样品	8.28	2.072 1	26.130 8
仪器侦测极限值	—	0.002	0.002

由液体成分分析可以看出：

（1）雨水外界环境中含有氯离子，到缆内后氯离子浓度有所富集；

（2）外环境和浸泡溶液的 pH 值均为弱碱性，外环境中的 pH 值受到当地工业及海洋环境的影响，缆内的 pH 值为弱碱性一方面也受到外环境及海洋气候的影响，但缆内的水滴 pH 值为酸性表明钢丝表面在 Cl^- 的参与下发生了微电池反应导致腐蚀坑局部为酸性，整体环境呈现碱性的特征。

5.4.7　钢丝金相及硬度测量

为了研究腐蚀对钢丝的组织结构是否有影响，对送检的样本钢丝进行金相和硬度的检测，检测时将样本钢丝切小样，测量位置均为钢丝横截面中任意 3 个点。同样，该桥涉及 3 种盘条钢丝，本需要通过位置核实是哪种钢丝，分别对 3 种钢丝进行检测，但由于架设主缆时并没有标记 3 种钢丝的位置，因此对所提取的钢丝并不能确定是何批钢丝。由于没有原始钢丝关于其金相和硬度的相关数据，因此在检测时对第 1 级腐蚀和第 4 级腐蚀的两个样本钢丝进行检测对比。

检测设备及型号如表 5-20 所示。

表 5-20　检测设备及型号

测试项目	测试规范	测试设备	设备型号	有效校准日期
表面维氏硬度	GB/T 4340.1—2009	维氏硬度计	HV-113	2018/10/24
金相组织	GB/T 13298—2015	金相显微镜	727-0001	2019/03/10

测试环境：温度为（23±5）°C；相对湿度为 40%～80%。

测试样本编号：1-1，4-1。

硬度检测结果如表 5-21 所示。

表 5-21　硬度检测结果表

样品标号	表面维氏硬度（HV0.5）			均值
1-1	466	469	467	467
4-1	472	470	468	470

金相检测所选腐蚀剂：氯化高铁盐酸水溶液。

金相检测结果如图 5-39～图 5-42。

图 5-39　1 级腐蚀样本放大 200 倍

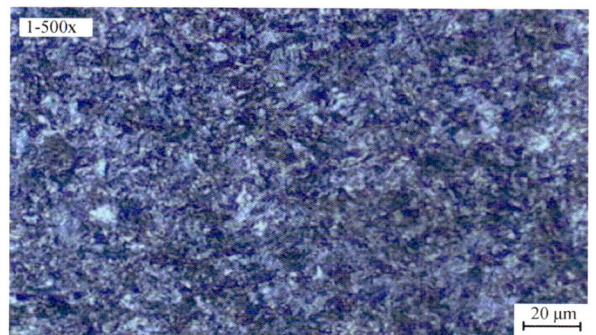

图 5-40　1 级腐蚀样本放大 500 倍

从图 5-39 和图 5-40 可得出结论：第 1 级腐蚀的金相为回火索氏体组织。

图 5-41　4 级腐蚀样本放大 200 倍

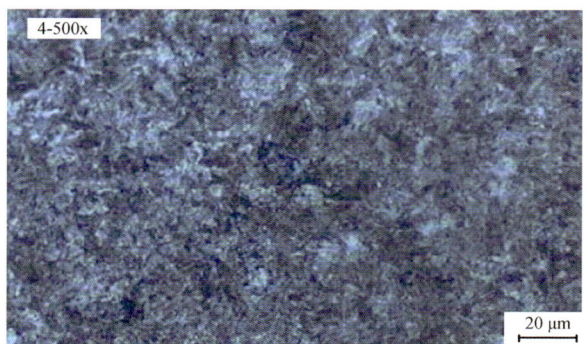

图 5-42　4 级腐蚀样本放大 500 倍

从图 5-41 和图 5-42 可得出结论：第 4 级腐蚀钢丝的金相为回火索氏体组织。

综上两个结论：由于钢丝的原始检测资料中没有关于金相和硬度的

描述，因此选用第 1 级腐蚀钢丝和第 4 级腐蚀钢丝的金相和硬度检测结果进行对比。对比后发现腐蚀程度对钢丝的金相和硬度方面没有影响。

5.4.8 钢丝强度检测

为了对主缆强度进行评估，需要对缆内各阶段腐蚀的钢丝进行强度测量。每个腐蚀阶段取 10 个样本钢丝，钢丝长度为 30 cm，对其进行单轴拉伸试验。

测试项目：腐蚀钢丝机械性能。

测试设备：万能材料试验机（Z050），设备校准有效日期为 2018 年 6 月 15 日。

测试标准：GB/T 228.1—2010。

测试环境：温度为（23±5）°C；相对湿度为 40%～80%。

测量结果：取钢丝公称直径 5.2 mm，公称面积 21.23 mm^2，标距长度 50 mm。结果如表 5-22 所示。

表 5-22 样本钢丝拉伸性能测量结果表

样本编号	拉伸试验					
	屈服力/kN	屈服强度/MPa	破断力/kN	抗拉强度/MPa	弹性模量/GPa	延伸率/%
1-1	29.25	1 376.32	34.52	1 625.84	210	4.56
1-2	29.75	1 400.44	34.35	1 618.31	203	3.00
1-3	27.29	1 284.24	34.63	1 631.12	192	5.00
1-4	30.57	1 438.64	34.78	1 638.48	205	4.78
1-5	拉伸中出现打滑，样本从夹具处断裂					
1-6	27.85	1 310.54	34.80	1 639.35	197	4.80
1-7	31.70	1 491.92	35.23	1 659.45	213	5.00
1-8	31.42	1 478.41	34.99	1 648.36	207	5.00
1-9	31.55	1 484.52	34.74	1 636.44	194	3.12
1-10	32.03	1 507.27	36.48	1 718.61	214	4.40
均值	30.15	1 419.15	34.95	1 646.22	204	4.41
2-1	28.58	1 345.03	33.89	1 596.79	203	5.36
2-2	29.96	1 410.00	34.67	1 633.32	218	4.98

续表

样本编号	拉伸试验					
2-3	30.76	1 447.63	34.079	1 605.23	224	3.88
2-4	29.37	1 382.35	34.21	1 611.74	192	4.64
2-5	29.81	1 403.19	34.32	1 616.46	196	3.36
2-6	29.97	1 410.58	34.07	1 604.82	204	4.82
2-7	29.74	1 399.63	34.88	1 643.22	213	5.28
2-8	31.94	1 503.22	33.87	1 595.81	195	4.42
2-9	30.91	1 454.72	34.35	1 618.01	202	2.46
2-10	拉伸中出现打滑，样本从夹具处断裂					
均值	30.11	1 417.37	34.26	1 613.93	205	4.36
3-1	28.76	1 353.81	35.12	1 654.56	223	6.28
3-2	28.94	1 362.02	34.66	1 632.81	203	2.46
3-3	29.51	1 388.81	33.72	1 588.66	226	3.38
3-4	29.14	1 371.74	34.50	1 625.36	206	2.58
3-5	29.76	1 400.82	33.86	1 594.97	196	4.30
3-6	28.76	1 353.81	34.43	1 621.91	230	4.56
3-7	29.20	1 374.16	33.54	1 580.28	211	4.70
3-8	31.82	1 497.73	34.33	1 617.13	212	4.06
3-9	30.76	1 447.57	33.53	1 579.69	198	5.14
3-10	29.73	1 399.07	33.69	1 587.14	201	4.23
均值	30.08	1 415.54	34.14	1 608.25	211	4.16
4-1	27.32	1 286.07	31.46	1 481.89	211	4.80
4-2	31.36	1 476.03	33.14	1 560.94	223	4.86
4-3	30.18	1 420.29	33.65	1 585.32	195	2.58
4-4	26.52	1 248.23	34.36	1 618.44	210	4.08
4-5	30.26	1 424.13	34.73	1 635.69	196	4.66
4-6	27.33	1 286.19	32.91	1 550.18	204	2.38
4-7	32.38	1 523.97	34.09	1 606.06	219	4.08
4-8	29.78	1 401.56	34.95	1 646.29	198	2.56
4-9	30.01	1 412.57	34.07	1 605.14	231	4.10
4-10	30.50	1 435.69	33.73	1 588.74	194	5.96
均值	29.56	1 391.47	33.71	1 587.87	208	4.01

4个腐蚀级别钢丝的应力应变图如5-43所示。

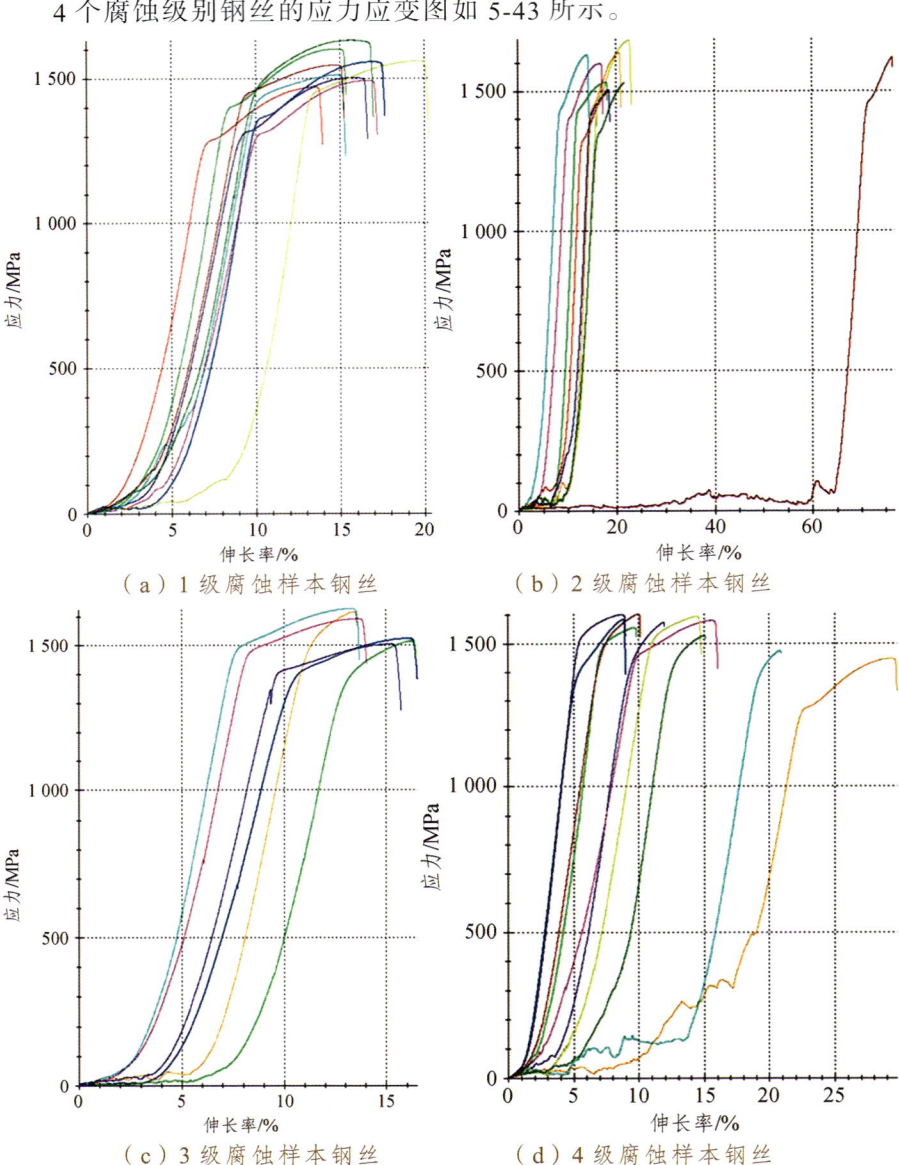

(a) 1级腐蚀样本钢丝　　(b) 2级腐蚀样本钢丝

(c) 3级腐蚀样本钢丝　　(d) 4级腐蚀样本钢丝

图 5-43　各级腐蚀样本钢丝应力应变曲线

注：图中的强度值为实际强度值，各样本钢丝的横截面面积为带腐蚀产物的面积，因此其值小于表格中的强度值。在计算时应统一取为钢丝未腐蚀时的公称面积（表格中的强度值）。

通过应力应变图可以看出，1、2、3级腐蚀样本钢丝均出现屈服平台，4级腐蚀样本钢丝的屈服平台变得不太明显，这是腐蚀导致的钢丝出现了脆性断裂的特征，这与测量出的随着腐蚀程度加深，样本钢丝延伸率降低的特征相吻合；第2、4级钢丝的应力应变曲线中有部分钢丝出现了打滑现象，导致两级钢丝的延伸率坐标增大，但其极限强度和延伸率并没有出现异常。各级腐蚀阶段钢丝断面照片如图5-44所示。

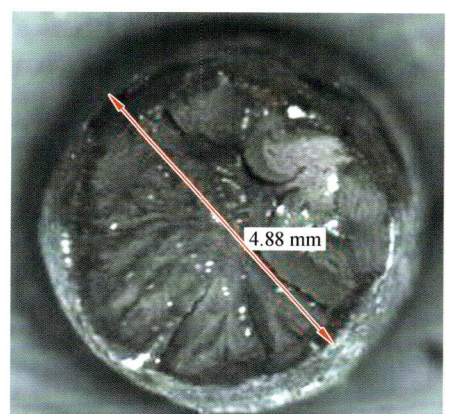
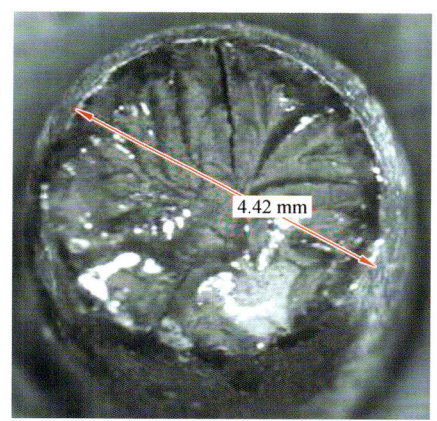

（a）样本编号1-7断面照片

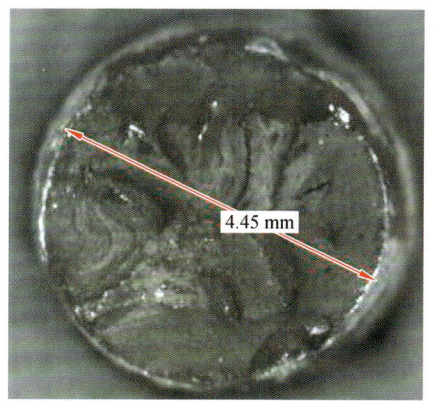
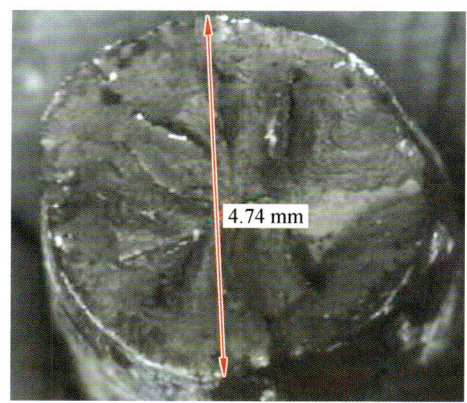

（b）样本编号2-3断面照片

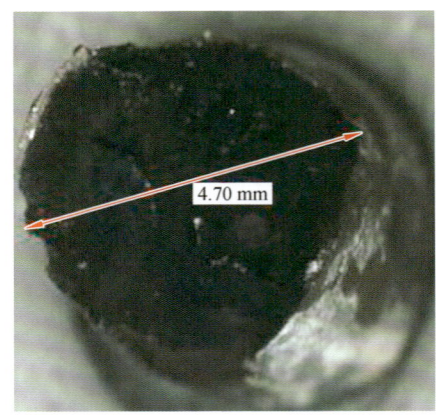
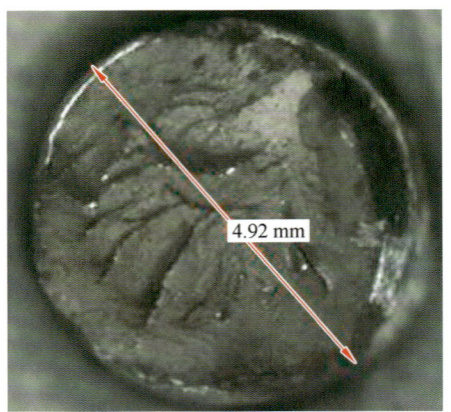

（c）样本编号 3-5 断面照片

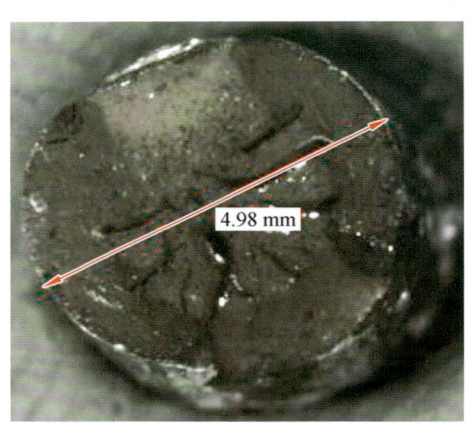
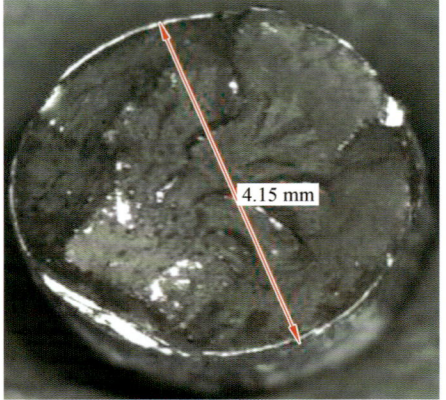

（d）样本编号 4-6 断面照片

图 5-44　样本钢丝拉伸断面图

断面收缩率分别如表 5-23 所示。

表 5-23　断面收缩率

样本编号	断前直径/mm	断后直径（均值）/mm	断面收缩率/%
1-7	5.19	4.40	15.2%
2-3	5.20	4.60	11.5%
3-5	5.17	4.81	6.9%
4-6	5.14	4.89	4.8%

由拉伸数据、应力应变图，以及断面收缩率可以看出：

（1）随着腐蚀等级的加重，钢丝其屈服平台逐渐模糊，到第四级腐蚀时屈服平台已不太明显，部分样本钢丝出现了延伸段变小现象。

（2）随着腐蚀级别增加，钢丝的抗拉强度降低。

（3）各级钢丝均未出现开裂现象，但随着腐蚀级别增加，钢丝的延性降低，断面收缩率降低，钢丝变脆。

5.5 主缆强度评估

在对该桥的开缆检测中，并没有发现钢丝开裂或者断裂的情况，因此采用简化模型进行评估。在进行主缆强度计算之前，首先根据钢丝的腐蚀等级将其分组，组别为 2~5。

第 2 组：第 1、2 级腐蚀阶段的钢丝将它们归为第 2 组，因为它们的特性事实上是一样的。

第 3 组：第 3 级腐蚀的钢丝分为第 3 组。

第 4 组：第 4 级腐蚀的钢丝分为第 4 组。

第 5 组：所有离散的带有开裂的钢丝可合起来分为第 5 组。

在有效恢复长度内分离开裂的钢丝数为 N_5，破损的钢丝单独进行处理。

对上游主缆跨中截面的各组钢丝数量分布和极限强度统计如表 5-24 所示。

表 5-24　上游跨中截面数据统计表

	第二组	第三组	第四组	第五组
N_k	3927	338	434	—
μ_{sk}	1 630.07	1 608.25	1 587.87	—
σ_{sk}	28.46	25.62	47.89	—
P_{uk}	83.6%	7.2%	9.2%	—

表中　N_k——评估工作段内第 k 组钢丝的数目；

　　　μ_{sk}——第 k 组钢丝的样本抗拉强度均值；

　　　σ_{sk}——第 k 组钢丝的样本抗拉强度标准差；

P_{uk} —— 第 k 组钢丝所代表的主缆内未破损以及未开裂钢丝的比例;

k —— 钢丝按腐蚀阶段分组（$k=2,3,4,5,$）。

则有

$$\mu_s = \sum_{k=2}^{4} P_{uk} \cdot \mu_{sk} = 1\,624.62$$

$$\sigma_s = \sqrt{\left(\sum_{k=2}^{4} P_{uk}(\sigma_{sk}^2 + \mu_{sk}^2)\right) - \mu_s^2} = 33.22$$

$\sigma_s / \mu_s = 0.021$

$K = 0.93$

式中　μ_s —— 除去开裂钢丝外组合钢丝的样本抗拉强度均值;

　　　σ_s —— 除去开裂钢丝外组合钢丝的样本抗拉强标准差;

　　　K —— 减少因子，是变化系数 σ_s / μ_s 的函数。

则上游主缆强度为

$$R = (N_{\text{eff}} - N_5) \cdot a_w \cdot \mu_s \cdot K = 150\,655.70 \text{ kN}$$

式中　R —— 评估出的主缆强度;

　　　a_w —— 实验室分析中每根钢丝的公称截面积;

　　　N_{eff} —— 评估工作段内未破损钢丝的有效数目。

即上游主缆单根钢丝极限强度均值为 $1\,624.62$ MPa。

同理对下游主缆也进行统计计算如表 5-25 所示。

表 5-25　下游跨中截面数据统计表

钢丝分组	第二组	第三组	第四组	第五组
N_k	3 796	442	461	—
P_{uk}	80.8%	9.4%	9.8%	—
μ_{sk}	1 630.07	1 608.25	1 587.87	—
σ_{sk}	28.46	25.62	47.89	—

代入上述公式得

$$\mu_s = \sum_{k=2}^{4} P_{uk} \cdot \mu_{sk} = 1\,623.88$$

$$\sigma_s = \sqrt{\left(\sum_{k=2}^{4} P_{uk}(\sigma_{sk}^2 + \mu_{sk}^2)\right) - \mu_s^2} = 33.49$$

$$\sigma_s / \mu_s = 0.021$$
$$K = 0.93$$
$$R = (N_{eff} - N_5) \cdot a_w \cdot \mu_s \cdot K$$
$$= 150\,587.08 \text{ kN}$$

即下游主缆单根钢丝极限强度均值为 1 623.88 MPa。

由主缆钢丝的原始检测数据得知，其单根钢丝的极限强度均值为 1 723 MPa，则由本次开缆检测的计算结果可以看出，单根钢丝的平均抗拉强度降低了 5.7%，假设原始主缆的所有钢丝强度均值为 1 723 MPa，则原始主缆强度约为

$$R_{原始} = (N_{eff} - N_5) \cdot a_w \cdot \mu_s \cdot K$$
$$= 159\,778.76 \text{ kN}$$

本次开缆检测的计算结果得到，主缆强度降低同样约为 5.7%。

设计时，按主缆公称直径为 5.2 mm 计算，单根钢丝的恒载拉力水平分量为 898.65 MPa，则本次开缆检测评估后钢丝的极限强度依然 >1 600 MPa，满足设计要求。

5.6 环境对主缆钢丝腐蚀影响的预测

悬索桥主缆在服役期间，主要受到气候环境因素的影响而产生腐蚀，环境因素主要有温度、相对湿度、雾和凝露、降水、固体沉降物以及太阳腐蚀等。其中温度、相对湿度是主要因素；降水要素主要包括了降水中的 pH 值；沿海大气固体沉降物中吸附到钢丝表面的 Cl⁻浓度，加大了钢丝的吸水率，形成局部腐蚀环境；除此以外钢丝的拉力也是影响其腐蚀的因素。在进行环境对主缆钢丝腐蚀的预测中主要考察上述五个因素对钢丝腐蚀速率的影响。

主缆钢丝并非裸露于大气环境，而是在外层防护的条件下形成了相对密闭的腐蚀环境，最准确的环境谱应该是在缆内布置传感器，测量各层钢丝在缆内的长期腐蚀环境均值，这样就能将不同环境区域的钢丝分别进行统计计算，得到更为准确的腐蚀预测，但是要在缆内布置传感器是非常难以实现的。对于该桥历来没有对内部的环境进行监测，无从得

知缆内的环境的任何数据,因此在本次开缆检测的腐蚀预评估时,仅假设缆内环境与外界环境一致,建立外环境的腐蚀环境谱将其认为与缆内环境一致。

主缆的腐蚀并不是各个位置都发生同一程度的腐蚀,这是因为主缆在纵向不同截面处接受的光照和外环境的影响是不相同的,即使在同一个截面处,也因为钢丝的紧密接触而导致截面内钢丝腐蚀的分布也不尽相同。为了评估主缆中钢丝的腐蚀以及剩余承载力,本研究将提出一种基于区域化腐蚀环境的主缆钢丝腐蚀评估方法。该方法的操作流程如图5-45所示。

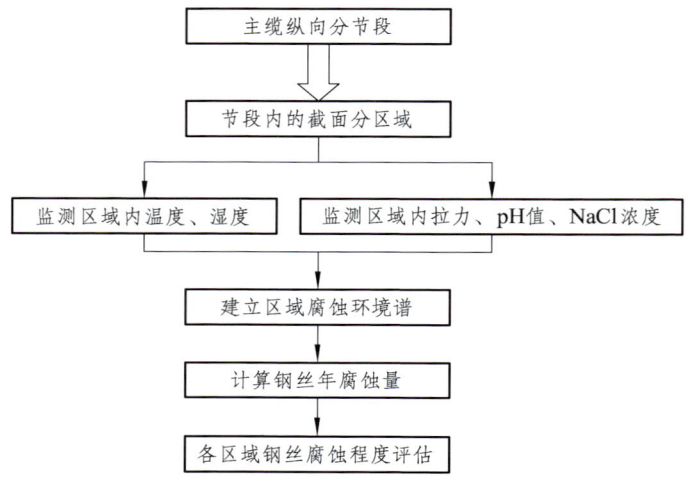

图 5-45　区域化腐蚀评估方法流程图

在主缆整个服役寿命期间,各种环境要素对结构的作用是非常漫长的,既有谱的变化,也有作用时间长短的不同。为了达到工程实际能够再现环境要素对腐蚀的作用,需要对环境数据进行筛选、简化。原则是将环境谱中对结构腐蚀影响小的环境参数与作用时间删除,而保留影响较大的部分,以达到简化的目的。简化原则如下:

(1)相对湿度。

相对湿度增加时腐蚀速率开始增加并不快,当相对湿度达到临界值时,腐蚀速率突然增加,钢材对应的相对湿度临界值为60%,当相对湿度低于60%时可视为干燥空气不腐蚀。

（2）温度。

气温的改变会影响腐蚀的反应速率和金属表面水膜的停留时间，只有在高温高湿条件下，金属腐蚀才会加快。环境温度低于零摄氏度时对腐蚀的影响很小，所以温度的临界值定为 0 ℃，只考虑温度在 0 ℃ 以上的情况。

（3）pH 值和 NaCl 浓度。

这两者的量通过实验室中对液体的浓度测量可以看出，其在缆内的环境比在雨水中的环境有所富集，因此采用缆内液体的测量值，pH 值取为 7.62，NaCl 取为 4.1 mg/kg。

（4）拉力。

按照该桥原设计手册中悬索桥计算结果：主缆沿弧长均匀分布的荷载集度为 49.211 kN/m，主缆面积 0.593 4 m²，设计成桥时主缆索力水平分量 H=265 636.249 kN，设计钢丝的抗拉强度为>1 600 MPa。按主缆公称直径为 5.1 mm 计算，单根钢丝的恒载拉力水平分量为 931.18 MPa；按主缆公称直径为 5.2 mm 计算，单根钢丝的恒载拉力水平分量为 898.65 MPa。

将桥位处 2017 年全年的气象记录中温湿度的统计简化后得表 5-26。

表 5-26　东莞地区 2017 年温湿度气象谱 8760

持续时间/h	60%~70%	70%~80%	80%~90%	90%~100%
10~15 ℃	84	480	108	12
占全年时间比	0.009 5	0.054	0.012	0.001 3
15~20 ℃	276	456	408	144
占全年时间比	0.031	0.052	0.046	0.016
20~25 ℃	252	732	960	312
占全年时间比	0.028	0.083	0.109	0.035
25~30 ℃	120	792	1236	516
占全年时间比	0.013	0.090	0.141	0.058
30~35 ℃	60	420	792	228
占全年时间比	0.006 8	0.047	0.090	0.026
35 ℃ 以上	0	24	48	0
占全年时间比		0.002 7	0.005 4	

上述统计是将全天最高温度设为白天 12 h 的持续温度，全天最低温度设为夜间 12 h 的持续温度加以统计。由统计结果可以看出，该桥所处环境大部分时间为相对湿度 70%～90%，温度 20～35 ℃ 的高温和高相对湿度环境。将环境值代入第 3 章中全裸钢丝的拟合计算公式中有表 5-27 和表 5-28 的计算结果。

表 5-27 各温湿度组合下钢丝镀锌层腐蚀速率计算表

腐蚀速率/（mm/a）	60%～70%	70%～80%	80%～90%	90%～100%
10～15 ℃	0.009 2	0.008 1	0.009 3	0.011 3
15～20 ℃	0.007 2	0.008 1	0.010 4	0.012 1
20～25 ℃	0.006 9	0.008 7	0.011 0	0.012 9
25～30 ℃	0.006 3	0.009 0	0.011 9	0.013 5
30～35 ℃	0.006 2	0.009 4	0.012 4	0.015 4
35 ℃ 以上	0.006 2	0.010 0	0.013 2	0.017 1

表 5-28 各温湿度组合下钢丝基体腐蚀速率计算表

腐蚀速率/（mm/a）	60%～70%	70%～80%	80%～90%	90%～100%
10～15 ℃	0.014 62	0.013 7	0.014 9	0.018 4
15～20 ℃	0.013 1	0.013 2	0.015 6	0.020 1
20～25 ℃	0.012 1	0.013 3	0.016 6	0.022 1
25～30 ℃	0.011 5	0.013 7	0.018 1	0.024 7
30～35 ℃	0.011 3	0.014 5	0.02	0.027 6
35 ℃ 以上	0.011 6	0.015 8	0.022	0.031

将上述各个温湿度条件下的腐蚀速率与其持续时间占全面时间的比值相乘，并将所得结果相加，可以得到镀锌钢丝在上述年环境谱中的年均腐蚀速率约为 0.009 mm/a，全裸钢丝在上述年环境谱中的年均腐蚀速率为 0.015 mm/a。以本次的检测结果看，桥梁服役 20 年最外 3～4 层钢丝已经达到镀锌层耗损完毕，腐蚀深度约为 0.1～0.2 mm，全面进入钢丝基体腐蚀阶段，与计算结果相吻合。钢丝基体速率适用于假设钢丝处于裸露环境中继续服役 80 年的腐蚀预测。当桥梁服役达到设计寿命 100 年

时，钢丝半径损失约为 1.2 mm，钢丝剩余直径为 2.7 mm，将不能满足设计强度。

5.7 小　结

通过该桥跨中两个截面的开缆检测过程和评估结果可以得到下述结论：

1. 防护层防护效果

（1）桥梁主缆的外层防水性能较好，缆内没有出现积水。

（2）主缆缠丝并未发生严重腐蚀，大部分缠丝状态良好，金属光泽明显，只在局部区域发生轻微腐蚀。

（3）缆内钢丝的腐蚀不是由于积水导致，而是在较薄水膜条件下发生的电化学腐蚀，外防护虽然能做到较好的防水，但是仍不能隔绝外界海洋环境中盐雾气体的影响，导致缆内发生腐蚀。

2. 钢丝腐蚀分布特征及相应的腐蚀影响因素

（1）上下游主缆截面均表现出外层钢丝全面腐蚀的明显特征，由外向内主缆腐蚀状况逐步减轻，内层钢丝仍然有明显的金属光泽，腐蚀状况不明显的特征。

（2）上下游主缆截面顶部区域腐蚀较两侧和底部区域腐蚀更为严重，顶部区域四级钢丝腐蚀达到 7~10 层左右，而截面底部的四级腐蚀钢丝仅为 1~2 层。这进一步说明了缆内钢丝的腐蚀并不是积水导致的，水分并没有在缆内进行渗透和扩散，因此在主缆底部并没有发生积水和由积水导致的严重腐蚀现象。

（3）顶部区域的严重腐蚀，是由于主缆顶部接受阳光直射时间较长，导致其温度高于其他区域，在水膜和高温影响下，主缆钢丝的腐蚀速率将快于其他部位钢丝腐蚀。

（4）下游截面的钢丝腐蚀较上游截面稍严重。通过对缆内钢丝浸泡液和雨水中 Cl^- 含量的检测可以看出，钢丝的腐蚀受到海洋大气环境中

Cl⁻的影响明显，下游截面更靠近海洋，其腐蚀程度稍大于上游截面也正是由于 Cl⁻的影响所致。

3. 样本钢丝实验室测量的结论

（1）腐蚀对钢丝的金相、硬度、成分等均未造成影响。

（2）随着腐蚀程度的加重，钢丝腐蚀坑呈现出扩大的趋势，导致钢丝的极限强度有所下降，钢丝延展性和截面收缩率都有所降低，四级腐蚀的样本钢丝应力应变曲线屈服平台较一级腐蚀钢丝更模糊不明显，延展性降低。

（3）随着钢丝的腐蚀程度的加重，钢丝由镀锌层腐蚀逐渐发展成基体腐蚀。第三级腐蚀产物的成分中还有氧化锌的出现，到第四级腐蚀产物中已经是基体腐蚀导致的氧化铁，腐蚀产物主要为 ZnO、$ZnFe_2O_4$、Fe_3O_4 组成的混合物。

（4）由外层腻子成分的检测结果中看不出明显导致钢丝腐蚀的成分，但是炭黑的含量较高，加大了腻子层的电阻，这是否会对钢丝腐蚀速率造成影响还尚不明确。

（5）液体成分检测均出现了 Cl⁻，Cl⁻会导致钢丝表面吸水率增大，即使在较低相对湿度条件下，也会在钢丝表面形成水膜，而产生钢丝的电化学腐蚀。

4. 主缆强度评估的结论

（1）强度评估的结论与主缆截面各级腐蚀钢丝数量的关系较大，截面楔入口越多，钢丝的分布统计越贴近主缆的真实情况，评估结果也越贴近主缆的实际强度。

（2）按照单根钢丝原始极限强度均值为 1 723 MPa 计算，则本次评估的结果中，主缆强度和单根钢丝强度均降低约 5.7%。由于在设计时单根钢丝的极限强度仅取为 1 600 MPa，有较大冗余空间，因此主缆强度的降低并不影响桥梁的运营安全。

5. 主缆钢丝腐蚀发展预测

（1）缆内并没有设置环境监控传感器，无法得知缆内各区域的温度、相对湿度、Cl⁻浓度、pH 值、拉力等影响腐蚀速率主要因素的具体分布谱。仅假设缆内环境与桥位处外界环境一致，估算出的主缆钢丝镀锌层腐蚀速率约为 0.009 mm/a，在服役 10～20 年内将消耗完毕镀锌层，基体腐蚀速率约为 0.015 mm/a，以这一速率为计算依据，则主缆无法满足其 100 年的服役寿命。

（2）虽然缆内环境并没有外界环境恶劣，但是桥位处的高温高湿环境依然是加快其腐蚀速率的主要原因，必须对其外层防护进行改造，采用送风除湿系统，一方面降低缆内相对湿度，另一方面降低缆内 Cl⁻含量，并加装环境测量传感器，实时监控缆内的腐蚀环境，才能让主缆钢丝的腐蚀得到控制。

附录 《悬索桥平行钢丝主缆检测与评估指南》NCHRP-534 报告翻译

附录 1 悬索桥主缆系统主要构件

悬索桥是一种大型的悬吊结构，由塔锚结构和主缆来承担桥面的全部荷载（动静载），附图 1-1 为一个典型的悬索桥的立面图。

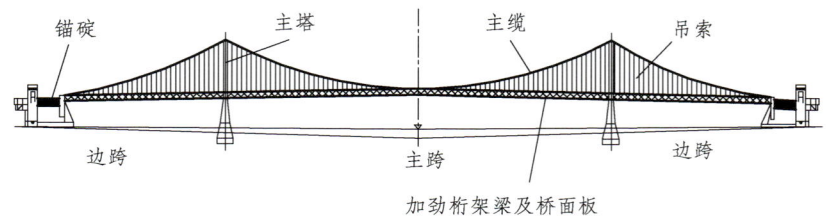

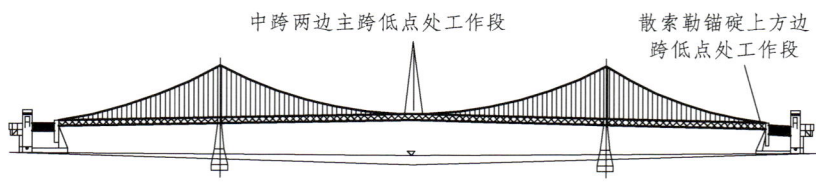

附图 1-1 典型的悬索桥

缆索系统是被张紧的，并要求在桥的两边对其进行锚固。主缆是桥梁断裂的关键也是非冗余的荷载路径，主缆钢丝是最重要的部件，尤其在主缆评估中十分重要。

一、主缆钢丝

悬索桥主缆结构设计推荐应用直径为 5 mm 等级的高强度钢丝，有光面钢丝和镀层钢丝，主要是热镀锌和热镀锌铝合金。随着悬索桥跨度的提高，主缆钢丝强度逐步提高，目前悬索桥主缆主要应用 1 670 MPa、1 770 MPa 等级和 1 860 MPa 等级钢丝，中国和韩国已经开发应用了

1 960 MPa 等级的主缆钢丝。强度等级是基于钢丝的金属面积总值计算的,这个面积包括了镀锌层的面积。

1. 钢丝的生产和化学成分

主缆高强度钢丝是利用高碳盘条经过多级拉拔加工,然后在钢丝表面热镀锌或锌铝合金镀层。

(1) 化学元素:钢丝的化学成分将会影响钢丝的力学性能,也会影响到应力腐蚀时的脆性。化学成分中,Cr 和 Ni 分别增加和减少钢丝的氢脆性质,Si 和 P 的含量较小,且其对钢丝的影响很小,Si 有的时候优化钢丝的纹理,Cr 和 Ni 常常出现在残留物中。

附表 1-1 列出了在主缆钢丝中所含的合金元素和它们的近似质量的百分比。

附表 1-1　钢丝中所含元素及其质量百分比

元素	最小值	最大值
C	0.65%	0.84%
S	—	0.04%
P	—	0.04%
Mn	—	0.80%
Si	—	0.15%
Ni	—	0.12%
Cr	—	0.10%

为了达到珠光体结构,满足强度要求,高强度钢丝的含碳量应该足够高,但是不能超过规定的上限,否则将导致强度高而韧性低,在冷拔时容易破碎。韧性减弱容易产生微裂纹,微裂纹又给氢提供了破坏钢丝的机会。

(2) 热镀锌:冷拔钢丝在镀锌之前需将所有的氢原子从钢丝上清除,因而通常进行酸洗。热镀锌层可以使钢丝与腐蚀媒介隔离,当镀锌层破损使钢丝暴露时,镀锌层可以为暴露的钢丝提供阴极保护。这是一个有利有弊的结果,因为极化效应会产生氢离子,这些离子可以进入到钢丝内容易导致钢丝发生氢脆。镀锌钢丝的内层是一个脆弱的锌合金层,当镀锌层被破坏以后,将会导致腐蚀更容易发生。

2. 钢丝性质

(1)强度:虽然高强度的钢丝更容易被腐蚀,通常钢丝都需要经过冷拔,与同样材料的热处理钢丝相比,冷加工的钢丝更能抵抗应力腐蚀和氢裂缝。

(2)硬度:硬度与钢丝含碳量有关,当硬度增加时屈服应力也提高,钢丝一般不检测这一指标。

(3)韧性:除非被腐蚀到出现凹坑,桥梁钢丝不会因为高速荷载而疲劳,应力集度指标 K_{IC} 只有在腐蚀使得钢丝出现凹坑或者是变脆以后才有意义。

应力腐蚀开裂时的应力集度指标 K_{ISCC}(用于决定失效的时间),是由应力和环境荷载集度而决定的,K_{ISCC} 是与 K_I 相等价的应力腐蚀指标(K_I 是用于疲劳失效的),是当裂缝达到不稳定状态时的应力集度。在一个始终不变的环境中,腐蚀的潜伏期与 K_{ISCC} 有关。但是目前还没有应用 K_{ISCC} 或者 K_{IC} 的标准测试钢丝韧性的规定。

二、主缆细节

悬索桥主缆系统包括鞍座(散索鞍、主索鞍、转索鞍)、主缆、索夹和吊索结构。鞍座是悬索桥上部结构的主要组成部分之一,为主缆提供支撑,并使其线形平顺地改变方向的永久性受力构件。吊索用于连接主缆上的索夹和桥面,传送桥面荷载。索鞍和索夹等结构会影响主缆钢丝的性能和对它们的检查。

1. 塔顶鞍座

主塔是悬索桥的主要承载构件,主缆由主塔支承,在塔顶处改变主缆受力的方向,因此塔顶处的垂直力是巨大的,主缆要承受主缆系统构件和桥面的总恒载加上桥面的活载。这些力由主缆经过塔顶鞍座传递到主塔和塔基。锚碇对主缆施加向下的锚固反力,构成了悬索桥结构的特殊受力体系。

由主缆传递到主鞍座的正压力与鞍座的半径成反比，主缆钢丝承受的正压力是不同的，其中位置偏下的与鞍座底面接触的钢丝会受到最大的正压力，这些正压力理论上将减小钢丝的屈服应力，选择合理的鞍座半径可以减小或避免这样的破坏。主鞍座往往固定于塔顶，它对主跨及边跨产生的偏向是不同的，合理的位置和偏移角度，可以使两侧的受力差别减小到可以忽略的地步。

早期典型的塔顶鞍座如附图 1-2 所示，鞍座上有一块螺栓固定的盖板，还有一个独立的外壳罩住整个鞍座。在检查索鞍区域主缆的时候，需要将盖板移开，并将覆盖在主缆上的防护层移除以便露出钢丝方便检查，如附图 1-3 所示。

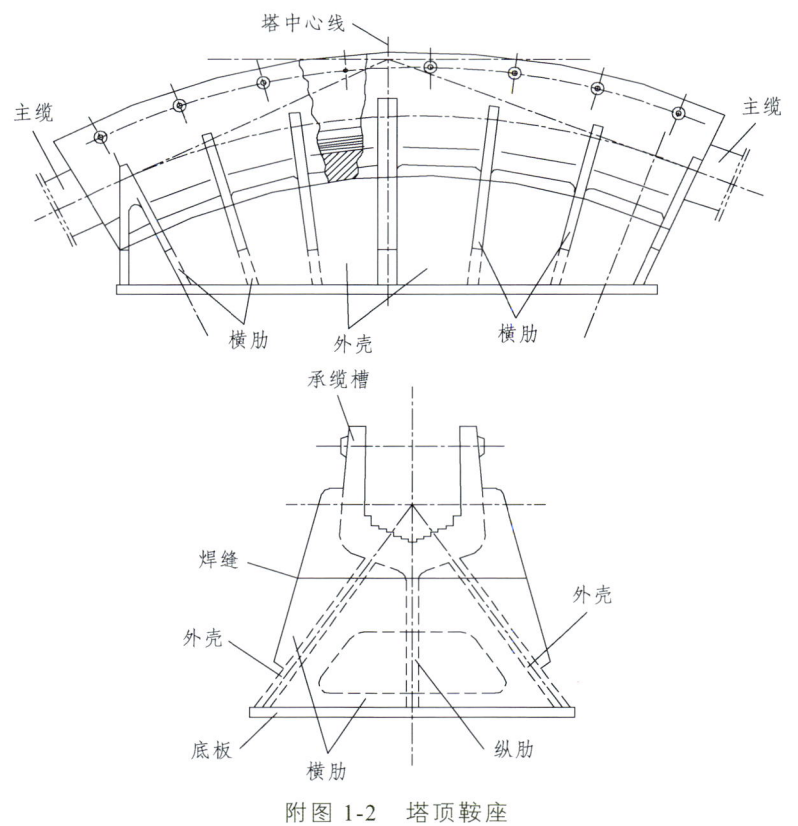

附图 1-2　塔顶鞍座

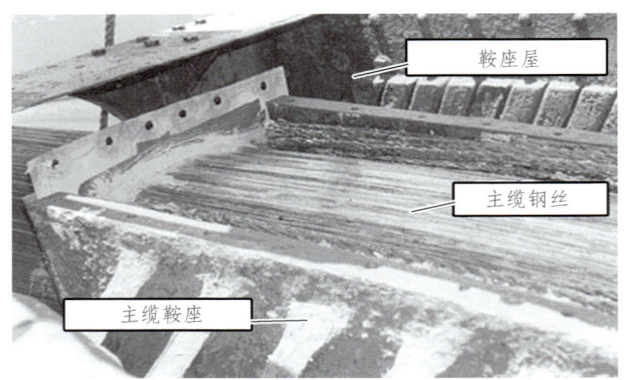

附图 1-3　未完成主缆检测而打开的塔顶鞍座

2. 锚碇和散索鞍（转索鞍）

散索鞍设置于锚碇前段的散索鞍支墩上，将主缆索股锚固面于主索鞍之间的主缆分为锚跨段和边跨段，并将主缆索股在竖直方向和水平方向散开，引入各个锚固点。散鞍座（转索鞍）会改变主缆的方向，所以应该与主缆同轴，以便对称散开主缆锚固。散索鞍一般固定在锚碇一侧的高端，通常散索鞍的垂直半径可以改变，并在水平向为喇叭形，这样主缆索股可以在鞍座中散开。如果锚碇散索鞍不是喇叭形状的，则需在散鞍座和锚锭之间安装散索套。散索鞍（转索鞍）、散索套、锚固座（索靴以及眼杆等），都要被放置在锚碇内或者锚碇附近处，附图 1-4 解释了这种典型的锚锭结构。

散索鞍一般安装在锚碇前端，散索鞍下面一般用摆轴或滚轴支撑，允许散索鞍有一定的位移或摆动，可以满足由于应力和温度而产生的沿着股索长度从鞍座传递到锚碇改变，如附图 1-5 所示。检查中经常会在鞍座的两头的底部，发现有损坏和破损的钢丝。当水分进入主缆之后，会流向和停留在散索鞍的顶部和端部，有的水分流过鞍座并使得散索鞍底部的钢丝润湿，春天里潮湿空气由于昼夜温度变化冷凝出水分，这种原因产生的冷凝水可以一直停留在主缆钢丝中，一直到冬季的来临。

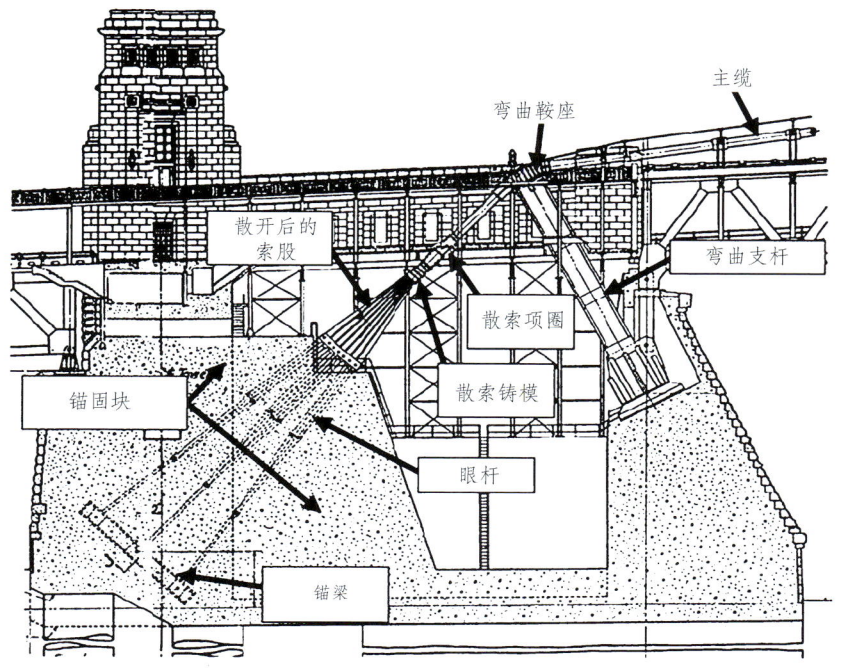

附图 1-4 主缆锚碇

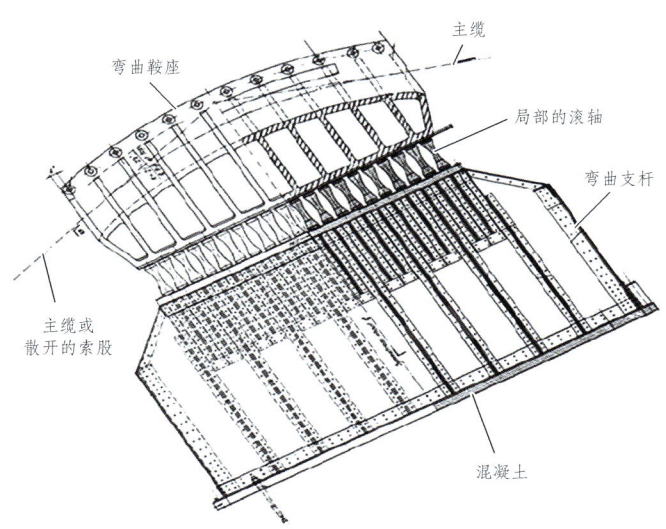

附图 1-5 滚轴式散索鞍结构图

3. 散索套

散索套通常设置在主缆边跨于锚跨段相较的理论散索点上，形状似喇叭形的索夹，主缆索股从喇叭形的小端进去散索套，从大端出后直接连接锚面上的各个锚点，为了防止索股径向散开，索力撑顶散索套上滑动，散索套的小端应设夹紧段，通过对合螺栓紧固可以用来抵抗索股产生的向外的力，其结构如附图1-6所示。

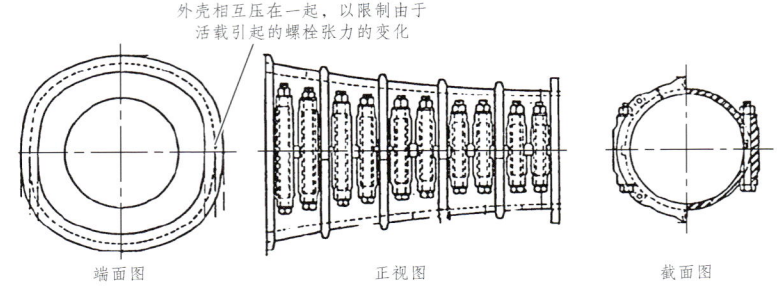

附图 1-6　散索套结构示意图

水分在主缆中的流动会使得在散索套内的钢丝产生腐蚀，这样的腐蚀可以从散索套底部流出的白色或灰色渗出液体现出来。

对散索套处的钢丝进行检查是一项复杂的工作，往往需要对散索套临时性的重新定位。通过固定的框架为索股变更新的路线，在保证钢丝长度和初始应力不变的条件下将散开的索股放置在保持框架中，并沿着主缆向上移动散索套位置，并确保所有的散开索股中张力保持不变。

三、主缆锚固设备

连接主缆索股锚头并将主缆拉力传递给锚块的构造称为主缆锚固系统，锚固系统通常包括锚固构架和锚固连接件两个部分，锚固构架设置在锚块混凝土中，锚固连接件则将主缆索股锚头于锚固构架连接起来。

根据主缆索股在锚块中的锚固部位和传力机理可以分为前锚式和后锚式，前锚式是将索股的锚头在锚块的前面通过连接件锚固于锚固系统上的一种方式，后锚式则是在锚块混凝土内埋设管道，主缆索股从管道通过后，在后锚面用锚碇板锚固，主缆索股的拉力通过锚碇板作为支压力直接传递给混凝土。

锚固系统，就其使用材料、结构构造和传力机理来讲，目前主要有带环拉杆锚固系统、型钢框架锚固系统和预应力锚固系统3种类型。

1. 带环拉杆锚固系统

主缆索股拉力通过一连串锚杆传至锚块后部的锚梁上，锚杆采用带有销子或者枢纽结构的钢拉杆，如附图1-7所示。

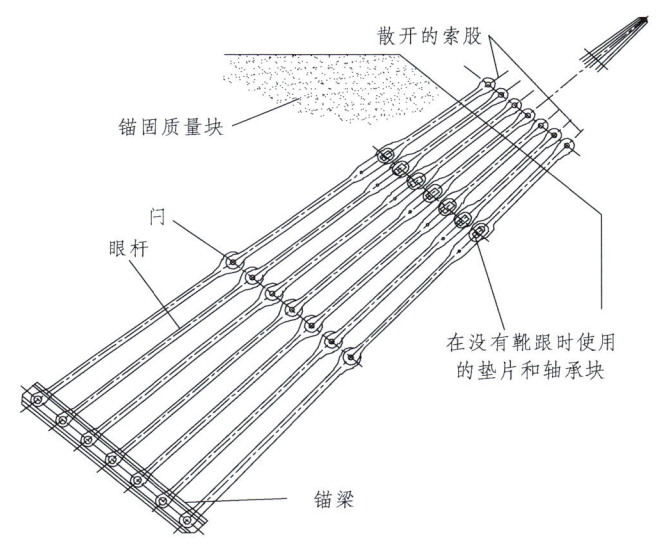

附图1-7 带环拉杆锚固系统

2. 型钢锚固系统

无论是连接拉杆还是锚固梁，均采用普通材质的型钢，各构件之间的连接也采用成熟的焊接工艺，由锚头梁、前后锚固梁、张拉杆和强大的型钢支架组成。其传力途径为：主缆索股—锚头梁—前锚梁—张拉杆—后锚梁—锚块—锚碇基础。这种锚固类型的优点是整体定位，便于调整误差，制作加工安全可靠，混凝土灌注方便。缺点是用钢量大，拼组时间长，如附图1-8所示。

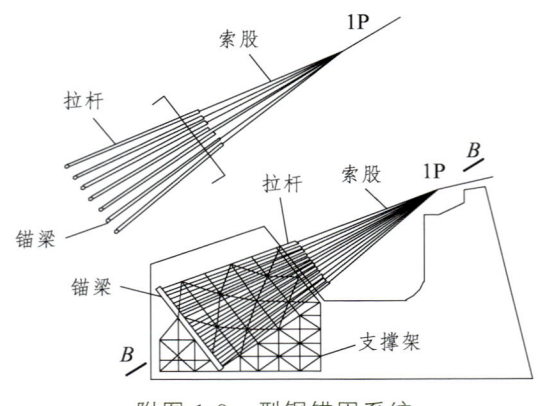

附图 1-8　型钢锚固系统

3. 预应力锚固系统

对一定范围内的混凝土锚块施加预应力，将由特种钢材加工的锚固拉杆一端与主缆索股锚头连接，另一端连接到特殊设计的、由预应力锚索固定在锚块前表面的连接器上，从而实现锚固如附图 1-9 所示。预应力锚固系统分为预应力钢绞线和预应力粗钢筋两种体系。

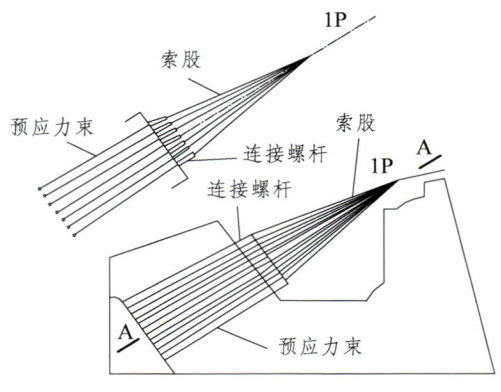

附图 1-9　预应力锚固体系统

3 种锚固系统各有其优缺点，欧美的传统悬索桥主缆大多应用 AS 法架设，大多采用带环拉杆锚固系统。日本和中国大多采用 PPWS 法架设，较多采用型钢锚固系统和预应力锚固系统。型钢锚固系统只用普通钢材，加工工艺成熟简单，结构安全性能好，相对庞大的支撑都加浇注在大体积混凝土块内，不需要后期养护。预应力钢绞线和预应力粗钢筋两种体系均需要对预应力筋进行张拉，在锚块内预先储备预压力，预应力钢绞线系统由于布置灵活，施工方便，因此应用较广。

如果锚碇处的空气潮湿，或者水分进入了锚锭，则通常会在索股的尾端发现损伤，尤其是在钢丝与索靴的连接界面处，这里通常是水分聚集的地方。在这些区域内的损伤通常都是腐蚀，腐蚀会使得钢丝的截面变小。

四、索夹和吊索

悬索桥主缆安装索夹，通过吊索将桥面荷载传送到主缆。索夹和吊索主要有骑跨式和叉耳销接式 2 种类型。索夹大多为哈弗结构，二半索夹通过螺栓紧固夹持在主缆上。吊索主要有平行钢丝索体和钢丝绳索体，两端锚固。

骑跨式吊索一般是钢丝绳索体，钢丝绳索跨过索夹与桥面连接。此时吊索有助于增加由于主缆索夹螺栓产生的正交力，有利于抑制主缆索夹滑移。这在北美桥梁中很普遍。

销接式吊索一般是用钢丝索股制成的，钢丝索股不能在主缆索夹处弯曲，只能销接在索夹上，它们比绳吊索更结实且更轻巧，且对主缆索夹的细节设计起到一定程度的简化。销铰式索夹也是由两个半圆形圆筒组成，通过螺栓对接固定在主缆上，每个索夹（主缆索夹）的螺栓数取决于吊索处主缆的斜率。由于索夹与主缆之间存在摩擦，会防止其沿着主缆向下滑，主缆越陡则为了防止索夹下滑所需要的螺栓越多，如果索夹需要被移动，那么挂在其上的吊索也要随着移动。

试验研究表明，紧固的索夹会在一段时间后出现滑移倾向，需要及时检查和补充紧固力，防止索夹滑动。主要原因是索夹螺栓处的栓紧力会随着时间因为钢丝上锌镀层的蠕变而减小，减小力约占初始螺栓轴力的 65%。附图 1-10 是一个典型的骑跨吊索的示意图。

锚固处的钢丝失效机制与桥跨中紧实的主缆破坏机制是很不一样的。锚固处的索股暴露于充足的氧气中，钢丝显现出一致的麻点锈蚀形态以及钢丝横截面积大大减小，失效端有长的针形锈点。

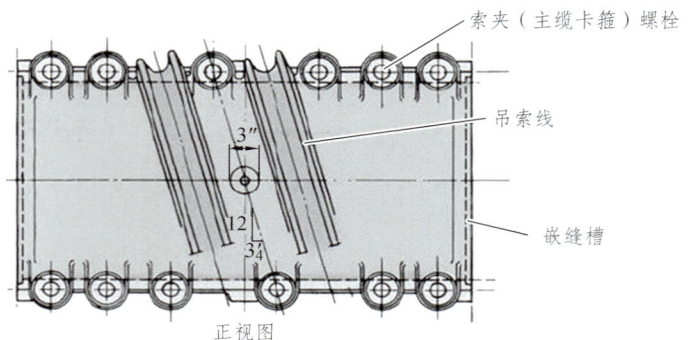

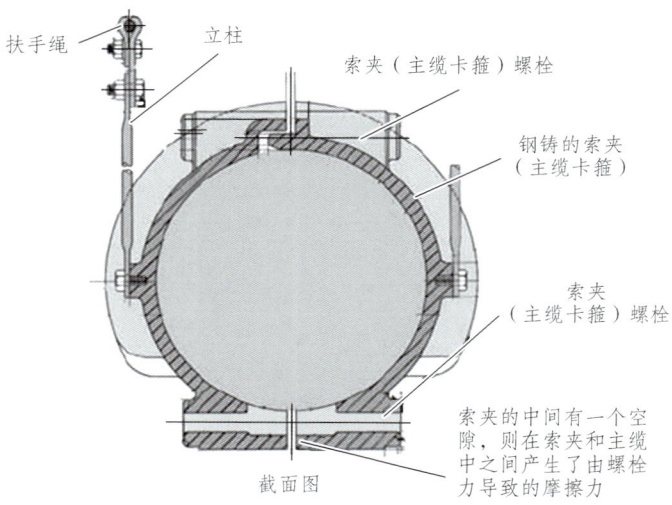

附图1-10 索夹（主缆索夹）示意图

从曼哈顿大桥锚固处取出的主缆钢丝的张拉试验表明：与原丝相比横截面由于腐蚀而减小的钢丝，其实际抗拉强度并没有改变；单根钢丝的强度与其剩余面积成正比。虽然这个数据是有局限的，但是可以假设所有的桥梁都遵循这一模式。

五、小　结

本附录主要介绍了悬索桥主缆系统各个构件的构造细节以及各个构

件的易发生腐蚀的主要原因，一方面为检测人员对缆索系统的检测提供了基础知识；另一方面在后续的主缆开缆检测时对缆索系统的各个构件应更加重视其易发生腐蚀的部位。

附录 2　悬索桥主缆开缆现场检测

美国现代悬索桥有 100 多年的历史，21 世纪初，美国桥梁专业机构在大量悬索桥主缆检查维修的基础上，研究提出了《悬索桥平行钢丝主缆检测与评估指南》（NCHRP-534）报告，2004 年正式出版。根据这个专业指南的规定，悬索桥服役 30 年后必须对其进行全面检测，对悬索桥主缆的评估需要考虑主缆钢丝所处的环境条件及其强度。检测的目的就是获取这些信息。在本附录中将说明如何进行全面的主缆检查，详细介绍如何选择检测点及检测频率，如何将楔子打入主缆内将钢丝分开的主缆内部检查，介绍目视检测，如何提取钢丝样本和拍摄检测照片，以及最终的主缆缺陷的评估。

主缆内部检查和评估是一项高难度的技术工作，是在常规检查基础上进行的一项重要专业检查。常规检查时，某些索夹处螺栓的栓力需要提前进行检查记录，锚锭内部的主缆以及鞍座处可见的主缆都必须检查到。主缆内部检查需要事先搭建工作平台接近主缆，在常规检查检测的基础上，去掉表面涂层或包装、解除缠丝、清除腻子，完成外部检查后楔开主缆进行内部检查。现场检查和抽样试验，将断丝连接后，需要恢复主缆防护，包括主缆重新缠丝涂装等。当出现需求时要准备移除一根或多根吊索，以及索夹。

一、常规检测

桥梁安全运营，需要常规的日常检查，美国 NCHRP-534 报告（简称指南）针对悬索桥主缆提出了分为三个层次的建议：维修人员定期地对主缆外部的目视检测；两年一次的手动检测；全面的内部检测。前面二项检查通常定义为常规检查。

（一）定期巡查

一年中最好的巡检时机是在每年冬天结束的时候（三月或者四月），

这个时段最方便检测由于冰冻造成的损伤，并及时除去飞溅区的盐分。另外就是在夏季结束时（九月或者十月）检查外部高温对涂层以及压紧缝的影响。此外，在严重降雪，结冰，降雨或者大风后都应该增加额外的巡检次数。在巡检中应该注意主缆下部的钢丝是否有进水的迹象，例如从缠丝中滴出水滴，或者主缆索夹底部出现的渗水，一些不正常的潮湿区域也应该给予关注。

检测人员应该沿着整个主缆走一遍，检测人员必须充分接近主缆以便触摸主缆，听主缆的声音，或者用放大镜观察主缆。在日常的维护中，例如主缆除冰，对飞溅区污垢的清洗，或者对涂层的养护，养护人员都需要细心观察主缆外观的变化，因为有些变化能体现出主缆潜在的问题，包括由于意外引起的涂层或主缆缠丝的破坏，涂层系统的风化和侵蚀，主缆缠丝系统的腐蚀和严重氧化，紧压缝的松动，以及锈斑等。因此养护人员必须对主缆定期巡视，可以先用望远镜对主缆底部进行检查，然后再沿着主缆全长步行检测。

观察到的反常之处应该记录下来，并附以彩色照片加以存档。检测的日期和位置，以及检测之前恶劣天气（风暴）日期等都一起记录下来。如果记录得当，那么这些信息将对更深一步的检查提供有用的参考。

（二）两年一次的检测

除了定期的巡查，还应该进行两年一次的检测，在进行两年一次的检测时需要对下列的桥梁结构部件的状况进行详细检测，写入检测报告中，并按下述表格要求对其进行评估。

1. 吊索间主缆的检测

吊索间主缆的检测内容以及检测评级如附表 2-1 所示。

附表 2-1　吊索间主缆的检测内容及评级

检测项目	检测内容	级别划分
涂层及外部的保护	检测油漆的干涸，脱皮，开裂以及粗质的涂刷，弹性隔膜的穿透以及撕裂	如果是局部的则级别为 3 级，如果大于 12 英寸（约 304.8 mm）则级别为 1 级

续附表

检测项目	检测内容	级别划分
主缆索夹	紧密缝是否有空隙或者裂纹	
扶手绳和立柱	对于破损钢丝的紧密性和腐蚀	如果破损的钢丝暴露或者松弛则评级为3,如果手绳或支柱破损则评级为1
主缆缠丝异常	缠丝的张力不均匀,这往往由缠丝表面不平整表现出来	评级4
	缠丝低于主缆索夹或者与其分离	评级4
	缠丝中有缝隙,腐蚀,或者损坏	小的缝隙评级为3,破坏评级为1
	缠丝表面凸起,表示有的钢丝交错而有的地方却没有缠丝	评级4
主缆鞍座和锚锭	检查是否有水渗出处,有可能是套管、风箱、遮雨板破损	如果发现有水分流出的裂缝则评级为1
主缆底部和主缆索夹	检查是否有锈斑或者有水滴出	评级1或者2,并标记以便内部检测

评级方法和具体的数值都是特指美国纽约州的规定,评级从1(完全退化,或者情况糟糕)到7(无退化)。除非缠丝或者其他部件都是才刚换上的新部件,最高的评级为5分(有少许退化,但是功能满足初始设计)。其他机构使用的从1到9的评级需要进行相应的转化。应用于涂层的评价标准通常由桥梁业主自行决定。

2. 锚固内的主缆

锚碇下列特性都应该按评级系统的规定给予评级,并在检测报告中体现出来:

(1)锚室内索股钢丝的腐蚀和破坏,以及在靴跟处的肿胀和凸起;

(2)锚碇处墙壁和顶面的渗水痕迹;

(3)眼杆和索股钢丝处的凝结痕迹;

(4)眼杆与混凝土基础处的腐蚀痕迹;

(5)眼杆和锚碇出的油漆异常。

在两年一次的定期检查中如果发现可能存在的内部腐蚀，而且在此之前主缆在该处并未进行过内部检测，那就应该立刻对隐患处进行内部检测。

二、内部开缆检测

主缆内部检查需要将主缆外部的防护层移除，打开主缆进行内部钢丝检查。

（一）内部检测的时间

在主缆的服役寿命期间需要进行内部检测，附表 2-2 给出了在忽略主缆外部条件下进行内部检测的建议时间间隔。这一表格是美国专业组织经过大量研究在 NCHRP-534 中推荐的，值得重视和借鉴。

附表 2-2　内部检测的时间间隔

内部检测次数	在之前的检测中发现的最大腐蚀阶段	最近一次内部检测时的桥梁寿命/a	间隔/a
第一次			30
附加次	1-（2）	任意年	30
	2-（3）	大于 40	20
	2-（3）	30	10
	3-（4）	60 或更多	20
	3-（4）	小于 60	10
	4	任意	10
	缠丝破损	任意	5

根据美国专业组织研究的结果，在桥梁通车到主缆退化开始之前大概有 10 年的时间桥梁是很健康的，推荐的检测时间间隔是对不同时期的 31 座桥梁进行检测所得到的数据中总结出来的，很多桥梁的主缆只打开了很小的一段，所以得到的信息较粗略。当主缆钢丝中 10%的钢丝都达到第 4 腐蚀阶段时，内部检测时间间隔须减少到 5 年以内。另外，出于业主和检测人员的考虑，可以根据过去的大桥内部检测历史或者遇到的

特殊条件来调整内部检测时间间隔，例如在与钢丝接触或靠近钢丝的地方出现褐色锈蚀产物，发生交通事故处的局部退化，或者是养护操作中的过度加热。

腐蚀阶段的发展速度几乎是线性的，随着腐蚀越来越严重，退化的速度逐渐增长（即从一个腐蚀阶段到下一个腐蚀阶段的时间间隔是逐渐减小的），附图 2-1 为退化的线性关系。

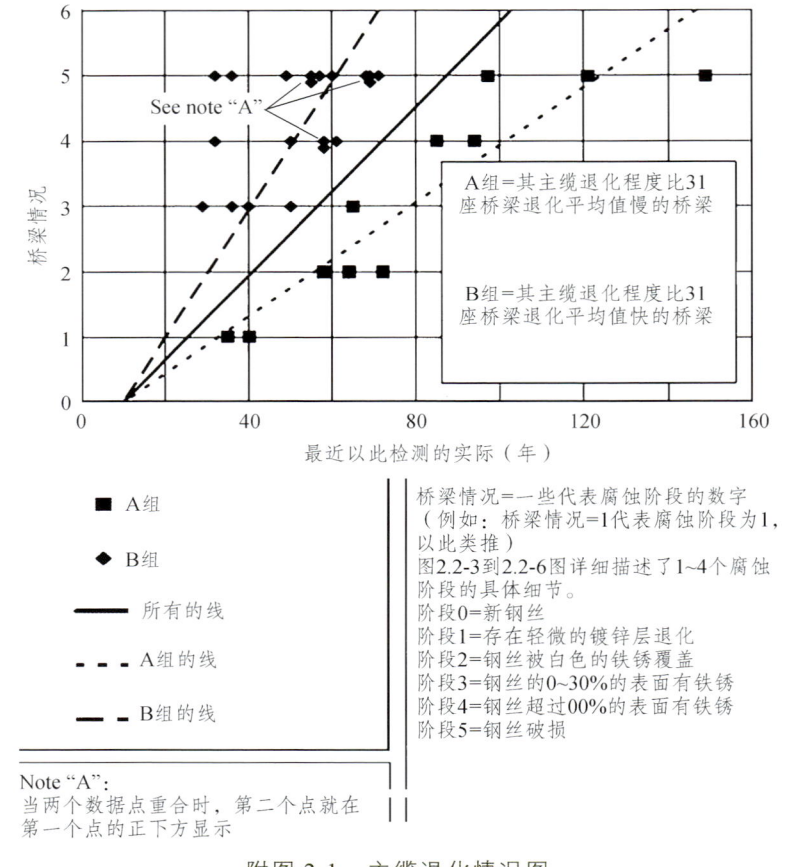

附图 2-1　主缆退化情况图

建议的检测时间间隔就是基于退化发展率的，如附图 2-1 所示。无论何种情况，当桥梁服役 30 年时都应该对其进行一次内部检测，这一年限是根据所观察到的 7 座桥梁都是在服役 40 年左右就出现了第 3 阶段腐蚀或者更高阶段的腐蚀而得出的。通过第一次的检测可以判断桥梁主缆退化得是迅速的还是缓慢的。

一旦出现第 4 阶段的腐蚀,所有桥梁的检测时间就应该缩短到 10 年。而一旦出现破损钢丝,则检测间隔又应该缩短到 5 年。若出现大面积的第 4 阶段腐蚀,则需要在 5 年以内进行再次检测。

(二)内部检测的位置

主缆在什么位置的损伤情况最严重并没有固定的规律,只有五分之一的桥梁,在主缆底部发生严重的应力损失;另外五分之四的桥梁最大应力损失发生在主跨四分点附近或者发生在边跨跨中附近。另外,其中一座桥梁,高于最低点处的最大应力损失是最低点应力损失的 3.5 倍。

当内部的退化在外部有所表现时就需要进行内部检测。这些外部信号包括:缠丝松弛、主缆内部滴水、锈斑、主缆索夹处压紧封破损、缠丝内部交错引起的表面凸起、敲击主缆表面传出空洞声。如果没有这些退化的外部表现就应该按照下述方法选择内部检测的位置。

1. 第一次内部检测

每根主缆的第一次内部检测至少要在三个位置处开展:

(1)每根主缆在主跨的最低处应有一个检测点;

(2)每根主缆边跨最低处或靠近最低处的应设一个检测点;

(3)主跨的第一根主缆上,在距离最低点为主跨一半的 30%到 70%处设置一点检测点;在另一主缆上,距边跨最低点为边跨 30%到 70%的距离处设置另一个测点。

在每个检测点处,主缆至少应该打开 16 英尺(约 4.88 m)长,沿圆周对称打入 4 个楔子,以便分开主缆。如果发现的钢丝腐蚀为第 2 个阶段,则在主缆周长对称打入 8 个楔子,楔开的长度应扩展至整个工作段长度。楔子在主缆内插入得够深,才能够判断第 3 阶段或更严重的腐蚀程度,也只有这样才能取得出 16 英尺(约 4.88 m)长的钢丝样本。

检测过程中,如果在高于最低点的任何点发现一处或者多处明显的应力损失,则在最低点都会发现第 3 阶段的腐蚀。服役 30 年左右的桥梁虽然在某些特殊的钢丝处会出现第 3 阶段的腐蚀，但是内部钢丝一般不应该会出现高于第 2 阶段的腐蚀。这样，主缆的开口长度只需满足刚好能从最外两层钢丝中取出 10 英尺长（约 3.04 m）的试验样本钢丝就可以了。然而，当有更严重的腐蚀发生时，检测人员也应该能够做好将主缆打开更长开口的准备。

2. 第二次内部检测

当第一次内部检测仅发现第 1 或第 2 阶段的腐蚀时，则第二次内部检测应该根据之前选择的标准，选取检测点至少在每根主缆的 4 个位置进行。

第二次内部检测的主跨低点应该在第一次内部检测的主跨低点附近，然而在边跨上的检测点应该在第一次检测的点对面。另外在高于主跨和边跨的最低点的地方也应该检测，16 英尺（约 4.88 m）长的开口就足够了，但是如果发现第 3 或第 4 阶段的腐蚀，则开口长度和楔入点都应该增加。

当第一次内部检测发现至少为 3 根钢丝深度的第 3 或第 4 阶段腐蚀时，则每根主缆都需要在六个位置处进行内部检测，包括上面检测过的暴露出第 2 阶段腐蚀或者更高阶段腐蚀的 3 个点，以及第一次检测中另外推荐的三个点。

在第一次内部检测中发现的只存在第 1 阶段腐蚀的点在第二次检测中不需再打开了，但是在最低点上方新增加的几个点应该算入第二次检测的六个点中。所有的六个点都应该检测其主缆索夹段内的全部长度，并用楔子楔入主缆中心，将其打开以便检查得足够深入。如果检测到不仅仅是一根钢丝处于第 4 阶段的腐蚀程度时，或者当整个分隔段都去除缠丝但是仍然不能达到主缆中心时，则每根主缆必须取出一个主缆索夹以便检测主缆中心的钢丝情况。

当第一次检测就发现三根以上的钢丝处于第 4 阶段的腐蚀时，每根主缆内 16%或者最好是 20%的工作段需要再次检测。

主缆最低点以及主塔附近的两个位置都需要进行检测。在剩下的主缆最低点到主塔这一段内的检测位置应该随机地选择，在连续的工作段组中选取的检测点数目应该是大致相同的。将楔子插入主缆中心或者尽可能深,并检测主缆索夹内工作段的全部长度。为了便于检测主缆中心和索夹下部,至少需要将两个主缆索夹移除。

如果第一次没有发现高于第 1 阶段的腐蚀,则第二次检测可以在 60 年以后再实施。如果在第一次检测的四个点中发现第 4 阶段的腐蚀时,检测人员应该准备打开额外的更高点处的主缆。每当主缆内临近鞍座,或鞍室处出现退化,或者主缆套管和保护壳出现水分进入,那么这些位置都应该增加到检测列表中进行检测。

3. 附加的内部检测

第二次检测后,主缆打开检查的位置数量取决于之前的检测情况。在任何的一次检测中,当发现主缆工作段内大于 10%的钢丝处于第 4 阶段腐蚀时,则应考虑一个完整的主缆内部检测程序,并且应该移除一部分主缆索夹来检测主缆底部的钢丝。同时需要考虑采取更有效的监控腐蚀的措施,例如安装声学监控系统以便检测和定位后续的腐蚀断丝。

三、内部检测具体实施方法

(一)检测前准备

1. 资料收集

在进行检测前,检测人员应该阅读桥梁设计报告,熟悉主缆索夹和主缆鞍座的设计细节,如果可行还应该对钢丝规格以及眼杆材料进行检查,并阅读以前的维修记录,以便对紧压缝和缠丝过去失效的地方进行定位,或者对主缆中水渗出,以及水流过的位置进行统计。同时对下述问题进行考察,以便对主缆腐蚀基本状况进行预测。

(1)钢丝是否镀锌或者是光面,如果是镀锌的钢丝,则应该检查镀锌层。

(2)钢丝是否涂抹油脂,如果涂抹过油脂则钢丝退化不会很严重,但是腐蚀会表现为小的黑色区域。

(3)钢丝圈绕半径是多大,小的圈绕半径意味着钢丝容易开裂。

（4）原始的钢丝强度和机械性能是否符合验收试验或者规范要求，如果不符合，则第一腐蚀阶段和第二腐蚀阶段的全部样本钢丝在第一次检测都要进行检测。如果至少有 10 根原始钢丝强度符合要求，那么第一次检测时每个样本中只需做 3 个样品的拉伸实验。

（5）钢丝化学性能的测试结果是否有效，如果无效则必须进行化学实验。

（6）主缆是否是空中编丝的，或者是否是预制平行钢丝束，后者主缆密实度较高只会有较少的交错钢丝。

（7）在主缆套管和鞍座防水板以及锚固面处是否有渗水的可能性，如果有这样的可能性则这些地方必须仔细地观察。

（8）桥梁的设计恒载和活载是多少，准备最终报告时需要这些数值。如果没有这些具体值，或在实际桥梁中这些值有所修改，再或者在实际车辆荷载中改变了这些值，那么主缆内力需要重新计算。较高的主缆应力意味着钢丝内可能存在开裂。

（9）根据涂层记录，判断主缆使用了何种涂层系统，这些信息有助于分析主缆防护层性能。

（10）高应力主缆（安全系数小于 2.5）由于腐蚀而导致的应力损失空间小于低应力的主缆。活载与恒载比值大于 0.2 会造成很大的挠度，尤其是当加劲桁架杆和梁比较细长的情况。这样的挠度会导致涂层或防护外壳或者填塞缝的开裂和破损，所以对这些细节的检测就更应该加强。

2. 初步的实地观察和沿主缆的巡查

在准备主缆的开缆检测之前，应该沿着主缆人行道或者维修辅道对主缆外表观察，行走能够观察到主缆底部的位置，注意观察下述内容：

（1）顺主缆缠丝的涂层龟裂。

（2）主缆出现明显的棱角，这意味着主缆没有挤紧。

（3）弹性膜折断或破损，或者新保护系统中使用的主缆树脂系统的开裂。

3. 准备检测表格

为了便于现场的数据记录，需要提前准备检测表格，例如附图 2-2、附图 2-3 以及附图 2-4 所示为每根主缆设置的检测点的立面图,以便确定检测点的位置。

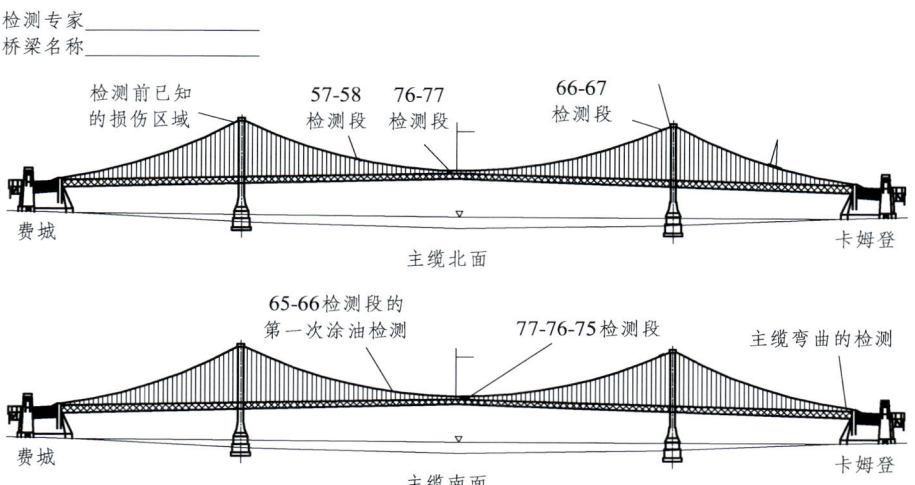

附图 2-2　记录主缆内部检测位置的表格

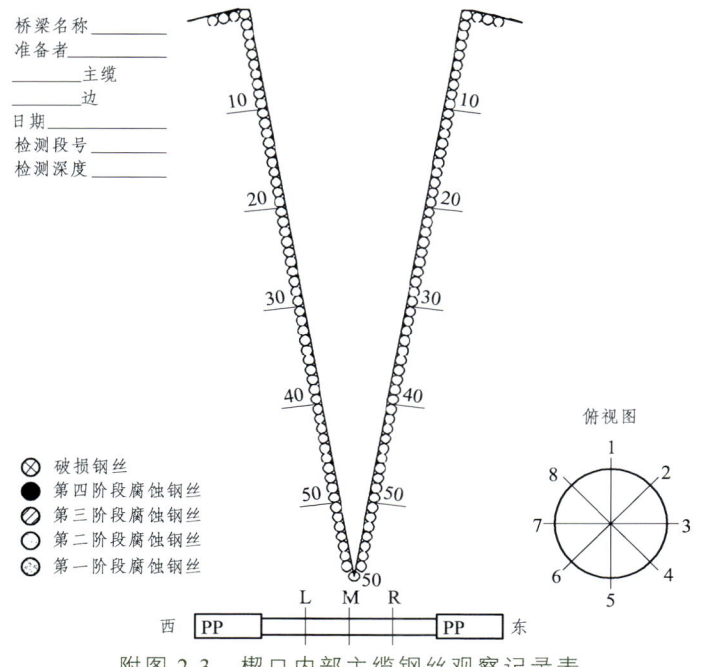

附图 2-3　楔口内部主缆钢丝观察记录表

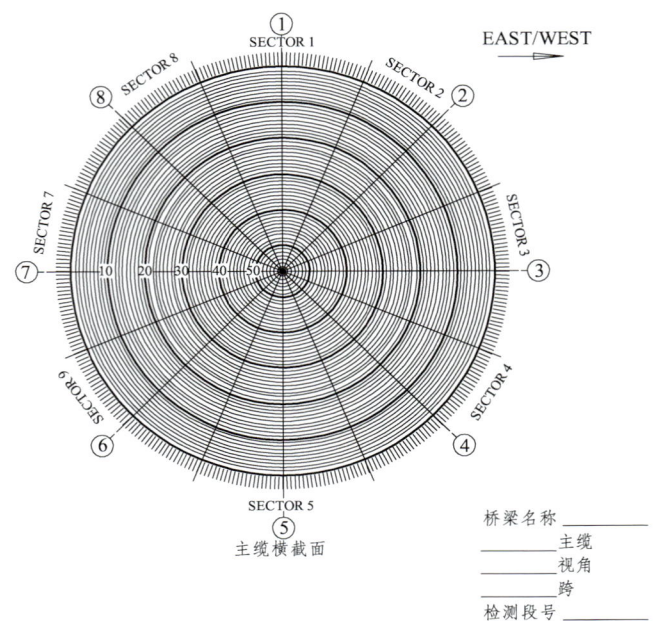

附图 2-4 破损钢丝及实验样本钢丝的位置记录表格

附图 2-3 为一个 9 990 根钢丝主缆用的检测表格，每一个楔形体剖开的工作段钢丝都需要填写这样一张表格，将观察到的每个楔形面中钢丝的情况记录下来。附图 2-4 为主缆的横截面图，用于记录主缆表层破损钢丝的位置，和用于绘制主缆内部检测情况。

4. 准备工具箱

调查员或检查人员需要有一套简单但是实用的工具，可以方便地观测并记录所有的数据。这些工具至少应包括以下的东西：

（1）一个记录板，铅笔和钢笔。

（2）足够数量的空白表格（每个工作段内楔形体剖开的 8 条楔开线需要至少 24 张表格）。

（3）坚固的便携式小刀，用于检测缠丝或者刮去缠丝和外露钢丝上的腐蚀铁锈。也可以用于采集油脂的样品。

（4）手电筒，检查钢丝特别是主缆底部钢丝的必备工具，也可以在黑暗区域内为钢丝拍照提供光源。

（5）钢尺和胶带。钢尺应该有足够的刚度，可以插入主缆内部18英寸（约457.2 mm），钢丝的位置由测量其到主缆表面的距离来表示。

（6）检测钢丝时，用一字螺丝刀插入松散的钢丝，撬开表面退化的钢丝检测它下层掩盖的钢丝，在第一、第二腐蚀阶段时不能用此方法，以避免破坏镀锌层。

（7）小标尺，用于标记照片上的损伤尺寸。

（8）柔软的带尺，用于测量主缆的直径，用来判断主缆的密实度。

（9）千分卡尺，测量损失的截面面积，尤其是锚锭区域。截面损失是渐进的，所以千分尺就足够了。

（10）相机（传统的或者数码的都可以）用于记录楔形体剖开钢丝的情况。

（11）良好的照明（定向闪光灯，环形闪光灯或者外部定向照明灯）以便获得丰富的照片记录，传统的闪光灯只能照到楔形体外面的区域，不能照亮楔子打开的空腔内部。

（12）用于标记钢丝样本的标签。在马尼拉纸上，用圆珠笔或者其他标记笔做出不会被油脂和水弄脏的永久性标记。

（13）最小精度为0.5的pH试纸，用于判定主缆钢丝内溶液的酸碱性。

（14）几个无菌的密封很好的样品罐，以防需要提取腐蚀物。

（15）带有8英寸（约203.2 mm）伸缩臂的观察镜，当检测人员沿主缆巡检时可以用来观察主缆下方。

（16）高清晰的内窥镜，用于拍摄和观察主缆内的钢丝腐蚀。

其他工具按检测员的实际需要而定。

（二）开缆施工

为了保证检测人员的安全，以及遏制有害物质，主缆内部检测需要搭建工作平台，这一工作由开缆检测承包商或者维修人员完成。对于位置较高处的工作平台，由于楔子被主缆钢丝挤压出而掉落到路上的例子是出现过的，所以将工作台封闭能够减小这样的风险。楔子也可以通过胶带缠绕在主缆上，以保护工作台上的检测人员。

（1）主缆解除缠丝。

在主缆解除缠丝之前，检测人员必须记录主缆表面上的缺陷，例如缠丝上的缺口，损坏的油漆，或者从主缆中透出的白色或褐色锈斑。解除缠丝前还需要测量主缆的外直径。如果钢丝对温度变化较敏感，那么在记录时也应该标注上测量时的温度。

（2）缠丝张力测试。

在剪断主缆缠绕钢丝前需要测量钢丝应变，记录现有钢丝的张力。这时可采用剪断后的应力损失代表钢丝的张力，在解开单根钢丝或者同时解开所有钢丝时，都需要进行缠丝张拉测试。如果已经知道缠丝钢丝的初始张力，那么就可以用解除缠丝后的张力算出到底损失了多少，以及判断剩余的张力是否足够。

当缠丝已经缠绕数圈以后再测量其发生的缩短量是难以完成和加以解释的，因为缠丝层间有摩擦力了。所以更推荐测试应力而不是测量切断钢丝后的缩短量。

（3）移除缠丝。

对缠丝的移除会对人的健康以及环境造成威胁。工作人员需要佩戴防护面具，保证妥善处理含铅的废物，并且需注意尽量不要产生灰尘，除非整个工作段都被包裹或密封，否则需要为检测人员配置过滤系统以避免工作人员吸入含铅粉尘。必须强制性地对所有解除缠丝、主缆检测，以及重缠丝人员进行血铅中毒检查。

（4）铅腻子的移除。

缠丝下的铅腻子往往干燥易碎，当移除缠丝时这些干燥的铅膏会掉落在工作台上，有些铅腻子挂在主缆钢丝上，即使很小的风也会将其吹落。通过用木棒子敲击主缆就可将铅腻子抖掉，剩余的铅腻子可用软钢丝刷刷除。

在楔开主缆前，应该将未缠丝的主缆表面用真空吸尘器清理，主缆的楔开会使得更多的铅尘和废物会从主缆中脱落。喷涂或者刷上少许油可以将这一额外的灰尘减小到最小。

（5）测量主缆直径。

为了使得主缆重缠丝达到原来的紧实程度，必须测量主缆的周长，以便计算出主缆的直径。一个紧实主缆的压缩比例通常在 0.8～0.82。当移除主缆缠丝以后应该再次测量主缆的外围直径，第一个测量位置应该紧靠主缆索夹附近，第二个测量位置取在距主缆索夹端部 12 英寸（3.048 dm）处，第三个测量位置设置于工作段的中部。移除缠丝后的主缆直径以及空隙率比例都应该进行计算，空隙率比例是指移除缠丝后主缆内部总的钢丝累计面积占主缆测量面积的百分比。

（三）楔入主缆

1. 楔子定制

为了将主缆张开，露出内部钢丝的腐蚀状况，在检测中会用到多种的楔形体，包括铜制的凿子、木头、塑料和液压楔子等，凿子以及楔子的具体细节如附图 2-5 所示。

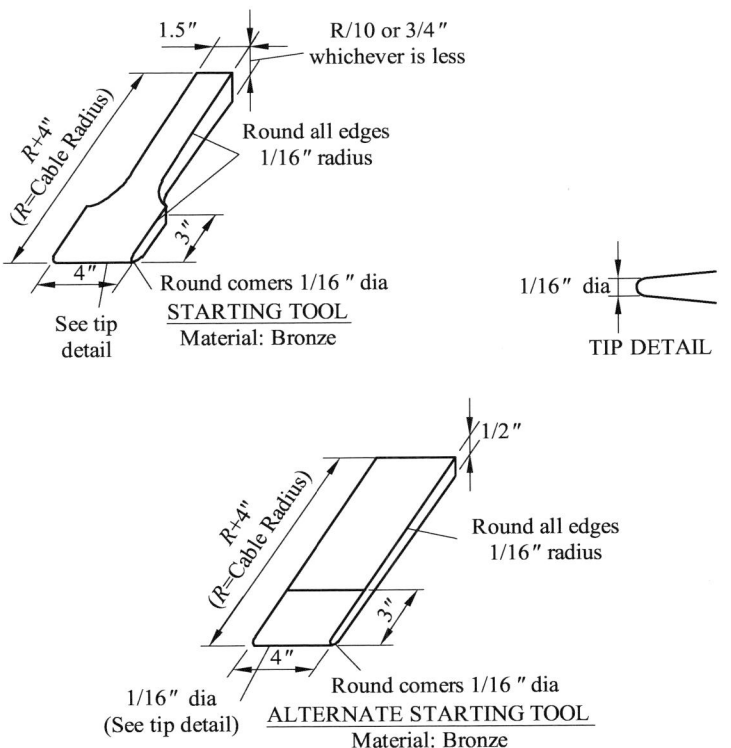

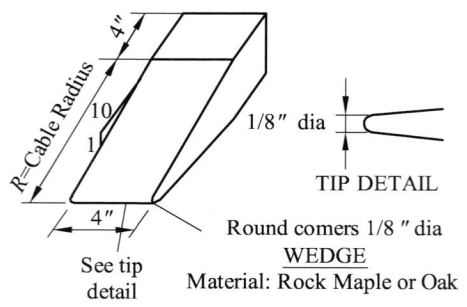

附图 2-5　凿子和楔子

为了防止损伤钢丝，在最初楔入时建议使用扁平的铜凿子，宽度控制在 3~4 英寸，一个合适的铜凿子可以方便地由铜杆改装而成，其端部应该与附图 2-5 所示的相匹配。

穿透主缆的最好楔子是由橡木、岩枫木或者高分子聚乙烯制成，楔子锥度应该为 1∶5。每 5 英寸长（约 127 mm）的楔子应该削减 1 英寸（25 mm）的宽度。为了减小楔子对钢丝的破坏，应该将楔子的尖头制成圆形。

液压楔子可以用最小的力就得到足够的开口宽度，液压装置如附图 2-6 所示。

附图 2-6　液压楔

在楔入的过程中楔子的尖端可以因磨损而变成弯曲的，所以应该对其进行不断地维修。

2. 楔入位置

通常，主缆的楔入位置按照时钟刻度来描述，在同一截面的 8 个位置进行楔入时，绕主缆一圈每 45°应该设置一个楔入点。

12:00 主缆顶部；

1:30 从主缆顶部顺时针转 45°；

3:00 从主缆顶部顺时针转 90°；

4:30 从主缆顶部顺时针转 135°；

6:00 从主缆顶部顺时针转 180°；

7:30 从主缆顶部顺时针转 225°；

9:00 从主缆顶部顺时针转 270°；

10:30 从主缆顶部顺时针转 315°。

但并不是所有主缆都需要 8 根楔入线，另一方面有的主缆则需要增加楔入线以获得统计数据。特别是当有损伤存在时。建议确定楔入数量和位置时按下列准则进行：

（1）通常从底部开始楔入（4:30，6:00，或者 7:30），特别是对主缆情况毫不了解的情况下，或者是计划只打开 8 根楔入线时。（主缆底部的腐蚀往往比其顶部或旁边更严重，因此，从主缆底部开始检测就能首先碰到最差的腐蚀情况，当主缆外表面的腐蚀阶段为第 1 腐蚀阶段时，就可以减少剩下区域的楔口数，因为外表面的情况往往比主缆中心的情况差）。

（2）当在最低的三根楔入线上只发现第 1 阶段腐蚀时，则在飞溅区再选一条楔入线，如果已经有一条楔入线，则可在 1:30，3:00，9:00 或者 10:00 方向处选择（在主缆最低点附近，面对道路的一面将会被车辆溅起的泥土污染，也会比另一面的主缆退化得更快）。

（3）当没有发现大于第 2 阶段的腐蚀时，需要布置至少 6 条楔入线，分别为 9:00，3:00 以及 1:30（或者 10:30）再加上底部的三根线，最好布置在飞溅区。

（4）当发现第 3 阶段的腐蚀时，应该楔入所有八根楔入线。

（5）当出现相当数目的断丝以及第四阶段腐蚀时，需要在腐蚀区域楔入更多的楔入线，

（6）当主缆直径大于 24 英寸（609.6 mm）时，在上述 8 个楔入线之外应该增加另外 8 个楔入线。楔入要足够深以便检测主缆中心的钢丝情况。

当发现很多破损钢丝时，则在主缆内部将会有可能发现第 4 阶段的

腐蚀，这时就需要适当地增加楔口数目。

3. 楔子的楔入以及推进

楔子应使用不带火花的器具打入，然后用小锤将楔子打得更深，附图 2-7 为主缆检测时所用楔子。

附图 2-7　出现很多破损钢丝时需要在检测区增加的楔子

从工作段中部开始楔入楔子，然后向着主缆索夹方向每隔 4 英尺（1.22 m）打入一个楔子，先将所有楔子统一打入 3 英寸（约 7.6 cm），然后依次将所有楔子再打入 3 英寸（约 7.6 cm），直到达到主缆中心或者事先计划的深度。

四、钢丝的检测和抽样

检测的目的是鉴定主缆中钢丝的腐蚀状况，并按照规定的腐蚀阶段确定其腐蚀程度。钢丝抽样是为了确定每个腐蚀阶段钢丝的物理性能，以便评估主缆的承载能力。

（一）钢丝检测

1. 腐蚀阶段的划分

检测人员应该记录楔开处暴露出来的钢丝表面的腐蚀阶段。这个工作由目测来完成，并以附图 2-8 为判别腐蚀的准则。

附图 2-8　钢丝 4 级腐蚀图

附图 2-8 中的腐蚀外观的阶段划分对于不同桥梁的腐蚀情况可能并不完全一致，在此仅给出各个阶段的腐蚀特征文字描述。阶段 0：毫无腐蚀迹象。1 级腐蚀：钢丝上出现氧化锌斑点。2 级腐蚀：整个钢丝上都是氧化锌。3 级腐蚀：覆盖钢丝 30% 的长度为 3 英寸（约 7.62 cm）到 6 英寸（约 15.24 cm）的棕色锈迹。4 级腐蚀：覆盖钢丝大于 30% 的长度为 3 英寸（约 7.62 cm）到 6 英寸（约 15.24 cm）的棕色锈迹。阶段五：断丝。

腐蚀往往只覆盖在钢丝的很短一段长度上，有时小于 1 英寸（2.54 cm）。尤其是那些镀锌层已经出现黑色或灰色圈的钢丝，无论是以哪种方式出现，每个工作段至少记录三个区段钢丝的情况，每段钢丝要求接近 6 英尺（约 1.8 m）长。被观察的钢丝应标记为工作段内最高的观察等级。然后与各段钢丝的记录比较后确定其相应的腐蚀阶段。

2. 破损钢丝记录

在主缆外层钢丝往往会发现钢丝破损的情况，损伤的位置以及深度都应该进行记录，同时也需要留意钢丝破损的最大深度。只要一根钢丝破损，则会在断口的两端出现两个钢丝端头。在记录断裂钢丝数目时，每个端头都应该被记录，当同一根断裂钢丝的两端被认定为分别属于两根断丝时就会发生重复计数。为避免这样的错误，只要发现一个断头，就要马上用探针在楔开口处拨开松散钢丝并在刚发现的断头附近寻找另一个断头。

为了能够清楚地看到破损钢丝的状况，应保证楔子的间距为 4 英尺（1.22 m）时，如果小于这一距离是无法看到松散的钢丝的。即使是戳动钢丝也无法看到钢丝的松散，因为它们已经被楔子顶紧了。经验表明当楔入口间距大于 18 m 后，松散钢丝的两个端头就都能被查出。

3. 其他种类的腐蚀

检测人员应该寻找并记录其他典型的腐蚀，典型的腐蚀包括以下几项：

（1）腐蚀斑；

（2）一般腐蚀，使得钢丝直径减小的腐蚀（记录直径）；

（3）缝隙腐蚀，腐蚀物主要是沿着相邻钢丝相互接触的地方分布。

当这些情况比较普遍时（如在一个楔开口的两根及以上钢丝中发现这些腐蚀），需要多取一些样本进行试验，以确定是否有需要定义其他的腐蚀阶段。当这些腐蚀不常见时，每个腐蚀阶段所取的样本数目应包括发现这些腐蚀情况的钢丝，比例与其发现率相对应。

4. 断丝间空隙的测量

钢丝中的摩擦力，尤其是主缆索夹下的钢丝摩擦力往往可以为已经破损的钢丝恢复应力。通过测量断裂钢丝之间的空隙，用统计学的知识，在已知测量时的恒载和活载大小的条件下，就可以评估出由于主缆索夹而恢复的钢丝张力。活载的误差不会导致对钢丝张力大的错误，因为活载只是占总荷载的一小部分。

应该尽可能地将断丝端部拉直并测量端部间的间隙。记录的信息应包括破损钢丝在主缆内的深度，以及其所在工作段的编号。还应该注意在主缆索夹以及相邻工作段缠丝是否被移除，是否要进行间距的测量。

每当一个样本钢丝被移除做实验，在第一次剪断后都要测量间距。在剪断之前需在两端都划上标记，在剪断钢丝前后都要测量两个标记之间的距离。

5. 照片记录

典型的以及单个的或者非典型的腐蚀情况都应该用彩色照片将其记录下来。位于主缆内部的钢丝腐蚀用肉眼有时难以观察，这时候需要使用高清的内窥镜，深入到主缆内部，将每层钢丝的腐蚀外观都以照片或视频的形式进行记录，并标注出观测方向和目标钢丝及其所在区域。

（二）钢丝抽样

抽样的目的是对各个腐蚀阶段钢丝的物理性质做准备。将抽样出来的不同位置、不同腐蚀程度的钢丝送到实验室中测试得到其强度和化学变化的数据。抽样钢丝性质的检测应包括以下几个方面：

（1）氧化锌的范围以及变化，用于估计剩余保护系统的使用寿命，并评价钢丝在镀锌空洞处由于应力导致腐蚀的可能性。

（2）被腐蚀钢丝的强度，因为退化的钢丝会更脆弱，或者是其表面存在腐蚀、腐蚀坑或有潜在的裂缝。所有的这些情况，都意味着钢丝强度有损失。只有到达第 3 阶段腐蚀才会出现钢丝易脆。第 3 阶段会出现腐蚀坑和少许裂缝；第 4 阶段通常含有很多的裂缝。

（3）破损钢丝往往会导致对主缆强度过高的评估，因为只要主缆中有一根钢丝破损，那么这根钢丝的应力就会为零。而且破损钢丝一般都含有裂缝，所以这样的样本钢丝不能用来判断第 4 阶段腐蚀并开裂的钢丝数。只能将破损钢丝单独列为一组样本钢丝，针对开缆钢丝进行拉伸测试。

1. 样本的数目

建议的样本数目应该根据测试得到的钢丝拉伸强度的下降以及随着腐蚀的不断发展而导致的强度变化的结果来计算。

在第一次检测时需要取出第 1 腐蚀阶段的整套样本和至少一半的第二阶段腐蚀样本（如果出现第 2 阶段的腐蚀）。这些样本可以结合第二次检测时取出的附加样本而形成总的样本。以后的检测中就不需要再提取样本了。对第 2 阶段腐蚀的钢丝的镀锌外层测试应该在第一次内部检测时对第 1 阶段腐蚀钢丝进行，并将测试的数据作为以后检测的基准线。

2. 样本位置

第一个被解除缠丝的工作段应该位于低点：每个工作段应该取出第 1 腐蚀阶段的两个样本，一个样本位于 6:00 方向；另一样本位于面向路面的或者在飞溅区内 3:00 或 9:00 方向。在第一次检测时打开的主缆中，还有一个样本应在随机位置进行抽取。

第 2 阶段腐蚀的样本，每个段应取出 1~3 个。在低点处 6:00 位置取出一个样本，第二个样本位于面向路面的 3:00 或 9:00 方向，第三个样本位置应该随机抽取。如果第一个位置没有发现第 2 阶段腐蚀的钢丝，那么就只在发现第 2 阶段腐蚀的位置取出样本，且为了满足样本数目，每个工作段内的样本数目应该有所增加。

任一工作段内都要满足样本数量不超过 10 的第 3 腐蚀阶段样本，以及样本数量不超过 10 的第 4 腐蚀阶段样本。如果在一个工作段内没有发现达到所需的腐蚀阶段的钢丝，则在没有检测到的工作段内应随机增加样本数。

有可能在早期检测时提取的第 3 和第 4 腐蚀阶段样本钢丝会比建议的数目要少，特别是在打开最后一段工作段时才发现腐蚀级别较高的大量腐蚀钢丝。这时，第二次内部检测或许会在 5 到 10 年以后才进行，则到时候应该增加工作段以提供充足的样本钢丝。

3. 每个样本的样品数量和样本长度

为测试拉伸强度和锌层损失而从每个样本中截取的样品数量，以及样本长度都如附表 2-3 所示。

当腐蚀阶段沿着样本钢丝的长度变化时，用作强度测试的样品应该取自腐蚀阶段最高的那个区域。一般服役 30 年的桥梁，第一次检测不会发现第 3、第 4 阶段腐蚀钢丝，如果发现但其深度不多于一层时，则取第 3、第 4 腐蚀阶段长度为 12 英尺（约 3.65 m）的样本，测试 4 根样本。

如果第 4 阶段钢丝深度大于一层时，需加大主缆去除缠丝的长度，取 16 英尺（约 4.78~6.09 m）长的第 4 阶段腐蚀钢丝 4 根。

附表 2-3　样本长度以及每个样本中样品的数量

样本腐蚀阶段	每个样本抽出的最小样品数			样本长度/英尺
	强度测试	镀锌质量测试	电阻率测试	
1	4	1	4	12 英尺（约 3.65 m）
2	4	1	4	12 英尺（约 3.65 m）
3	10	0	0	16~20 英尺（约 4.78~6.09 m）
4	10	0	0	16~20 英尺（约 4.78~6.09 m）

4. 缆内微环境的鉴定

为了判定主缆内部导致可见的退化的情况，研究者以及工程师正竭力确认造成钢丝腐蚀的微观环境。很多不同类型的环境都会破坏桥梁，并不同程度地导致钢丝退化。因此，有必要在检测时对自然环境的特性进行研究。对缆内微观环境的检测应包括下述内容。

（1）钢丝间隙水的 pH 值：在检测中，主缆钢丝中有时能看到水滴甚至是流动的水，这些水应该用 pH 试纸进行测量。如果有可能，应该将这些水收集起来并将其保存在密封的惰性容器内，以防止气体损失。应将这样的样本送到实验室检测其溶解的气体含量，以及被称为污染物的盐类，如氯化物，硫酸盐和硝酸盐。

（2）腐蚀产物：腐蚀产物可以从桥上取样。从样本中选取相应样品，以及从缠丝中刮下的锌的复合物对研究腐蚀产物是有帮助的。

（3）长期监测：虽然目前还不能应用，但是长期监测器可以插入主缆内部的关键位置。它们可以用来判定具有时间依赖性的干湿周期和指示主缆内部水分的 pH 值、氧气含量以及其他指标。

五、主缆防护系统的重安装

在完成所有检测和样本移除后，主缆必须重新紧缆，主缆保护系统也必须重新更换。是否能重新紧实到原来主缆的程度，取决于之前对主缆直径的测量是否准确，再次紧缆通常都使用液压紧缆机完成。主缆直径应不超过解除缠丝前的主缆直径，超出值应小于所缠钢丝直径的两倍。在缠丝前应该用钢带或者硬塑料绑带沿着主缆包裹，间距为 12～18 英寸（约 0.31～0.46 m），以保证主缆的紧实度。钢丝在缠丝前应涂抹防护腻子，且紧缆机应能提供足够的缠丝张力。完成缠丝后应该按桥梁业主指定的涂装要求涂装防护，并且密封主缆索夹的凹槽以防止水分进入。

1. 紧缆

紧缆机应该能使打开检查的主缆钢丝再次紧紧地裹住，达到其最初主缆的直径。紧缆机需要三或四个千斤顶装置，具体的数目取决于千斤顶和主缆的尺寸，附图 2-9 显示了紧缆机的设计细节。为了防止主缆索夹的滑动，则紧缆机需放置在距主缆索夹 1.5 倍主缆直径处。

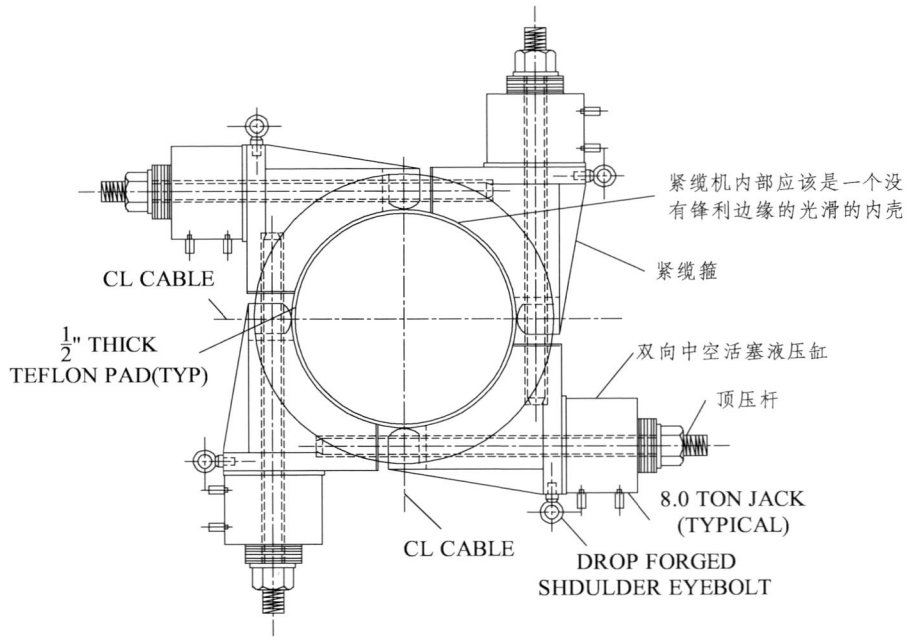

附图 2-9　主缆的紧缆机

将紧缆机放置于主缆索夹的下滑方向的位置附近，能使得钢丝在索夹内部的直径减小，这样有可能导致索夹滑动。紧缆的最后程序需要用钢带将主缆捆住以保持其形状，当缠丝时再将这些钢带拆除，也可用可重复利用的复合带捆住主缆。

2. 主缆重缠丝

缠丝机有手动的也有电力驱动的，一些质量监督规范中提到，手动缠丝机的缠丝与电力驱动的一样紧，但是若使用手动缠丝机，则建议只用于缠绕较短的主缆，附图 2-10 和附图 2-11 显示了两种缠丝机。

附图 2-10　电力驱动缠丝机

附图 2-11　手动缠丝机

通过打开手动缠丝机的张紧轮或者打开电动缠丝机的引线卷轴可以控制张力。张紧轮和引线卷轴在缠丝过程中都必须校准。小规模的检测更适合用手动的缠丝机，因为用电力驱动的缠丝机费用更高，且时间花费更长。

20世纪末。日本开发应用了主缆除湿系统。近年来这一系统在主缆防护中得到推广应用。一些老桥也开始应用这一系统，在进行主缆检测后，有的悬索桥也会选择安装送风除湿系统。在这种情况下，不需要再对主缆进行腻子涂抹和重缠丝，只需要采用专用缠包带将主缆缠包密封，然后直接安装送风除湿系统。

3. 无损探伤技术（NDE）

随着技术的快速发展，人们通常都愿意去尝试新的技术并不断改良以前的技术，使得无损检测技术更适合于桥梁主缆的检测。声学监控就是一个目前已经用于主缆检测的很好的例子。

声学监控设备必须埋入到主缆内部，以判断主缆的退化是否会继续以及会退化到何种程度。如果钢丝继续破坏，或者破坏的频率加大，那么检测方案就需要重新修订。如果在检测中发现每段工作段内有0.5%的钢丝破损，那么必须立即进行再次检测并对工作段进行评估。声波传输技术可以用于长主缆的钢丝失效检测中，因为断裂的声波在钢中传播时会被放置于主缆表面的探测接收器捕获。与正常的桥梁噪声相比，失效的钢丝有其独特的便于区别的声音。通过计算这个声音在到达多个接收器的时间就可以判断出损伤的位置。

监测设备并不能直接判断或者诊断目前的状况，但是它可以判断哪个工作段发生了钢丝破损，以及哪个工作段最有可能损伤。这些信息可以大大地减小目前对通过猜测来决定打开哪些工作段的工作。

六、主缆其他部位腐蚀检测

除了开缆位置处对缆内钢丝的检测，还应该对主缆锚固区钢丝、索

股中钢丝、散索鞍等部位的钢丝进行腐蚀检测

1. 锚固区的腐蚀检测

主缆在经过散索鞍座后向外散开，散索鞍座中主缆没有缠丝，所以对这个部位的主缆进行检测将更加容易。

锚固内部的腐蚀机制与主跨以及边跨中有保护的主缆是不一样的。许多的锚固处都容易被凝结的水分影响，因为锚固处的混凝土基础都是一个散热器。此外很多锚室的顶面在路缘石附近的结构连接处往往承担行车线的功能。这就让表面的水分有机会渗入到锚碇中，滴到靠近行车线的散开丝股或眼杆上。

从腐蚀钢丝的外观差异就能看出这种腐蚀机制的不同。在潮湿的锚碇中，有相当大的腐蚀面积和因截面发生显著减小后导致的钢丝失效。与此相反，在主缆保护体系内失效的钢丝发生钢丝变脆，而且几乎没有截面的损失。

（1）散索鞍中索股腐蚀：虽然水分在散索鞍座中流动或者滴到散索鞍座附近的主缆的情况在丝股的高端也会发生。但通常的情况是锚固丝股的低端（更靠近锚碇的地方）比高端会发生更多的破损。因此在锚碇内的索股至少要在一个横向和一个竖向线上被楔开，检测人员还可以在破损最严重的地方添加更多的楔口，测量并记录腐蚀后钢丝的最小直径。

（2）索靴附近及周边的钢丝：在潮湿的锚碇中，由于水分的聚积，此处的索股钢丝退化得最严重。这一现象往往发生在与索靴相接触或者临近靴跟处的索股的下半部，如附图 2-12 所示（钢卷尺的端部指示着丝股靴跟的正面）。

这个区域很难接触到，钢丝的破损也只能通过对表面情况的观察进行猜测。这些不完整的信息不够用来评估所有钢丝的破损情况。对类似桥梁的检测经验表明，如果在索靴的端部发现多处钢丝破损并伴有未屈服的表面钢丝部分缺失，那么就可以判断在索股不可接触到的部分中情况非常严重。检测人员应该凭着工程经验判断索股潜在的承载能力，以及索股是否需要更换。

附图 2-12　靴跟中发现的退化钢丝

（3）眼杆：在两年一次的检测中需要认真对眼杆进行检查，查看腐蚀产物，是否有铁锈的剥落以及涂层是否完好等，都应该予以报告。在那些容易接触到的眼杆处发现的腐蚀产物应该用小锤子将其击落，并判断截面的减小。凡是疑似有截面减小的眼杆，必须将其上面的涂层和腐蚀产物全部移除。减小的面积大小由特殊设计的测径器来测量，测量位置的数目最少为沿着眼杆宽度分布的 5 个等间距的测量点。还应该确定眼杆窄面的截面损失。从这些测量中应该计算得到眼杆截面的剩余面积，并用这一面积来计算眼杆锚固丝股的承载能力。

（4）散索套内的钢丝：在散索套内一旦发现钢丝破损的迹象就必须进行检测。需要将散索套临时向上端提升，以便将其与主缆分开，使得能够对主缆钢丝进行检查。这一工作只能是由经验丰富的桥梁主缆检查工人才能完成。这个检测的主要目的是判断钢丝的情况，那些存在明显截面损失或破损的钢丝必须更换。所有的金属箍都应该移到散索套最终位置的外侧，以便简化对散索套区域内主缆能力的评估。

2. 鞍座处的主缆检测

鞍座是主缆改变方向的位置；在主缆与鞍座接触的地方应该能够支撑起整个桥梁。通过以往的检测经验，在鞍座表面的钢丝通常状态都很好，特别是如果给该处的主缆涂过石蜡防护则效果会更好。有一些经验值得分享：尽管有鞍罩，但是有一座桥上在塔顶鞍座处的主缆上堆积了很多鸟类粪便。如果在钢丝上没有涂蜡也没有其他的外层防护，那么钢丝的最上面一层就会发生截面损失。

在第一次检测时不需要打开鞍罩观察内部的钢丝。第二次检测可能会在完成整个桥梁检查后的 35～40 年，或者到 60 年以后才会进行。无论间隔有多长，都应该在第二次检测时对这一区域进行检查。

到目前为止还没有任何一座悬索桥对其鞍座处的主缆钢丝进行过检测。对钢丝的观察只能是从鞍座的顶部和端部进行，且这些观察也只能观测到主缆的表面，而无法看到其内部。塔顶鞍座的外壳有两种形式，分别需要两种不同的观察方法。

塔顶外壳：它是塔的扩展，它们有的是由一个覆盖整个顶部的遮棚构成，或者有多个独立的外壳组成。外壳罩住整个鞍座，打开其检修门，就可以观察其罩住的鞍座以及暴露出来的钢丝。

用板子盖着的外露鞍座：塔顶的鞍座暴露在外，但在鞍座旁边有螺栓固定住的防护板保护着主缆，遮雨板也按同样的方法安装，为了检测钢丝，需要将防护板和遮雨板暂时移除。鞍座内的主缆常常用一层蜡来保护（蜂蜡和石蜡都可以），检测完后需要更换这一层防护措施，可以依旧用蜡，或者用其他的防水涂料代替。

七、小 结

本章参考美国 NCHRP-534 报告的内容，对主缆的检测方法和具体实施过程进行了详细的描述。检测前应该充分调研桥梁的养护情况，并制订检测方案，搭建检测平台。开缆后如何评价钢丝腐蚀分级，钢丝样本的提取如何进行，等都进行了详细的介绍。开缆结束后，依据业主需求，可选择将主缆重新紧缆并缠丝，更多时候应该采用紧缆机紧缆后，使用缠包带对主缆进行缠包，并及时安装送风除湿系统。最后对主缆的锚固区域、鞍座区域等无法进行开缆检测的关键部位，也应该进行相关的腐蚀检测。

附录3 悬索桥主缆钢丝样本实验室检测

实验室测试是主缆检测中必要的一部分。利用这些测试结果对钢丝的强度进行估计，判定钢丝的极限应变以及应力应变之间的关系，这种关系反过来也用来评估主缆的强度。

其他的测试用于研究主缆腐蚀的成因，评估镀锌层的剩余寿命。虽然这些测试都在本章进行了介绍，但是它们和结构的安全性评估没有关系。

一、主缆钢丝性能测试

强度测试是评估主缆性能中最基本的测试类型。

（一）样品准备

一个钢丝样本是一段从主缆中截取出来的测试钢丝。一个样品则是从样本钢丝中取出来进行具体实验的一段钢丝。在检测工作段内获得的样本钢丝应该足够长，以便获得足够的样品数量。在样本钢丝被切成测试要求的适合长度的样品之前，应当对其进行检查并定出其相应的腐蚀阶段，从给定的样本中获得的所有样品应该有相同的腐蚀程度。

（二）张力测试

由张力测试得到的钢丝强度被用于估计主缆的强度。张力测试应该与 ASTM A586[ASTM A586-2004a（2014）标准规格镀锌平行和螺旋钢丝钢绞线结构]以及 ASTM A370（ASTM A370-2014 钢制品力学试验的标准试验方法和定义）一起执行以便确定钢丝的以下特性：

钢丝的破坏荷载、屈服强度（产生 0.2%残余变形的应力值为其屈服极限，称为条件屈服极限或屈服强度）、抗拉强度（按钢丝的公称面积所得到的抗拉强度）、标距长度为 10 英寸（约 0.254 m）时的延展率、面积缩减、弹性模量。除了上面列出的测试项目外，还应记录张力从最小开始增加直至达到钢丝失效前的最大应力过程中，一定的时间间隔内的钢丝延展率。这些数据可用来建立针对每个样品的完整的应力-应变曲线，或者力-应变的曲线。同时还需要测量与抗拉强度相对应的极限应变。

（三）钢丝的断面组织检测

应该对钢丝的断裂表面进行有效观察以探测失效是延性的还是脆性的。脆性的失效和点蚀或破裂是一致的，因为损失延展性，延展率和强度会下降，而面积减少很小甚至没有减少。应该对这些现象的原因进行特别的关注。为了完成这项检测，建议使用的仪器是一台立体的光学显微镜和电子扫描显微镜。同样地，建议对任意的断裂表面执行 X 射线能量色散谱以分析显示腐蚀或污染的残留物。通常用于研究金属微观结构的技术可用于研究缺陷和腐蚀形态，例如光学显微镜检查和扫描电子显微镜（SEM）。

（1）光学显微镜检查：拥有 20× 放大的立体显微镜是用于在破裂表面探测早已存在的裂缝最有效的工具。如果显微镜具有合适的分光板，裂缝深度能被直接测量，或者通过捕获破裂表面的显微镜照片进行间接测量。

通过 50× 倍到 200× 倍放大倍数的光学显微镜研究被微侵蚀钢丝的纵向切面，能够在维修点识别包括颗粒间的和颗粒内的腐蚀形态，并且还能在接近破裂表面的地方建立二次裂缝的路径。

（2）扫描电子显微镜（SEM）：SEM 拥有更大的扫描场深度和有比光学显微镜在更高的放大倍数条件下的更好分辨率，断裂面或断口采用 SEM 分析更好。

（四）裂缝的断裂表面进行测试

处于第 1 和第 2 腐蚀阶段的钢丝，早已存在的裂缝通常是制造时的缺陷，然而在第 3 和第 4 腐蚀阶段的钢丝，裂缝大多数是由镀锌过程中产生的氢离子导致的。在第 3 和第 4 腐蚀阶段钢丝中早已存在裂缝的表面通常是黑色的，而且这些裂缝很容易从加载测试形成的断裂面中辨别出来。

在估计整个主缆强度的时候，断裂的钢丝应该看作独立的一组。测试之前就在样本上出现的裂缝被定义为既有裂纹，应该对裂缝样本进行拍照，并且需要测量裂缝的深度。和裂缝深度一样，应该记录破裂平面的钢丝直径的绝对值。附图3-1显示一段破裂的钢丝。

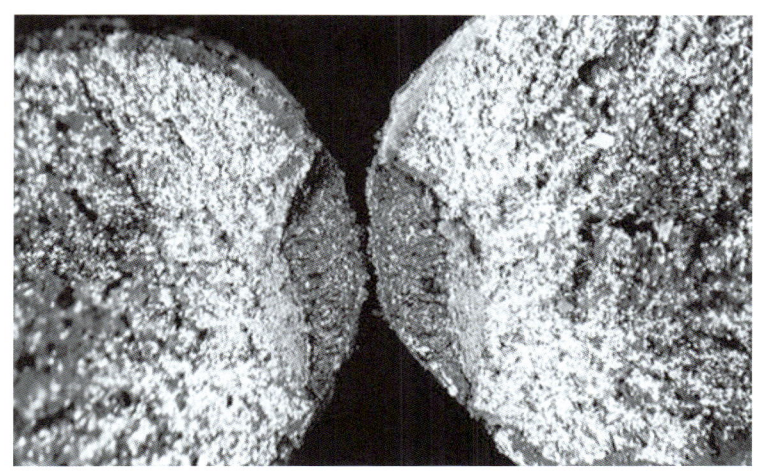

附图3-1　一段破裂的钢丝

在20×放大倍数的立体光学显微镜下，可以通过检查所有张力样品的破裂表面发现这些早已存在的裂缝。从一个既有裂纹钢丝样本切割下的任何样品，一般都认为这个样本钢丝中含有裂缝。还应该用立体光学显微镜对脆断钢丝的邻近表面进行检查，以确定是否有其他的早已存在的裂缝。

二、锌镀层测试

评估主缆性能时，主要执行两种类型的锌镀层测试：质量测试和电阻率测试。镀层的最小厚度决定了它的情况，而不是平均深度。

（1）锌质量测试：锌镀层质量测试是指质量分析的测试，它主要测量单位长度钢丝上锌镀层的质量。不考虑镀层厚度的差别，主要用于确定在上述长度下锌镀层的平均质量。镀锌镀层质量测试应该在呈现均匀锌或锌污染损失的第1和第2腐蚀阶段的样品中进行。

（2）电阻率的均匀性测试：电阻率测试是化学测试，取决于铜，硫酸盐和锌的反应。它们被用于确定样品的镀层是否一致或局部减少。主要用于确定第 1 和第 2 腐蚀阶段钢丝锌镀层的均匀性。电阻率测试是串联执行的。将钢丝浸入硫酸盐溶液中一定时间，如果出现充足的锌，那么钢丝出现了拥有完整锌的光泽的表面。如果出现的锌不多，那么铜电镀了钢丝，并且钢丝表面出现了铜的颜色。测试在溶液只有四分之一的时候结束。第 2 腐蚀阶段的样品呈现均匀锌或锌污染损失。

三、化学成分分析

样本钢丝的化学成分分析：当主缆钢丝从未进行过测试，或以前测试的结果难以获取，再或者就是测试暴露的样本的抗拉强度存在异常时，应该进行化学成分分析测试，获得钢丝中以下这些元素的百分比：C、Si、Mn、P、S、Cu、Ni、Cr 和 Al。

需要对 5 根钢丝进行化学成分分析，为以后的检查提供一个完整的记录。如果发现钢丝的化学成分异常，那么需要咨询冶金专家，研究钢丝化学成分的影响。如果腐蚀已经存在，那么需要对样本钢丝进行表面化学成分分析以探测有害的污染物。应该确定以下盐类物质的存在与否：氯化物、硫酸盐、硝酸盐。获得的这些化合物的检测结果应该以样本钢丝单位面积的累计值形式详细报告。

（1）腐蚀分析：在某些情况下，研究者可能研究钢丝或者锚碇的腐蚀产物。可以在表面腐蚀膜、在钢丝的破裂表面上或者在腐蚀产物上进行腐蚀分析。分析显示，来自道路上盐类形成的氯化物，和来自酸雨的硝酸盐、硫酸盐是腐蚀的原因。最后研究人员应该推荐补救措施以消除这些污染元素。

（2）用于腐蚀分析的电子显微镜有各种各样的类型：X 光光电子能谱仪（XPS/ESCA），就像化学分析中的电子光谱仪或者 ESCA 一样，X 射线光电子光谱仪是一种表面敏感的光谱技术，它可以提供固体最外面的原子层（2 nm）的成分和结构。ESCA 能探测除了氢和氦以外的所有元素。典型的元素探测限度大约是 0.5%。利用这种技术，有时候它还可能确定元素包括其键态结构的化学状态。

（3）能量色散 X 射线荧光分析仪（EDAX）：能量色散 X 射线谱分析

仪是扫描电子显微镜的附属产品，它可以从样品表面发出的 X 射线中识别元素。EDAX 能探测硼（原子号是 5）这种类型的轻元素。它非常适合于识别无机物的元素。没有推荐的标准，这些结果只是半定量估值，主要是因为变量（例如样本尺寸、表面条件和设备适配等情况）组成复杂。但是，在少量元素分析中遇到小振荡比率是不可避免的，这也使得难以获得准确的定量分析。

（4）X 射线衍射（XRD）：X 射线衍射用于获取多晶材料的结构、成分和状态的信息。可以用来确定腐蚀物的具体组成和状况。例如，如果可以利用的产品数量是充足的，它就能识别特定元素各种各样的氧化物（如磁铁矿 Fe_3O_4 和赤铁矿 Fe_2O_3）。

四、小　结

本章详细介绍了在进行主缆检测时对钢丝进行的样本提取方法，以及对钢丝如何进行相关的张拉力测试、镀锌层测试、化学成分分析。给出了钢丝样本的测量标准，为主缆的钢丝检测提供了参考依据。

附录 4　悬索桥主缆钢丝统计

本附录将给出如何确定每个腐蚀阶段的钢丝数量，钢丝的有效扩展长度，如何将退化程度相似或含有裂缝和破损的钢丝分组。以及只检测一个工作段时，如何根据其数据估计该工作段的临近段内钢丝的开裂情况。在得到各个腐蚀阶段样本钢丝的强度后，将介绍三个复杂度递增的强度模型，对不同腐蚀状况下的主缆进行强度评估。

一、钢丝标记并估算损伤

（一）钢丝位置计算

假设一根可观察到的钢丝代表了扇区内楔口同一边（左边或者右边）同一深度的所有钢丝。对检测表格中记录的钢丝失效数据进行分析，以得到每个主缆工作段内损伤程度的评估。

为了分析现场检测所收集到的数据，假设主缆是由围绕着一个中央线并由多层钢丝同心包裹而成的，如附图 4-1 所示。

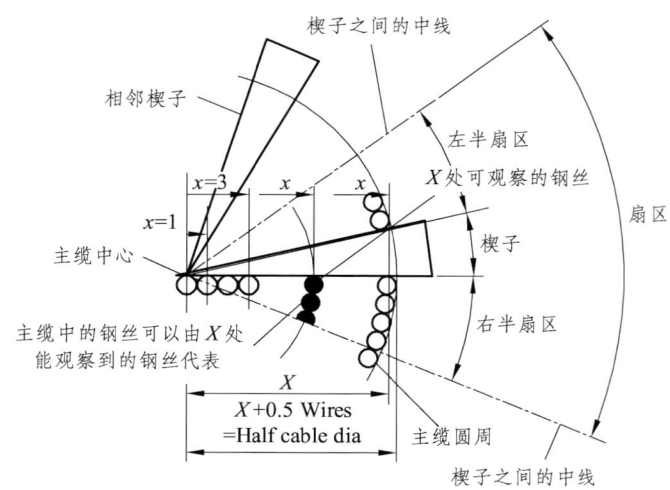

附图 4-1　扇区内钢丝的数目

主缆中同心圆的数目可以由下式计算而得，计算结果四舍五入为

$$X = \sqrt{\frac{N}{\pi}} + 0.5 \qquad (\text{附 4-1})$$

式中：X——主缆中除去中心钢丝以外的同心环数；

N——主缆中实际的钢丝数。

则每一圈同心圆的钢丝数目为

$$n_x = \frac{2x(N+1)}{X(X+1)} \qquad (\text{附 4-2})$$

式中：n_x——第 x 环中的钢丝数量；

x——从主缆中心到特定环之间的环数，中心线的 $x=0$，$n_0=1$。每个环中的钢丝数量不同。

假定某一特定腐蚀阶段 k 中观察到的钢丝为 j_k，钢丝到主缆中心的特定深度为 d_{jk}，用表面钢丝到该处钢丝的层数表示，表面钢丝的深度表示为 1。同心圆层所含的钢丝 j_k 数目为

$$n_{jk} = \frac{2x_{jk}(N-1)}{X(X-1)} \qquad (\text{附 4-3})$$

$$x_{jk} = X + 1 - d_{jk}$$

式中：x_{jk}——主缆中心到钢丝 j_k 的环数；

n_{jk}——包含钢丝 j_k 的环中钢丝数目；

X——除去中央钢丝外的环中的钢丝数；

N——主缆内的钢丝数目；

d_{jk}——主缆表面中心到实测的钢丝 j_k 中心的距离；

k——钢丝腐蚀等级（$k=1，2，3，4$）；

j_k——腐蚀阶段为 k 的观测到的钢丝标记（$j_k=1 \sim j_k$）；

由已观测到的钢丝 j_k 代表的主缆钢丝数目为

$$N_{jk} = n_{jk} \cdot a_{jk} \qquad (\text{附 4-4})$$

式中：N_{jk}——由已观测到的钢丝 j_k 代表的主缆钢丝数目；

a_{jk}——与含有所观测到的钢丝 j_k 的半扇区有关的圆周百分比。当所有的半扇区尺寸一样大时，a_{jk} 为一常数。

主缆内所有腐蚀等级为 k 的钢丝总数为

$$N_{sk} = \sum_{jk=1}^{J_k} N_{jk} = \sum_{jk=1}^{J_k} n_{jk} \cdot a_{jk} \qquad (附 4-5)$$

式中：J_k——腐蚀阶段为 k 的所有观测到的钢丝；

　　　N_{sk}——主缆内所有腐蚀等级为 k 的钢丝总数。所有 N_{sk} 的和应该与主缆内的钢丝总数相等。每个腐蚀阶段的钢丝占钢丝总数的百分比为 $P_{sk} = N_{sk} / N$。

（二）破损钢丝统计

对破损钢丝数目的评估方法类似于 7.1.2 中对腐蚀阶段的判断方法，内部的破损钢丝被细分为两类，一类是那些位于楔口表面的破损钢丝，另一类是那些位于主缆表层以下的破损钢丝（钢丝的端部伸出）。在各个区域内的破损钢丝数目 m 需要分开计数，计数的方程为

$$n_{bm} = \sum_{j=1}^{J_{bm}} 0.5 \cdot n_j \cdot a_j \qquad (附 4-6)$$

式中：n_{bm}—— M 区内的破损钢丝数目；

　　　j—— M 区内破损钢丝的标记号；

　　　m——区域编号；

　　　J_{bm}——区内观测到的破损钢丝总数；

　　　n_j——含有破损钢丝 j 的同心层内的钢丝数；

　　　a_j——包含破损钢丝 j 的区域 m 的宽度相对应的圆周百分比。

为了计算表面发现的破损钢丝数目，需要考虑权重因子 USF（表面下因子），它也会影响到破损钢丝数目。为了弥补用于取样的钢丝数大于与楔入体接触的钢丝数，每个区域都要计数，尤其是那些被暴露的钢丝表层下伸出的破损钢丝端部。

$$USF_m = \frac{B_{sm}}{(B_{sm} + B_{um})} \geq 0.5 \qquad (附 4-7)$$

式中：USF_m——调整 m 扇区内能观察到的钢丝层的破损钢丝数目的权重因子；

　　　B_{sm}—— m 扇区内楔口表面处观察到的破损钢丝数目；

B_{um}——m 区内楔口表面以下观察到的破损钢丝数目。

第 i 工作段内评估的破损钢丝总数为

$$n_{bi} = \sum_{m=1}^{M} USF_m \cdot n_{bm} \quad \text{（附 4-8）}$$

式中：n_{bi}——主缆第 i 工作段内评定的破损钢丝总数；

i——工作段编号；

M——扇区总数（四等分圆周时为 4，8 等分圆周时为 8，以此类推）。

如果仅在主缆的表面发现破损钢丝，其深度 d_0 可以通过观察楔口来确定。检测者应该使用更多的楔子来确定没有任何破损钢丝时的深度。楔子应该位于表面破损钢丝的附近，并且在距离第 4 阶段腐蚀的钢丝最少 12 英寸处。

深度 d_0 用其到表面层的钢丝数来表示，并将表面层钢丝深度表示成 1。假设在每层同心圆中的破损钢丝数沿着深度线性地从表面递减到深度 d_0 时为 0。总的破损钢丝数由主缆表面即第一同心圆的破损钢丝乘以 $d_0/2$，即

$$n_{bi} = n_{b1,i} d_0 / 2 \quad \text{（附 4-9）}$$

式中：d_0——没有破损钢丝时的深度；

$n_{b1,i}$——第 i 工作段内最外同心圆中的破损钢丝数。

（三）开裂钢丝统计

如果从样本中取出的任意样品含有裂缝，那么认为这个样本就为开裂的。每个腐蚀阶段中开裂钢丝所占比例为

$$P_{c,k} = C_k / N_k \quad \text{（附 4-10）}$$

式中：$P_{c,k}$——每个腐蚀阶段中开裂钢丝所占比例；

C_k——第 k 腐蚀阶段开裂的样本钢丝数；

N_k——第 k 腐蚀阶段的所有样本钢丝数。

第 3 腐蚀阶段的比例为

$$P_{c,3} = 0.33 C_3 / N_3 \quad \text{（附 4-11）}$$

如果在第 3 阶段腐蚀的钢丝样本中发现开裂，那么它们往往都是最外层钢丝，与第 4 阶段钢丝相临近。因子 0.33 就应该根据实际情况进行调整。

二、钢丝分组及特征性质

（一）钢丝性质分组

在对钢丝的外观腐蚀评估中用到了四级腐蚀的划分，这四级钢丝在进行张拉测试时需要根据其特性性质再进行分组，对于开裂钢丝应该单独进行处理，在得到各组钢丝的特征性质后才能对主缆强度进行计算，分组原则如下：

第 1 组：表现出第 1 阶段腐蚀的样本钢丝；

第 2 组：表现出第 1 或第 2 阶段腐蚀的样本钢丝；

第 3 组：表现出第 3 阶段腐蚀且没有裂缝的样本钢丝；

第 4 组：表现出第 4 阶段腐蚀且没有裂缝的样本钢丝；

第 5 组：表现出第 3 或第 4 阶段腐蚀，且有一个或多个裂缝的样本钢丝。

通常，第 1 阶段腐蚀和第 2 阶段腐蚀钢丝的性质是相似的或者差别非常小，所以考虑将它们划分为一组，称为第二组钢丝。如果检测人员发现了它们之间有显著的差别，那么就应该将它们分别划分为第 1 组和第 2 组。

那些存在任意深度的腐蚀坑的第 3 和第 4 阶段腐蚀钢丝，如果没有开裂，就可以分为第 3 和第 4 组。第 3 腐蚀阶段中开裂的钢丝其腐蚀程度往往都更接近于第 4 腐蚀阶段，所以第 3 和第 4 腐蚀阶段的开裂钢丝可以合并为一个组，称为第 5 组。只用第 4 阶段的开裂钢丝来表示所有的开裂钢丝，这样做会更加保守，也更加建议采用这种做法。

当有 25% 或 8 的第 3 阶段腐蚀的样本钢丝都发现了开裂时，检测人员就需要考虑是否需要添加另外的分组。如果需要，那么所有的开裂钢丝将归为一个单独的组。

（二）钢丝特性均值

各组样本张拉力均值、标准差，以及从样本中切出的样品最后的延展率都由下式决定：

$$\mu_{sj} = \frac{1}{n_j} \cdot \sum_{i=1}^{n_j} x_{ij} \quad \text{（附 4-12）}$$

$$\sigma_{sj}^2 = \left(\frac{1}{(n_j-1)} \cdot \sum_{i=1}^{n_j} x_{ij}^2 \right) - \mu_{sj}^2 \quad \text{（附 4-13）}$$

式中：μ_{sj}——样本 j 特性 x 的样本均值；

σ_{sj}——样本 j 特性 x 的标准差；

x——钢丝的一种特性（如张拉力或者极限应力）；

n_j——样本 j 中样品的数目；

i——样品标号；

j——样本编号。

（三）工作段内的特性最小值

在一段检测长度中，钢丝会在其最弱的点发生失效。所以，对工作段长度内的钢丝进行最小强度和极限应变的评估是评估主缆强度所必须的。

为了对主缆索夹之间距离为 L 中的样本中最弱的张拉应力作出评估，需要用到以下的公式：

$$x_{1,j} = \mu_{sj} + \Phi^{-1}\left(\frac{L_0}{L}\right) \cdot \sigma_{sj} \quad \text{（附 4-14）}$$

式中：$x_{1,j}$——j 样本中长度为 L 的钢丝 X_j 特性的最小值；

$\Phi^{-1}\left(\dfrac{L_0}{L}\right)$——性质 L_0/L 的标准正态累计分布的逆；

L_0——检测机械两端所夹的测试样品的长度；

L——两个主缆索夹中心的钢丝长度。

其中 $\Phi^{-1}\left(\dfrac{L_0}{L}\right)$ 的值由附图 4-2 给出，如果算出的特性最小值为负数，那么就认为 0 为其最小值。

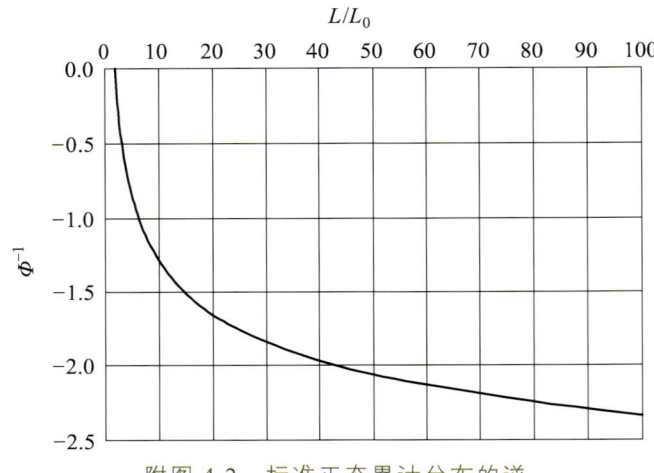

附图 4-2 标准正态累计分布的逆

每组样本，计算其最小特性的样本均值和样本标准差将用到下述公式：

$$\mu_{sk} = \frac{1}{n_k} \cdot \sum_{j=1}^{n_k} x_{1,j} \qquad (附 4\text{-}15)$$

$$\sigma_{sk}^2 = \left(\frac{1}{n_k - 1} \cdot \sum_{j=1}^{n_k} x_{1,j}^2 \right) - \mu_{sk}^2 \qquad (附 4\text{-}16)$$

式中，μ_{sk} —— 第 k 组钢丝特性 x 的样本均值；

σ_{sk} —— 第 k 组钢丝特性 x 的样本标准差；

n_k —— 第 k 组钢丝的样本数；

j —— 样本编号；

k —— 一组钢丝的腐蚀等级（$k = 2,3,4,5$）；

$x_{1,j}$ —— 样本 j 中长度为 L 的钢丝其 X_j 特性的最小取值；

X —— 为钢丝的某一特性（例如张拉力或者极限应力）。

（四）每个腐蚀阶段内未破损的钢丝

每个腐蚀阶段内未破损的钢丝数，由评估工作段内第 4 阶段腐蚀钢丝数减去有效恢复长度内未修复的破损钢丝，而且在段内再也没有第 3 腐蚀阶段的钢丝，计算如下：

当 $N_b - N_r \leqslant N_{s4}$ 时，

$$N_{04} = N_{s4} - N_b + N_r \qquad (附 4\text{-}17)$$

$$N_{03} = N_{s3} \qquad (附\ 4\text{-}18)$$

$$N_{02} = N_{s2} + N_{s1} \qquad (附\ 4\text{-}19)$$

当 $N_b - N_r \geq N_{s4}$ 时，

$$N_{04} = 0 \qquad (附\ 4\text{-}20)$$

$$N_{03} = N_{S3} + N_{s4} - N_b + N_r \qquad (附\ 4\text{-}21)$$

$$N_{02} = N_{s2} + N_{s1} \qquad (附\ 4\text{-}22)$$

式中：N_{0k} —— 评估工作段内第 k 阶段的未破损钢丝数；

N_{sk} —— 评估工作段内第 k 阶段的钢丝数；

N_b —— 有效恢复长度内的破损钢丝；

N_r —— 有效恢复长度内修复的破损钢丝数；

k —— 钢丝的腐蚀阶段（$k = 1,2,3,4$）。

（五）有效恢复长度内的分离开裂钢丝

所谓的分离开裂钢丝是指钢丝在评估工作段 i 内有开裂，但在 i 段附近的段内这根钢丝并不开裂。在主缆中所有的破损钢丝中，只有分离开裂钢丝才适用于下述公式，有效恢复长度内的分离开裂钢丝数目按照腐蚀阶段而分别计算。任意腐蚀阶段 k 内的分离开裂钢丝数目由下式给出：

$$N_{c,k} = N_{0k} \cdot \sum_{i=1}^{L_e} p_{c,k} \cdot (1 - p_{c,k})^{i-1} \qquad (附\ 4\text{-}23)$$

式中：$N_{c,k}$ —— 评估段内第 k 阶段腐蚀的有效恢复长度内分离开裂钢丝的总数；

N_{0k} —— 评估工作段内第 k 阶段腐蚀的未破损钢丝；

$p_{c,k}$ —— 第 k 阶段腐蚀中开裂钢丝的比例；

i —— 工作段标号；

L_e —— 有效恢复长度内工作段数；

k —— 钢丝的腐蚀阶段（$k = 1,2,3,4$）。

由上式可以看出，每个腐蚀阶段的计算是分开的。通常 $p_{c,1}$ 和 $p_{c,2}$ 为 0，$p_{c,3}$ 也有可能为 0。$\sum_{i=1}^{L_e} p_{c,3} \cdot (1-p_{c,3})^{i-1}$ 的值表示着有效恢复长度内每个腐蚀阶段中分离开裂钢丝的比例。作为每个阶段的开裂钢丝比例，上述取值将列在附图 4-3 中，也即 $N_{c,k}/N_{0k}$ 的值。

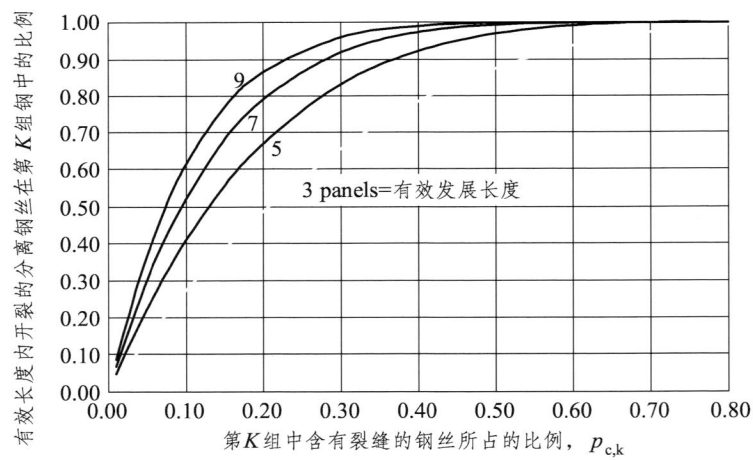

附图 4-3　第 K 阶段腐蚀钢中分离开裂钢丝所占的比例

（六）失效开裂钢丝的重恢复

随着主缆应力的增大开裂的钢丝通常被假定为失效的，但在评估段内可以恢复其部分强度。假设所有的开裂钢丝都破损，则每个腐蚀阶段 k 的可恢复钢丝为

$$N_{cr,k} = N_{0k} \cdot \sum_{i=1}^{k} p_{c,k} \cdot (1-p_{c,k})^{i-1} \cdot C_{di} \qquad （附 4-24）$$

式中：$N_{cr,k}$——评估工作段内第 k 腐蚀阶段中能恢复的破损钢丝有效数；

C_{di}——第 $i=C_d$ 段内的钢丝恢复因子乘以第 i 工作段以及评估工作段的主缆索夹数。

可重恢复的有效钢丝总数为

$$N_{cr} = N_{cr,2} + N_{cr,3} + N_{cr,4} \qquad （附 4-25）$$

式中：N_{cr}——有效重恢复长度内的可重恢复的开裂钢丝总数。

表达式 $\sum_{i=1}^{k} p_{c,k} \cdot (1-p_{c,k})^{i-1} \cdot C_{di}$ 的值为评估工作段内，腐蚀阶段为 k 的能恢复的开裂钢丝所占的比例，图 7-4 给出了评估工作段内能够重恢复强度的开裂钢丝所占的比例，这个值也叫作 $N_{cr,k}/N_{0k}$。每个腐蚀阶段 k 都分别计算，然后再用公式（附 4-25）计算总和。

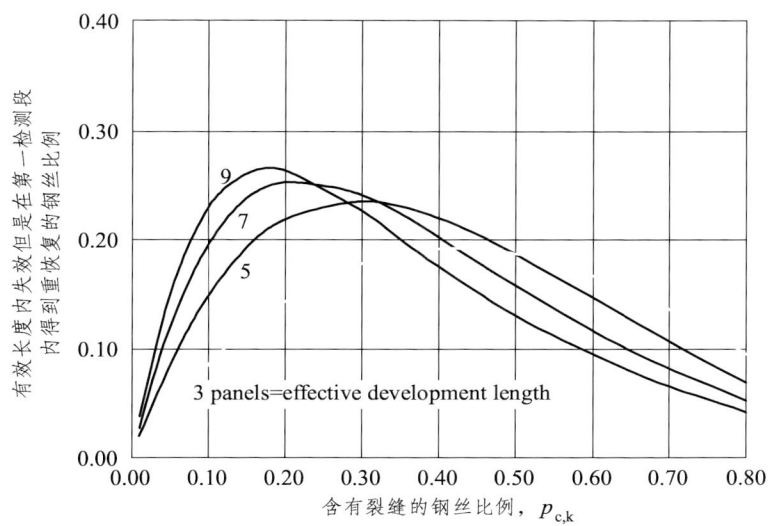

附图 4-4　重恢复长度内第 K 阶段腐蚀的带裂缝钢丝比例

（七）未破损钢丝的有效数目

主缆内未破损钢丝的有效数目为

$$N_{\text{eff}} = \sum_{k=2}^{5} N_k \tag{附 4-26}$$

$$N_k = N_{0k} - N_{c,k} \ (k=1,2,3,4) \tag{附 4-27}$$

$$N_5 = \sum_{k=2}^{4} N_{c,k} \tag{附 4-28}$$

式中：N_{eff}——评估工作段内有效的未破损钢丝数；

N_k——评估工作段内第 k 组钢丝数；

N_5——有效重恢复长度内分离开裂钢丝的数目；

N_{0k}——评估工作段内第 k 阶段的未破损钢丝数；

$N_{c,k}$——评估段内腐蚀程度为 k 的有效重恢复长度内分离开裂钢丝的总数；

k——钢丝按腐蚀阶段分组 $(k=1,2,3,4)$。

为了计算主缆强度，未破损的钢丝也被分为四组。每一组都有不同的张力强度和最终的应力特性，N_k 的值用于计算每组钢丝所占的主缆比例。

$$p_k = \frac{N_k}{N_{\text{eff}}} \tag{附4-29}$$

式中：p_k——第 k 组未破损钢丝在评估工作段内所占的比例；

N_k——评估工作段内第 k 组钢丝数；

N_{eff}——评估工作段内未破损钢丝的有效数目；

k ——钢丝的腐蚀阶段（$k = 2,3,4$）。

三、小　结

本章介绍了对开缆后检测段截面内钢丝腐蚀和破损情况的记录方法，并对各级别腐蚀钢丝、开裂钢丝、破损钢丝，以及破损钢丝的拉力恢复等的统计和计算方法都给出了详细的介绍。在统计好各个检测段内钢丝腐蚀破损的分布情况后，需要将钢丝按不同的腐蚀和破损程度分组，对每个组的钢丝数量和剩余承载力特征值进行统计，以便接下来为主缆的强度计算提供数据。

附录 5　主缆强度评估计算模型

主缆内的未破损钢丝的强度可以使用三种强度模型进行评估，分别为简化模型、脆性钢丝模型和有限柔度模型。其中有限柔度模型是最缜密的，其他模型都是这一模型在一些假设下简化后的特例。模型的选择取决于主缆中发现的钢丝退化范围的大小。

简化模型适用于主缆中没有发现第 4 级及以上腐蚀级别的钢丝，也没有发现开裂钢丝的情况下，适用于主缆中第 3 及第 4 级腐蚀的钢丝总和占主缆总钢丝 10%以内的情况下，这样使用简化模型计算的主缆强度的结果将比使用脆性钢丝模型计算结果小 10%。

有限柔度模型假设主缆承受的应变是不断增加的，主缆在任意应变下承受的力都是在这一应变下所有钢丝承受的力的总和。而钢丝的力与单根钢丝的应力应变图是十分相关的。单根钢丝一直分担着主缆的张力，直到钢丝到达它的极限应变，在极限应变时钢丝破坏且再也不承担任何力。主缆中总的力也随着目前主缆中钢丝承受的力而减小。以后，主缆的应变加大又会导致主缆中的力再次加大，直到另一根钢丝破损。这一过程不断循环，直到主缆中的力达到一个最大值。这之后钢丝破损的速度会大于单根钢丝中应力的增加，最终导致主缆应变加大而承受的力却减小。主缆所能承受的最大力也就是主缆的强度。

脆性钢丝模型是有限柔度模型的特例。与有限柔度模型相比，它假设所有的钢丝在任意应变下都承受相同的张拉应力；这样，就能方便地用变化的应变来代替计算变化的应力了。任意一根单独的钢丝都分担着主缆中的张力，直到这一张力超过钢丝的抗拉强度并发生失效，则这根钢丝就再也不能参与分担主缆力。在更普遍的模型中，主缆中的力随着应力的增加而增加，直到达到一个最大值，这一最大值就为主缆的强度。

一、简化强度模型

当主缆中只有少数的钢丝开裂时可以使用这一简化模型，最高限度是主缆只有少于10%的钢丝开裂。而易碎钢丝模型则不被这一限制值所约束。简化模型是基于脆性模型化简而得到的；在计数时略去开裂钢丝（第五组）以及破损钢丝，而且在主缆总的钢丝数中也减少相应的数量。

虽然使用简化模型会使得最终主缆模型的强度减小达10%左右，但是在决定退化最严重的工作段位置中是十分有用的。更复杂的模型可以用来更进一步评估主缆的真实强度。

在简化模型中需要用到第二、三和第四组钢丝的单个威布尔分布曲线。它包括了根据钢丝组的规模而制定的单根钢丝组的抗拉强度分布。

为了使得计算量最简化，要用到平均抗拉强度因子，用这一因子来乘以主缆的有效区域。

（一）未开裂钢丝的平均抗拉强度

由第二、三、四组钢丝所表示的主缆钢丝比例，是由每个组中所抽出的样品钢丝最小抗拉强度均值组合而成，并用以下公式计算整个钢丝群的样本抗拉强度均值和标准差。

$$\mu_s = \sum_{k=2}^{4} (p_{uk} \cdot \mu_{sk}) \quad \text{（附 5-1）}$$

$$\sigma_s = \sqrt{\left(\sum_{k=2}^{4} p_{uk}(\sigma_{sk}^2 + \mu_{sk}^2)\right) - \mu_s^2} \quad \text{（附 5-2）}$$

$$p_{uk} = \frac{N_k}{N_{eff} - N_5} \quad \text{（附 5-3）}$$

式中：μ_s——除去开裂钢丝外组合钢丝的样本抗拉强度均值；

μ_{sk}——第 k 组钢丝的样本抗拉强度均值；

σ_s——除去开裂钢丝外组合钢丝的样本抗拉强度的标准差；

σ_{sk}——第 k 组钢丝的样本抗拉强度标准差；

p_{uk}——第 k 组钢丝所代表的主缆内未破损以及未开裂钢丝的比例；

k——某组钢丝的腐蚀阶段（$k=2,3,4$）；

N_{eff}——评估工作段内未破损钢丝的有效数目；

N_k——评估工作段内第 k 组钢丝的数目；

N_5——有效恢复长度内分离开裂钢丝的数目。

符号 μ 和 σ 表示主缆中所有钢丝的某一特性的均值和标准差。用于主缆强度模型的均值和标准差是通过实验室测试得到的，测试的钢丝为检测时从主缆中取出的样本钢丝，并将这些均值和标准差成为样本均值和样本标准差，并用符号 μ_s 和 σ_s 来标记。

（二）简化模型计算主缆强度

主缆强度可以通过下式计算：

$$R = (N_{eff} - N_5) \cdot a_w \cdot \mu_s \cdot K \qquad (附5-4)$$

式中：K——减少因子（图 8-1 中给出，是变化系数 σ_s / μ_s 的函数）；

R——评估出的主缆强度；

a_w——实验室分析中每根钢丝的公称截面面积。

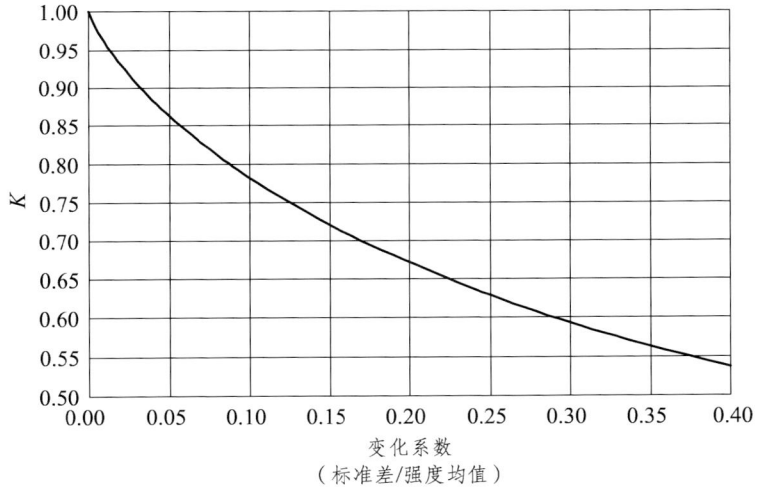

附图 5-1　强度减小因子 K

强度减小因子 K，它是由未开裂钢丝组的平均抗拉强度和未开裂钢丝面积除以未开裂钢丝组的易碎钢丝强度而得到的。

二、脆性钢丝模型

每个样品的抗拉强度试验都用于决定每个钢丝样本中的最小抗拉强

度,这个最小值可以决定每组钢丝的抗拉强度的均值和标准差,将这些值组合起来就可以画出一个复杂的钢丝抗拉强度分布的曲线。

无论是否需要绘制主缆的应力应变曲线,试验中都至少要对每组样本抽出一个样品钢丝进行完整的应力应变试验。这些曲线可以描绘出整个主缆钢丝的平均应力应变曲线。

脆性钢丝模型是用于评估主缆强度的除少数例外的推荐模型,整个未开裂钢丝的抗拉强度分布是单根钢丝强度分布曲线的一个组合分布,并将每一组钢丝的尺寸因素也考虑在内了。在分析中使用威布尔分布,并将最低限的抗拉强度 S_0 定为零(没有任何的钢丝其抗拉强度为负值)。

(一)组合的抗拉强度分布曲线

将由各个腐蚀级别钢丝组所占的主缆钢丝比例以及代表各组钢丝样品钢丝的抗拉强度的威布尔分布曲线相结合,就能得到整个主缆未破损钢丝的分布曲线,其计算公式如式(附 5-5):

$$F_c(s) = \sum_{k=2}^{5} p_k \cdot F3_k(s) \qquad (附 5-5)$$

式中:$F_c(s)$——递增的抗拉强度分布;

s——主缆内未破损钢丝的张力;

p_k——由第 k 组钢丝所代表的评估工作段内未破损钢丝所占比例;

k——某组钢丝的腐蚀阶段 $k = (2,3,4,5)$;

$F3_k(s)$——第 k 组钢丝抗拉强度的威布尔累积分布。

威布尔分布是第三类极值分布函数。函数从最小值 x_0 开始发展,一直到无穷大。本指南中的累积分布函数为 $F3(x)$。这一函数的等式同样也是确定函数自变量的方法。x 是分布函数的变量,并由 s 来代表抗拉强度,e 代表极限应变。

(二)张力为 s 时的主缆力

当主缆张力为任意值 s 时,所有未破损钢丝内的总力为

$$T_\mu(s) = N_{\text{eff}} \cdot a_w \cdot \{s \cdot [1 - F_c(s)]\} \qquad (附 5-6)$$

式中:$T_\mu(s)$——评估工作段内应力为 s 时未破损钢丝的力;

N_{eff}——评估工作段内未破损钢丝的有效数目；

a_w——试验分析中每根钢丝的公称截面积。

在等式（附 5-6）中，钢丝的抗拉强度如果小于 s，则认为受力为 0。这是用生存函数得到的数学解 $[1-F_c(s)]$。

（三）在相邻工作段内断裂的开裂钢丝力

当主缆应力为 s 时，评估工作段内的总应力为在有效恢复长度内其他工作段内开裂的钢丝，且这些钢丝的抗拉强度张力小于下式的应力：

$$T_{cr}(s) = N_{cr} \cdot a_w \cdot (0.95\mu_{s2}) \cdot F3_5(s) \quad （附 5-7）$$

式中：$T_{cr}(s)$——应力 s 下评估工作段内可重恢复的破损开裂钢丝的最大力；

$F3_5(s)$——第五组（开裂）钢丝在应力 s 下的威布尔累积分布的抗拉强度；

N_{cr}——有效恢复长度内能重恢复的开裂钢丝的有效数目；

μ_{s2}——第二组钢丝样本的抗拉强度均值。

（四）主缆内未破损钢丝的强度

主缆内未破损钢丝的强度为

$$R_\mu = \max[T_\mu(s) + T_{cr}(s)] \quad （附 5-8）$$

式中：R_μ——未破损钢丝为主缆贡献的强度。

R_μ 是将 s 值逐渐递增（步长为 2ksi）计算其结果，然后找出其最大值而得到的。整个计算过程最好是用与威布尔分布相匹配的计算机电子表格程序来完成。作为选择，表达式也可以只通过一个 s 值来计算，并用迭代程序来计算当 s 取何值时能够得到最大值。

三、有限柔度模型

有限柔度理论需要得到基于试验结果的每根测试样品钢丝的极限应变值，以及包括极限应变值在内的整个应力应变曲线。这些数据用于决定所有样本钢丝极限应变值的最小值以及其应力应变曲线。无论样本的钢丝的应力应变曲线是否基本一致，都需要绘制所有样本的平均曲线，下面就将描述评估主缆强度的方法。

在有限柔度模型中，将钢丝的极限应变作为分布函数的变量。所有未破损钢丝的极限应变分布是单根钢丝组极限应变分布曲线的组合，并将每一组钢丝的规模都加以考虑。在分析中使用威布尔分布，并假定极限应变 e_0 的最小值为 0（因为钢丝的极限应变不会为负数）。

（一）复合的极限应变分布曲线

将由各个钢丝组所占的主缆钢丝比例，以及代表各组钢丝的样品钢丝的极限应变的威布尔分布曲线相结合，就能得到整个主缆未破损钢丝的分布曲线，其计算公式如下：

$$F_c(e) = \sum_{k=2}^{5} p_k \cdot F3_k(e) \qquad \text{（附 5-9）}$$

式中：$F_c(e)$ —— 极限应变的复合累积分布；

e —— 主缆中未破损钢丝的应变；

p_k —— 评估工作段内第 k 组钢丝中未破损钢丝的比例；

k —— 某组钢丝的腐蚀阶段 $k = (2,3,4,5)$；

$F3_k(e)$ —— 第 k 组钢丝极限应变的威布尔累计分布。

组合的分布曲线是很多独立威布尔分布曲线的和，但是组合曲线本身却不是威布尔分布。组合分布曲线适用于如下情况：当所有的钢丝组的应力应变曲线都相同，并且主缆中未破损钢丝的应力都可以用公式（附 5-9）计算。

（二）应变为 e 时未破损钢丝的力

如果所有组别钢丝的应力应变平均曲线大致相同时，就能使用（附 5-10）的公式计算应变 e 下主缆内未破损钢丝的力：

$$T_u(e) = N_{eff} \cdot a_w \{s(e) \cdot [1 - F_c(e)]\} \qquad \text{（附 5-10）}$$

式中：$s(e)$ —— 应变为 e 时由所有钢丝的平均应力应变曲线上得到的钢丝应力；

$T_u(e)$ —— 评估工作段内应变为 e 时未破损钢丝的力；

N_{eff} —— 评估工作段内未破损钢丝的有效数目;

a_w —— 实验室分析时所用的钢丝公称截面面积。

（三）相邻段内开裂的破损钢丝应力

评估工作段中主缆应变为 e 时,有效恢复长度中分离开裂钢丝以及那些极限应变小于 e 的钢丝的总的力为

$$T_{cr}(e) = N_{cr} \cdot a_w (0.95\mu_{s2}) \cdot F3_5(e) \qquad (附5-11)$$

式中：$T_{cr}(e)$ —— 在应变 e 条件下评估工作段内可以重恢复的破损钢丝的最大力；

$F3_5(e)$ —— 第五组（开裂）钢丝在应变 e 时极限应变的威布尔累积分布；

N_{cr} —— 有效重恢复长度内能重恢复钢丝的有效数目；

μ_{s2} —— 第二组钢丝的抗拉强度样本均值。

（四）主缆内未开裂钢丝的强度

主缆内未开裂钢丝的强度为

$$R_u = \max[T_u(e) + T_{cr}(e)] \qquad (附5-12)$$

式中：R_u —— 未破损钢丝对主缆强度的贡献。

公式 $R_u = \max[T_u(e) + T_{cr}(e)]$ 的值由计算公式中取不同的 e 值计算得出,且 e 值逐渐递增（步长为 0.001），最后找出其最大值而得到。整个计算过程最好是用与威布尔分布函数相匹配的计算机电子表格程序来完成。

四、主缆强度计算

无论是使用易碎钢丝模型还是有限柔性模型，评估工作段内的主缆强度都可以用（附 5-13）式计算：

$$R = R_u + R_b \qquad (附5-13)$$

式中：R —— 主缆的评估强度；

R_u —— 未破损钢丝对主缆强度的贡献；

R_b —— 临近段内破损钢丝对主缆强度的贡献。

五、小　结

本章依据主缆截面内钢丝腐蚀和破损程度的差异，给出了三个不同的主缆强度计算模型。简化模型用于缆内无断丝以及第3、4级腐蚀钢丝数量少于10%的情况。有限柔度模型假设主缆承受的应变是不断增加的，主缆在任意应变下承受的力都是在这一应变下所有钢丝承受的力的总和。脆性模型是有限柔度模型的简化，将整个未开裂钢丝的抗拉强度分布由单根钢丝强度分布曲线的威布尔分布计算得到。在具体的主缆强度评估计算时，需要根据开缆后缆内钢丝的腐蚀程度和腐蚀分布进行三种计算模型的选择。

参考文献

[1] 王敬民. 大跨径悬索桥的主缆防护[J]. 公路，2000(3): 30-32.

[2] FURUYA K, SAEKI S. Corrosion Protection for the Cables of Suspension Bridges[A]. International Association for Bridge and Structural Engineering Symposium, KOBE, 1998: 23-27.

[3] KASHIMA S. Technical Advances in the Honshu-Shikoku Bridge [A]. International Association for Bridge and structural Engineering Symposium, KOBE, 1998: 78-84.

[4] 杨宁. 大跨悬索桥的主缆除湿防腐系统[D]. 上海：同济大学，2006.

[5] 张同标，倪雅. 国内主缆高强钢丝涂装防护技术进展[J]. 钢结构，2011(6): 74-76.

[6] 叶觉明，李荣庆. 现代悬索桥主缆防护现状与展望[J]. 桥梁建设，2009(6): 67-71.

[7] 付春晓，雷俊卿. 既有悬索桥主缆现状的检测与研究[J]. 世界桥梁，2002(4): 70-74.

[8] 蔡国宏. 明石海峡大桥营运阶段监控和养护新技术[J]. 中外公路，2002(22): 45-48.

[9] 叶觉明，欧阳恺. 悬索桥主缆除湿防腐蚀技术应用和探讨[J]. 腐蚀与防护，2004(25): 529-534.

[10] 党志杰，郑杉. 海洋大气环境下悬索桥主缆及吊索的腐蚀特点[J]. 桥梁设，2000(3): 69-71.

[11] 张朝生. 长期防锈涂层经过 20 年实桥调查[J]. 国外桥梁，1996(4): 26-30.

[12] CHRISTODOULOU C. Humber Bridge suppressing main cable corrosion by means of dehumidification [A]. 18th International Corrosion Congress, Australia. 2011:1-12.

[13] 欧洲悬索桥主缆防护和维修[DB/OL]. http://wenku.baidu.com/view/1102a7727 fd5360cba1adba3.html.2009.

[14] The Messina Strait Bridge-A Challenge and A Dream. P306~324.

[15] National Cooperative Highway Research Program. NCHRP-REPORT[R]. New York 2004.

[16] 胡贵琼，叶觉明. 英国福斯公路大桥的维护和维修工程[J]. 世界桥梁，2010(3): 54-60.

[17] ANDREW A, COLFORD B R. Forth Road Bridge—Maintenance challenges [A]. Proceedings of the 5th International Cable-Supported Bridge Operator's Conference, New York, 2006: 112-119.

[18] COLFORD B R. Forth Road Bridge—Maintenance and Remedial Works[J]. Bridge Engineer –ing. 2008(7): 87-93.

[19] COLFORD B R. The corrosion situation study of the Forth Road Bridge[J]. Institution of civil engineers: 2008(3): 125-132.

[20] COLFORD B R, Clark C A . Forth Road Bridge main cables: replacement/augmentation study[J]. Bridge engineering, 2010(2): 79-89.

[21] 沈平. 英国 M48 塞文桥主缆检查与修复[J]. 世界桥梁，2011(5): 70-73.

[22] COCKSEDGE C, HUDSON T, URBANS B. M48 Severn Bridge-Main Cable Inspection and Rehabilitation[J]. Bridge Engineering, 2010. 163(BE4)181-195.

[23] YOUNG J S, LYNCH M J . Inspection and maintenance of Severn Bridge suspension cables[J]. Bridge Engineering. 2010, 163(BE4): 173-180.

[24] SIOBHAN G. Critical analysis of the First Severn bridge[J]. Bridge Engineering, 2010(BE4): 1-10.

[25] 辛付开，韩依璇. 某在役悬索桥平行钢丝主缆检查及腐蚀规律研究[J]. 水利与建筑工程学报，2017.

[26] 李晓刚，董超芳. 金属大气腐蚀初期行为与机理[M]. 北京：科学出版社，2009.

[27] 孙跃, 胡津. 金属腐蚀与控制[M]. 哈尔滨: 哈尔滨工业大学出版社, 2003.

[28] 屈庆, 严华川, 万晔, 等. NaCl 沉积对 Zn 的大气腐蚀产物影响的 FTIR 光计算关系研究[J]. 腐蚀科学与防护技术, 2002-14(1): 16-18.

[29] 王振尧, 于国才, 韩薇. 我国若干典型大气环境中的锌腐蚀[J]. 腐蚀科学与防护技术, 2003(04): 191-195.

[30] 朱立群, 李敏伟, 刘慧丛, 等. 高强度钢表面镀锌、镉层加速腐蚀试验研究[J]. 航空学报, 2006(03): 341-346.

[31] SVENSSON J E, JOHANSSON L G. A laboratory study of the initial stages of the atmospHeric corrosion of zinc in the presence of NaCl, influence of SO2 and NO2[J]. Corrosion Science, 1993, 34(5): 721-738.

[32] MISAWA T, ASAMI K, HASHIMOTO K. The mechanism of atmospHeric rusting and the protective amorpHous rust on low alloy steel. Corrosion Science[J]. 1974(14): 279-289.

[33] 张全成, 吴建生, 郑文龙等. 耐候钢表面稳定锈层形成机理的研究[J]. 腐蚀科学与防腐技术, 2001. 13(3): 143-146.

[34] 贾铮, 戴长松, 陈玲. 电化学测量方法[M]. 北京: 化学工业出版社, 2010.

[35] 梁雄. 斜拉桥拉索腐蚀行为及使用寿命预测研究[D]. 重庆: 重庆交通大学, 2008.

[36] 李小刚, 董超芳等. 金属大气腐蚀初期行为与机理[M]. 北京: 科学出版社, 2009.

[37] FURUYA K, KITAGAWA M, NAKAMURA S, etc. Corrosion mechanism and new protection methods of suspension bridge cables [J]. Bridge Strut. Eng, 2000(10):189-193.

[38] SUZUMURA K, NAKAMURA S. Environmental factors affecting corrosion of galvanized steel wires[J]. Journal of Materials in Civil Engineering. 2004, 16(1):101-110.

[39] NAKAMURA S, Keita SUZUMURA K, TOSHIM I. Mechanical

Properties and Remaining Strength of Corroded Bridge Wires [J]. Structural Engineering International. 2004(1): 50-54.

[40] 黎学明, 陈大华. 模拟酸雨溶液中温度对桥梁缆索镀锌高强钢丝腐蚀行为影响[J]. 腐蚀科学与防护技术, 2010(22): 14-17.

[41] IKEDA A. UEDA M. Mukai S. CO_2 behavior of carbon and Cr steels[J]. Advances in CO_2 Corrosion: National Association of Corrosion Engineers, 1984, 1(19): 1-39.

[42] 朱世东, 尹志幅. 温度对 P110 钢腐蚀行为的影响[J]. 中国腐蚀与防护学报, 2009(6): 493-450.

[43] 俞明德, 沈锐利, 唐茂林. 西堠门大桥主缆横断面温度场研究[J]. 建筑科学与工程学报, 2010(03): 53-58.

[44] 叶堤, 赵大为. 大气污染对碳钢的腐蚀影响研究[J]. 重庆建筑大学学报, 2005(27): 80-83.

[45] R. Betti, A. C. West, G. Vermaas. Corrosion and embrittlement of high-strength steel bridge wires [J]. Journal of Bridge Engineering, 200510 (2): 151-162.

[46] Brock D. 工程断裂力学基础[M]. 北京:科学出版社, 1980: 294-304.

[47] 黎学明, 刘强, 孔令峰. 模拟酸雨溶液中应力对镀锌钢绞线腐蚀行为影响[J]. 腐蚀科学与防护技术, 2008,20(1): 44-49.

[48] 黎学明, 周杰敏, 刘强. 张力对斜拉桥拉索镀锌钢绞线腐蚀行为影响[J]. 电化学, 2007,13(3): 297-301.

[49] John H, G. Macdonald. Separation of the contributions of aerodynamic and structural Damping in vibrations of inclined cables[J]. Journal of Wind Engineering and Industrial Aerodynamics. 2002(90): 19-39.

[50] 杨文静, 黎学明, 周建庭. 大跨度桥梁缆索模拟酸雨加速腐蚀行为研究[J]. 腐蚀科学与防护技术, 2011(23): 64-68.

[51] 刘强. 模拟酸雨溶液中大跨度斜拉桥拉索钢绞线腐蚀行为研究[D]. 重庆: 重庆大学, 2007.

[52] 曹楚南. 由弱极化曲线拟合估算腐蚀过程的电化学动力参数[J]. 中国腐蚀与防护学报, 1985(5): 155-185.

[53] Douglas Brown, DuaneDarr, Jefferey Morse. Real-Time Corrosion Monitoring of Aircraft Structures with Prognostic Application[R]. Annual Conference of Prognostics and Healeh Managenment Sicity, 2012, Newyork.

[54] Wang Zhenyao, Yu Guocai, HanWei. Atmospheric corrosion performance of zinc at several Selected test sits in China[J]. Corrosion Science and Protection Technology, 2003. 15(4): 191-198.

[55] 何为，薛为东，唐斌. 优化实验设计方法与数据分析[M]. 北京：化学工业出版社，2012.

[56] 李志西，杜双奎. 试验优化设计与统计分析[M]. 北京：科学出版社，2010.

[57] 李晓刚，肖葵. 我国海洋大气腐蚀分级分类与机理[J]. 201海洋材料腐蚀与防护大会.